银行业监管国际经验
及我国实践研究

YINHANGYE JIANGUAN GUOJI JINGYAN
JI WOGUO SHIJIAN YANJIU

周　杉　刘学鹏　高　焰◇著

四川大学出版社

责任编辑:段悟吾
责任校对:唐　飞
封面设计:墨创文化
责任印制:王　炜

图书在版编目(CIP)数据

银行业监管国际经验及我国实践研究 / 周杉,刘学
鹏,高焰著. —成都:四川大学出版社,2017.4
ISBN 978-7-5690-0526-4

Ⅰ.①银…　Ⅱ.①周…　②刘…　③高…　Ⅲ.①银行监
管-研究　Ⅳ.①F830.22

中国版本图书馆 CIP 数据核字(2017)第 083093 号

书名	银行业监管国际经验及我国实践研究
著　者	周　杉　刘学鹏　高　焰
出　版	四川大学出版社
地　址	成都市一环路南一段 24 号 (610065)
发　行	四川大学出版社
书　号	ISBN 978-7-5690-0526-4
印　刷	郫县犀浦印刷厂
成品尺寸	148 mm×210 mm
印　张	7.75
字　数	210 千字
版　次	2017 年 4 月第 1 版
印　次	2017 年 4 月第 1 次印刷
定　价	38.00 元

◆ 读者邮购本书,请与本社发行科联系。
电话:(028)85408408/(028)85401670/
(028)85408023　邮政编码:610065
◆ 本社图书如有印装质量问题,请
寄回出版社调换。
◆ 网址:http://www.scupress.net

版权所有◆侵权必究

目　录

第1章 导 论

1.1 研究的背景与意义

1.1.1 研究背景

2008 年席卷全球的金融危机始于次级房屋信贷危机的爆发，投资者开始对按揭证券的价值失去信心，从而引发全球流动性危机。金融危机开始后，各国中央银行多次向金融市场注入巨额资金，但是仍然无法阻止这场金融危机的蔓延和扩张。2008 年 9 月，这场金融危机开始失控，并导致多家大型金融机构倒闭或被政府接管，并引发经济衰退。如历史悠久、全球知名的贝尔斯登、雷曼兄弟和美国国际集团等投资银行倒闭或被接管，世界排名靠前的花旗银行和美国银行等也深陷其中不能自拔。这场波及面广、冲击力极强的金融海啸开始让各国政府、学界及民间都开始反思本次危机的动因及根源。在众多结论中，一个基本的共识是：金融监管体系严重滞后于金融的发展，这是此次危机产生和蔓延的关键性因素。鉴于此，世界各主要经济体在积极救助金融市场和问题机构、促进经济复苏的同时，也在探索符合自身金融结构和发展特点的监管改革方案，以最大程度地减少金融发展和金融创新带来的风险。

我国银行金融业相比于欧美发达经济体而言，在此次国际金融危机中并未受到太大的冲击,但这并不意味着我国金融业的安全性和稳定性高,而是由于我国金融业国际化程度较低,创新能力有限,较少涉及与次贷有关的金融业务。但是,危机往往具有警示作用,可以让我们未雨绸缪。作为银行监管部门及国家立法机构,应该正视银行业存在的监管漏洞与不足,汲取受国际金融危机影响较深国家的监管经验与教训,防患于未然,不断完善我国银行业监管制度。

商业银行监管制度的创新总是随着银行业发展而不断实现的,特别是当监管机制严重滞后于银行业发展并由此引发危机之后,往往会带来银行监管机制发展的质变,以保障银行业的健康发展。现代银行监管发展主要经历了 4 个阶段。第一阶段以中央银行制度的建立为主要标志,意味着现代银行监管制度开始建立。其主要特点是针对存款准备金制度,管理银行货币创造功能,建立"最后贷款人"机制。第二阶段始于 20 世纪 30 年代,美国的经济"大萧条"重创了当时包括美国在内的主要经济体的银行业,许多银行相继倒闭,并进一步导致经济走向崩溃的边缘。此次危机充分表明金融市场无法自行修补自身缺陷,为了市场能够稳定运行,亟须扩大银行监管职能以便于完善市场。在这样的大背景下,《格拉斯—斯蒂格尔法》得以颁布施行,标志着现代意义上的银行监管正式拉开了序幕。第三阶段银行监管体制的变革始于 20 世纪 70 年代,美国因为经济危机放弃了金本位制,布雷顿森林体系瓦解,美国经济在这一时期出现了"滞涨"的现象,通货膨胀不断加剧。为了限制货币的流通,减少通胀给经济运行带来的巨大压力,美国对利率进行了严格的管控,导致资金大量从商业银行流入非银行系统,以求寻找更好的资金套利出口。商业银行领域的金融创新层出不穷,带来了巨大的系统性风险。自 20 世纪 80 年代起,巴塞尔协议逐渐成为全球金融监管的标准,巴塞尔协议 I、II 建立了以微观审慎监管为核心的资本监管理念，其中巴塞尔协议Ⅰ主要规定了资本的构成、风险加权资产的计算和资本充足率监管标准。协议的核心部分是对于银行资本充足率标准的要求，这是银行监管最直接的要求和目标，也第一次在全球范围内设立了一个统一的监管标准。巴塞尔协议Ⅱ除了继续进行资本充足率监管外，还在监管结构上新增加了两大支柱，即监督检查与市场约束；同时，将操作风险包含在风险加权资产的范围内，并且为3类银行面临的主要风险提供了更为科学的计量方法。其中最低资本要求仍然是3大支柱的核心，监管当局的监督管理和信息披露则是新的内容。第四阶段以美国2007年金融危机爆发为起点，这场自"大萧条"以来最严重的全球金融危机暴露了银行监管的薄弱之处，在随后的几年里，以宏观审慎为核心的基于风险管理基础的监管理念开始在全世界主要经济体的监管机制改革中体现。2010年12月16日，巴塞尔委员会发布了《巴塞尔Ⅲ：流动性风险计量、标准和检测的国际框架》和《巴塞尔Ⅲ：一个更稳健的银行及银行体系的全球监管框架》两个官方文件，标志着以宏观审慎为核心、同时结合微观审慎的全球银行业监管新规范的形成。协议从微观审慎与宏观审慎两个角度提出了监管措施，其中微观审慎监管可以增强单个银行的抗风险能力和经营稳定能力，宏观审慎监管可以提高银行系统总体的风险抵御能力，确保经济体系健康稳定发展。

与不断发展的监管制度实践创新相适应的，是不断发展的银行业监管理论。从最初的"自由银行"到"严格监管、效率优先"，再到"金融自由化理论"，再到现今流行的"安全与效率并重"理论，不同时代、不同学派、不同学者针对所处的历史环境和阶段，对银行业的监管提供了大量智慧和可借鉴方案。银行监管理论的发展遵循了一条危机导向的路线，危机的不断爆发和对危机本身认识的不断深化，推动了银行监管理论的不断演化。随着银行体系中现实问题的不断涌现，银行监管理论也不断更新和完善，银行监管理论在与金融体系中各主体不断较量与博弈中得到了进一步发展。银行监管理论在由低层次向高层次发展的过程中，功能逐步完善，对实践的指导性也越来越强。

1.1.2 研究的意义

不论在理论还是在实践上，我国在银行业监管领域的发展都暂时滞后于欧美发达国家，这是由我国经济发展的阶段决定的。西方发达国家在银行业及银行监管上已经有数百年的历史，积累了大量从理论到实践的经验。"他山之石，可以攻玉"，在我国银行业飞速发展的今天，汲取欧美发达国家在银行监管上的经验和教训，有助于我们认清自身在未来发展过程中可能遇到的危险和机遇，提前做好防范，保障银行监管机制和银行业二者相互协调发展。以银行业发展最为成熟的美国为例，美国历史上针对商业银行的监管走过了4个阶段，即以国民银行和州银行的双重银行体制为核心的早期监管阶段、货币监理署和美联储共同监管阶段、"大萧条"之后的多头监管阶段，以及现代金融体系监督阶段。2008年金融危机的爆发促使了美国最新的银行业监管体系改革，2010年7月21日，美国总统奥巴马正式签署了新的金融监管改革法，即《2010年华尔街改革和消费者保护法》，这标志着美国金融监管体系进入实质性的调整阶段。这次金融监管体制改革是美国政府针对次贷危机中所暴露出来的问题有针对性制定的。具体措施包括：通过成立金融稳定监管委员会，着力解决金融监管机构之间的协调与制衡问题；调整美联储的监管权限，强化其在金融监管架构中的核心地位；弥补银行机构监管漏洞；施行被誉为史上最严格的银行监管法规"沃克尔法则"；通过修改《多德—弗兰克法案》化解金融机构"大而不能倒"的风险；成立消费者金融保护局，加强对金融消费者的保护；公布了高管薪酬限令，建立新的薪酬机制；改革国际监管标准，加强国际监管合作。这些措施的推行，是美国银行监管体系的一种进步，对于金融创新不断发展的当下，也有很好的借鉴意义。

对我国而言，经过多年的金融改革深化与实践，金融监管工作在很多方面都取得了长足的进步，实现了银行业持续稳定经营的良好势头。据福布斯杂志 2014 年 5 月 8 日公布的全球 2000 强企业排名，中国工商银行、中国建设银行、中国农业银行包揽了前三名，这表明了近些年我国银行业监管的突出成绩。但与此同时，我国银行业由于发展时间较短，尚处于我国社会经济剧烈变革的大背景下，仍然存在诸多问题。特别在监管领域，在金融业不断发展的大背景下，我国二元化银行监管体制的天然缺陷愈发凸显。首先，金融监管机构之间、监管机构和商业银行之间缺乏有效的沟通机制；其次，在金融自由化和混业化不断发展的过程中，专业化的功能型银行监管体制已经暴露出诸多问题，对于混业、跨业经营的监管缺失和冲突的情况仍然存在；再次，法律制度的制定滞后于银行业的发展，银行业监管人才匮乏，监管体系不适应银行业经营国际化的趋势；再次，监管手段、监管范围、监管深度、监管工具都存在不足；最后，系统性风险的监测和评估仍有待加强，特别是对系统性风险的检测和评估，是银行业监管的重要组成部分，建立科学的风险预警体系可以有效地将风险遏制在初始阶段。

在中长期中，将二元化的监管体系向一元化过度，防止因权力过于集中而导致的效率损失，同时控制监管寻租、监管腐败等现象的发生；建立科学的监管人才培养体系，提高监管人员依法监管的素质，切实提高监管的有效性；建立国际银行业监管机制，积极参与或者组织召开必要的联席会议，对重大问题进行交流，共商对策，从而减少国际金融监管成本；最后，需要逐步加强立法工作的进度，更新监管理念，将银行自律同社会监督引入银行监督体系中，形成科学、全面的监管体系。

商业银行在现代经济中的地位举足轻重,商业银行良好的运行状态将为国民经济的发展提供充足的金融支持。对于正处于社会经济飞速发展并处于转型时期的我国而言,商业银行的稳定显得极为重要。因此,需要通过制度的创新和理念的更新,借鉴国外发展经验,汲取其失败的经验和教训,利用科学的手段与方法来加强对我国商业银行风险的防范,最大限度地发挥商业银行对经济发展的正能量作用,同时最大限度地限制风险的膨胀,实现银行业公平与效率、创新与稳定的完美契合。

1.2 研究思路与方法

1.2.1 研究思路

本书沿着"理论—规则演进—后金融危机时代国外银行监管变化及经验—系统性风险和宏观审慎监管—后金融危机时代我国银行监管所面临的问题—未来我国银行监管的政策调整"的逻辑思路展开研究。第一,梳理了银行监管的理论基础,对系统性风险、宏观审慎监管、逆周期及顺周期监管进行了深入分析;第二,对巴塞尔委员会制定的3版巴塞尔协议的主要内容做了评价,并对中国版巴塞尔协议Ⅲ作了深入分析,并与巴塞尔协议Ⅲ进行了比较;第三,深入分析后金融危机时代主要发达国家银行监管机制和政策变化情况,并做原因分析以及探讨了对我国改革的启示;第四,深入分析国际银行监管主流宏观审慎监管和系统性风险监管;第五,在深入分析世界银行监管规则和西方主要发达国家银行监管改革的基础上,提出了我国银行监管所面临的问题及需要采取的相关措施;第六,对我国银行监管的政策调整提出了改革方向,即近期和中期改革目标,并明确了未来银行监管改革的政策建议。

1.2.2　研究方法

本书以金融经济学、规制经济学等理论为基础，并结合统计学、计量经济学等相关理论和方法，对后金融危机时代银行监管的问题进行了较为深入的分析。一是运用文献分析法，通过大量查阅相关资料，把握银行监管研究的前沿动态，全面回顾了银行监管理论与实践的历史研究，分析了主要国家银行监管的经验措施；二是运用 BP 神经网络模型，对本书所构建的风险预警体系进行了实证检验。

1.3　创新与不足之处

1.3.1　论文可能的创新点

总体来看，本书较为全面地研究了后金融危机时代世界主要发达国家银行监管改革的发展趋势，以及巴塞尔委员会制定的世界通行的银行监管准则，对我国银行监管面临的问题，同时对我国未来银行监管的政策调整方向和改革目标提出了具体安排。

第一，本书结合银监会颁布的官方文件《商业银行风险监管核心指标》，参考中国版巴塞尔协议Ⅲ制定的四大监管工具，并且充分考虑选取的预警指标的可获得性，最终从官方文件制定的风险水平、风险迁徙与风险抵补 3 个层次中选取了 16 个具有代表性的风险预警指标，运用 BP 神经网络模型，引入 14 家上市商业银行 2006—2013 年共计 8 年的数据，使用 SPSS 以及 Matlab 数据分析处理软件，构建起一套实用性强、精确度高的风险预警指标体系。

第二，除了从技术层面解决我国商业银行监督面临的问题外，本书还将结合国内外理论和实践发展经验以及中国银行业发展的实际情况，设立我国银行业监管的政策调整方向，并从短期和中长期的视角加以论述。在短期之内，需要通过体制改革，完善二元制监管体系，加快建立不同层级、不同类别的监管机构之间的合作与协调机制，加强商业银行信息披露机制建设，规范银行市场准入和退出的规则。

第三，本书较为全面地研究了系统性风险的定义、成因以及如何解决系统性风险的问题，同时，对后金融危机时代应对系统性风险的国际银行监管主流宏观审慎监管进行了详细分析和深入探讨，重点论述了宏观审慎监管与微观审慎监管的比较，以及宏观审慎监管组织架构、决策机制、制度、方法和工具。本书对进一步完善我国银行监管理念、丰富银行监管政策工具箱和提高银行监管的有效性都具有较好的现实价值。

第四，本书较为全面地研究了后金融危机时代西方主要发达国家银行监管理念和机制改革变化情况，对各个国家采取的银行监管改革政策和措施进行了中肯评价和分析，对如何完善我国银行监管体制建设和丰富监管措施及工具具有较好的借鉴意义。

第五，本书较为全面地分析了后金融危机时代我国银行监管所面临的问题，对未来我国银行监管政策调整方向，及短期、中期改革目标进行了明确设定，并提出了切实可行的银行监管政策改革建议，对进一步完善我国银行监管体系，确保银行业健康稳定发展具有较强的操作性和现实意义。

1.3.2 不足之处与进一步研究方向

第一，本书中所构建的银行风险预警指标体系，虽参考了中国版巴塞尔协议Ⅲ中的四大监管工具，并从风险水平、风险迁徙与风险抵补 3 个层次中选取了 16 个具有代表性的风险预警指标，同时引入 14 家上市商业银行 2006—2013 年共计 8 年的数据，但在实际运用过程中风险预警指标的科学确定，以及对系统性风险的实际预警作用仍有待进一步验证。

第二，本书中提出的我国银行监管政策的改革建议，虽明确且具有可操作性，但措施和建议的实际效果有待于在下一步监管实际中验证其科学性。

第三，银行业务创新和监管是一对天然矛盾。如何在有效防范风险的前提下较好地促进银行业务创新发展，保持其经营活力将是银行监管永恒的命题。本书在对如何有效解决矛盾方面还有待于进一步深入和加强。

第 2 章　银行监管理论文献综述及制度演进

2.1　银行监管理论文献综述

与其他经济学理论一样，银行监管理论是随着历史的发展而发展变化的。20 年前，银行监管的文献不是很多，更多的是对产业的管制。事实上，将监管放到金融业或者银行业里，是一个比较新的话题，因为银行业监管还没有一个比较成熟的理论体系。传统经济学认为外部性、信息不对称和竞争不足会造成市场失灵，而政府监管能纠正市场失灵。哈佛大学教授 Andrei Shleifer[①]认为，新制度经济学不能解释现实世界中监管的广泛存在，而且契约本身受到严格监管。他认为公共部门通过控制经济行为来追求对社会有益的目标，控制力从低到高有 4 种手段：市场约束、国有化、私人诉讼和政府监管。4 种手段都不完美，各有适用范围。市场约束不一定能有效控制无秩序的情况，市场参与者可能损害其他人的利益；国有化则走向另一个极端；私人诉讼和政府监管有替代关系，私人诉讼有效的前提是司法体系能廉价、可预测和公正地解决争端。如果司法体系不满足这些条

---

① Andrei Shleifer，哈佛大学经济学教授，著名经济学家、行为金融学的杰出代表，现任美国艺术与科学学院院士，计量经济学会会员。

件，政府监管更有效。政府监管通过标准化监管要求，降低争端解决和追责成本，适用于 4 种情景：一是有共性的问题反复出现；二是需要专家知识的复杂领域；三是争端双方力量不平衡；四是市场参与者之间信任程度低，支持通过监管限制他人行为。金融业提供了存贷款和支付清算等社会不可缺少的基础便利，但金融高管有内生于个人效用最大化的贪婪和动物精神，倾向从事高风险业务（有实验经济学支持），特别是在期权等业绩激励下。在有限责任制和股票市场上，股东有承担高风险的动力和机制。这些都会危及金融业的基础功能和存款者利益，市场机制也约束不了高风险行为。

2.1.1　市场失灵理论

市场失灵理论认为，完全竞争的市场结构是资源配置的最佳方式；但在现实经济中，完全竞争市场结构只是一种理论上的假设，理论上的假设前提条件过于苛刻，现实中是不可能全部满足的。由于垄断、外部性、信息不完全和在公共物品领域，仅仅依靠价格机制来配置资源无法实现效率的帕累托最优，出现了市场失灵。传统狭义的市场失灵理论认为：垄断、公共物品、外部性和信息不完全或不对称的存在使得市场难以解决资源配置的效率问题，市场作为配置资源的一种手段，不能实现资源配置效率的最大化，这时市场就失灵了。当市场失灵时，为了实现资源配置效率的最大化，就必须借助于政府的干预，这实际上已经明确了政府干预经济的调控边界。不过现代广义的市场失灵理论又在狭义市场失灵理论的基础上认为市场不能解决的社会公平和经济稳定问题也需要政府出面化解，从而使得政府的调控边界突破了传统的市场失灵的领域而大大扩张。

以马歇尔为代表的传统自由市场经济理论认为，只有以市场作为资源配置的基本工具进行各种经济活动，才能使整个经济取得最高效率。无论是在产品市场还是在生产要素市场，价格和市场竞争都会精确地反映商品的稀缺程度和资源在现在和将来的价值，从而引导生产、投资和消费，达到经济资源的有效配置。而任何政府对经济的干预都会造成价格信号的扭曲，从而影响社会资源的有效配置。哈耶克反对任何类型的政府干预，包括政府的福利政策，认为政府干预有可能导致"奴役之路"。哈耶克指出，在私人的领域（private sphere）中人们可以完全不受强制地做其想做的事情，他写道："自由预设了个人具有某种确获保障的私域，亦预设了他的生活环境中存有一组情境是他人所不能干涉的。"市场失灵理论是建立在新自由主义理念的基础上的。以格林（Thomas Hill Green）、霍布森（John Hobson）、霍布豪斯（Leonard Hobhouse）和凯恩斯（John Maynard Keynes）等为代表的所谓新自由主义或社会自由主义则放弃了对经济的放任主义立场，主张国家积极干预经济的运作，并力主阶级合作和社会改良，增加劳动者的福利待遇。贝克仔细分析了所谓的市场失灵理论模型，总结出了4种主张：一是纠正意见的市场失灵，达到可能不限制任何人的表达自由的程度；二是保证所有的观点能充分地但不必平等地进入思想市场；三是保证所有的观点平等地进入思想市场；四是保证所有人平等进入的途径。

2.1.2 公共利益理论

公共利益论又被称为市场调节失败论，该理论是在20世纪30年代大危机后出现的，是最早用于解释政府监管合理性的监管理论。公共利益论奠定了金融监管的理论基础。该理论认为，金融体系同样存在着自然垄断、外部效应和信息的不对称等导致市场失灵的因素，监管的目的是促进市场竞争、防止市场失灵，追求全社会福利最大化。

一般认为，金融部门的垄断会对社会产生负面影响，降低了金融业的服务质量和有效产出，造成社会福利的损失，所以应该通过监管消除垄断（Meltzer，1967）。当外部效应存在时，自由竞争不能导致资源的有效分配。此时，倾向于通过政府监管来消除外部效应问题。金融监管的目的就是要通过建立金融安全网等一系列监管措施来减少金融体系的负外部性。同时银行等金融中介的存在，一方面有效地解决了信用过程中授信主体之间信息严重不对称问题，另一方面又形成了存款人与银行、银行与贷款人之间的信息不对称，从而导致金融市场中的信贷配给、逆向选择与道德风险问题（Stiglitz Weiss，1981），造成金融市场失灵。信息不对称程度越大，逆向选择与道德风险问题就越严重，市场失灵也越明显（蒋海，2002）。正因为以上几方面的缺陷，有必要对金融中介机构进行监管，并由没有私利的政府来提供金融监管这种公共产品，消除外部性和垄断，保证金融市场的健康与安全。

公共利益论认为，政府实施金融监管是为了社会公众利益而对市场过程的不适合或低效率的一种反应，是纠正由金融市场垄断性、外部性、传染性、脆弱性等所引起的市场失灵的制度安排。但它们存在着致命的缺陷：一是它们都天真地假定监管者的目标是社会利益最大化，并认为它们有能力实施各种监管政策；二是它们都只是 20 世纪 30 年代"大萧条"时期的理论产物，只能为"大萧条"时期改革所实施的大部分管制措施提供理论基础，并不足以解释 20 世纪 80 年代以来金融监管的模式和结构；三是在政治制度不完善的情况下，我们无法确定什么是社会利益。

2.1.3　金融体系脆弱理论

金融脆弱性理论最早是关于货币脆弱性的论述。Marx 认为，货币在它产生的时候就已经具有了特定的脆弱性。Keynes

通过对货币职能和特征的分析也说明了货币的脆弱性，他认为货币可以作为现时交易之用，也可以作为贮藏财富之用。Fisher 指出银行体系的脆弱性很大程度上源于经济基础的恶化，这是从经济周期角度来解释银行体系脆弱性的问题。Fisher 是最早开始对金融脆弱性机制进行较深入研究的经济学家，通过总结前人的研究成果，他认为金融体系的脆弱性与宏观经济周期密切相关，尤其与债务的清偿紧密相关，是由过度负债产生债务而引起的。Fisher 指出银行体系脆弱性很大程度上源于经济基础的恶化，这是从经济周期角度来解释银行体系脆弱性的问题。人们普遍认为，经济基本面的变化是银行体系脆弱性的根源，所以早期的理论十分强调经济对金融脆弱性的影响。Minsky 和 Kregel 研究的是信贷市场上的脆弱性，不同的是 Minsky 是从企业角度进行研究，而 Kregel 是从银行角度进行研究。Minsky 在书中最先对金融脆弱性问题做了比较系统的解释，形成了"金融脆弱性假说（the Financial Instability Hypothesis）"。为了更好地解释 Minsky 的金融内在脆弱性理论，Kregel 引用了"安全边界说（Margins of Safety）"。金融脆弱性正是建立在安全边界的变化上，即那些缓慢的、不易察觉的行为对安全边界进行侵蚀，由此产生金融脆弱性。形成金融脆弱性的原因有很多，经济学家主要从信息不对称、资产价格波动及金融自由化等几方面剖析了金融脆弱性形成的主要原因。Mishkin 认为，正是因为存在信息不对称所导致的逆向选择和道德风险，以及存款者的"囚徒困境"可能引起的存款市场上的银行挤兑，因此银行等金融机构具有内在的脆弱性。Mishkin 还直接将银行危机与道德风险相联系，认为银行危机是因为逆向选择和道德风险的不对称信息问题而严重恶化导致的。Jorion 和 Khoury 也认为金融市场上的脆弱性主要是来自于资产价格的波动性及波动性的联动效应。Williamson 研究了 1980—1997 年间的 35 个系统性金融危机事件，发现其中

24 个金融危机与金融自由化有关。金融自由化在相当程度上激化了金融固有的脆弱性，暴露出金融体系内在的不稳定性和风险。金融自由化对金融脆弱性的影响主要表现在利率自由化与金融脆弱性、混业经营与金融脆弱性、金融创新与金融脆弱性和资本自由流动与金融脆弱性。

金融市场脆弱理论的理论基础包括：①信息不对称。信息不对称是导致市场失灵和社会崩溃的主要原因。如果交易信息不充分，就会出现逆向选择（事前）和道德风险（事后）的问题。就银行而言，银行会因为信息不对称和信息不透明而出现储户的挤提，再加上金融机构的高财务杠杆，进而可能导致银行风险甚至危机①。②银行危机的外部性。西方经济学已经证明，银行危机会产生很大的负外部性，也就是所谓的"羊群效应"和系统性风险，从而导致社会资源配置不能达到最优化，影响经济运行的效果。③法律的不完备。以一大批芝加哥经济学家为代表，他们在研究产权时就提出了法律的不完备性（如 20 世纪 60 年代芝加哥大学经济学家加利贝特主要考虑如何利用私人和法庭的力量来达到最优的管制，并提出是否可以由政府专门设置一个监管机构来代替政府进行监督管理）。他们的基本观点是：法庭是中立的，因此法庭可以实施中立的监管。这在理论界产生了很大的影响。但是现实中法律是不完备的，因此政府规制成为低效司法程序的替代品②。从这个角度考虑，出现了两个单词：regulation 和

---

① 很多经济学家对银行监管理论的研究都离不开信息不对称和外部效应。古德哈特通过模型证明，银行监管最有效的方法即是充分利用信息。美国经济学家 Tiroae 在 2001 年的《银行监管》里阐述银行监管的原因，仍是基于道德风险和逆向选择的理论基础。

② 科斯不仅对产权理论有研究，对规制和管制也有研究。科斯定理主要是如何通过产权和交易成本来达到社会资源的最优配置。科斯认为，如果没有交易成本，只靠法庭来执行合同，就不需要其他机构的辅助了。而就市场失灵而言，应有充分的政府规制。

supervision。regulation 更多的是从法律上规制；supervision 更多的是从行为上监管。④金融约束理论。银行是有特许经营权（license）的部门。银行可以向公众负债，如果不被管制就有可能出现问题。为此从金融约束方面来讲，斯蒂格利茨提出政府应该加强对经济的干预，为了维护"特许权价值"和市场的安全，应防止过度的市场准入而导致的银行无序竞争。

2.1.4　管制理论

regulation 是规范和管制的意思。在新帕尔格雷夫经济学大辞典中对管制的定义是管制，尤其在美国，指的是政府为控制企业的价格、销售和生产决策而采取的各种行动。政府公开宣布这些行动是要努力制止不充分尊重"社会利益"的私人决策。

2.1.4.1　政府管制俘虏理论

诺贝尔经济学奖获得者乔治·施蒂格勒在 1971 年发表的《经济管制理论》一文中指出："经济管制理论的中心任务是解释谁是管制的受益者或受害者，以及政府管制采取什么形式和政府管制对资源分配的影响。"通过实证研究得出：受管制产业并不比无管制产业具有更高的效率和较低的价格。他由此提出了"政府管制俘虏理论"。该理论认为：政府管制是为满足产业对管制的需要而产生的，而管制机构最终会被产业所控制。1976 年，另一位芝加哥学派的经济学家佩尔特兹曼（Peltz）进一步发展了这一理论，并通过 3 个层次来全面地阐述这一理论：一是与市场失败相联系，各种利益集团为各自的利益相互竞争，以影响立法者和执法者，在不同层次上都存在一个"政府管制市场"；二是对政府管制的结果做出预期，政府管制者通常会被受管制企业所"俘虏"；三是对政府管制结果做出进一步预期，尽管存在政府管制俘虏问题，政府管制在经济上还是有效的。政府管制俘虏理论的核心内容是：具有特殊影响力的利益集团——被管制企业，针对管制者的自利动机进行寻租活动，使管制者成为被管制者的"俘虏"，并参与共同分享垄断利润。这就使政府管制成为企业追求垄断利润的一种手段。

2.1.4.2　管制寻租理论

1967 年，戈登·图洛克（Gordon Tullock，被称为寻租理论之父）发表论文《关于税、垄断和偷窃的福利成本》。他的观点是：完全竞争理论对偏离竞争所导致的社会福利估计不足，实际上税收、关税和垄断所造成的社会福利损失大大超过了通常的估算。其原因是人们会竞相通过各种疏通活动争取收入，即寻租；而在竞相寻租的条件下，每个人都认为花费与其所期望的收益相近的费用是值得的。这一理论是由克鲁格（Krueger，1974）在探讨国际贸易中保护主义政策形成原因的一项研究中正式提出来的。该理论认为，租金的存在造成了市场的不完全竞争，而政府的经济管制则进一步增加了市场中的寻租机会，并产生了政府及其代理人的租金创造和抽租（Ginsburg，1999），使市场竞争更加不完全和不公平，所以通过政府监管来纠正市场失灵是理想化的。不现实的金融监管是政府管制的重要组成部分，因此金融监管中同样存在寻租现象，影响金融监管的公平与效率。

2.1.4.3　管制供求理论

最早发展管制供求理论的是 Stigler（1971），后来通过 Posner（1975）和 Peltzman（1976）的完善，该理论趋于成熟。该理论认为，经济管制可以被看作是一种借助政府的强制力量来向特定的个人或集团提供利益的产品，它同样受到供求规律的支配，管制的范围有多大、程度有多深，完全取决于供给与需求两方面的互动。供给者是政府或政治家，在监管的交换中他们获得资源或投票权；需求者是专门的利益集团，在监管中他们尽力拓展他们的经济地位。

2.1.4.4 管制成本理论

按照 Miller（1995）的分析，市场运作不仅存在交易费用，而且组织监管的成本也不可低估。监管机构的设立、人员经费、制定监管规则、监管信息的收集和实施监管等都是有成本的，还有监管对象为遵守有关监管规定所要承担的成本，监管导致的寻租与设租成本及反腐败的成本，过度监管导致的效率损失等。考虑管制的各种成本，金融监管应该存在适可而止的边界，在这一边界，管制的边际成本刚好等于其边际收益，当在贯彻实施管制条例过程中所耗费掉的资源成本有可能大于实现管制目标后的收益，或者管制过程中所耗费的资源原本可以有更好的、更合算的用途以及能够带来更大的收益时，实施监管是不合算的。

2.1.4.5 管制的辩证理论

金融创新是什么？它是针对什么问题提出来的？管制的辩证理论可以回答这个问题。西方经济学认为，不仅存在市场失灵，也存在"政府失灵"的问题。政府失灵即是管制失灵，即政府的管制未起到实际效果。斯蒂格勒的《管制者能管制什么——电力部门的实例》[①] 中的实证分析得出了政府对电力部门管制失灵的结论。但是根据公共选择理论，作为有特定利益目标的监管者来说，它不可能自动退出社会舞台，而是重新为自己寻找管制的新手段，制定新的游戏规则以加强管制。监管者和被监管者的相互博弈可以无限期地进行下去。美国经济学家凯恩（Kane，1977、1981）首先把上述思想用于金融管制领域，并提出了一种新的分析框架——管制的"辩证法"。金融创新主要是由金融机构为了获得利润而回避政府管制所引起的。当金融创新出现后，监管当局可能为适应形势的变化而放松原有的监管政策，或者当创新危

[①] 原载《法学与经济学杂志》，1962 年 10 月第 5 期。此文与克莱尔·弗兰德兰（Claire Friedland）合作写成。

及金融稳定与货币政策的执行时，又进行新的监管，从而形成了金融机构与监管当局之间的管制—创新（规避管制）—放松管制，或再管制—再创新的动态博弈过程。金融机构和监管当局"好像跷跷板的两端，他们彼此不断地适应"，形成一个黑格尔式的辩证过程，共同推动金融发展。

2.1.5 后金融危机时代银行监管理论的最新进展

金融危机前主流监管理念的理论基础是新古典经济学。新古典经济学的核心假设是"经纪人假设"，即当一个人在经济活动中面临若干不同的选择机会时，他总是倾向于选择能给自己带来更大经济利益的机会，即总是追求最大的利益。它的基本特征是偏好。新古典经济学对金融监管的启示是：因为市场的参与者是理性的且市场是有效的，金融监管的一个关键目标是排除市场非有效的因素，让市场机制发挥作用，少监管或不监管。第一，因为市场价格信号是正确的，可以依靠市场纪律来有效控制有害的风险承担行为；第二，要让问题机构破产清算，以实现市场的优胜劣汰；第三，对金融创新的监管完全没有必要，市场竞争和市场纪律会淘汰没有必要或不创造价值的金融创新。管理良好的金融机构不会开发风险过高的产品，信息充分的消费者只会选择满足自己需求的产品。且对判断金融创新是否创造价值而言，监管当局相对市场不具有优势，监管反而会抑制有益的金融创新。

但对金融危机的几点观察可以说明新古典经济学的假设和结论不完全符合事实。第一，个体行为可能是非理性的；第二，即使是个体理性，也不是集体理性；第三，市场纪律不一定能控制有害的风险承担行为；第四，既大又混业的问题金融机构很难通过市场出清方式解决；第五，金融创新不一定创造价值，有可能存在重大缺陷；第六，金融消费中存在欺诈和非理性行为，金融机构可能开发和推销风险高的产品，消费者可能购买根本不理解的产品。要理解个体的非理性以及市场的非有效性,应借助于行为金融学的研究。

行为金融学作为一个新兴的研究领域,虽然已经有了 20 多年的发展历史,但至今还没有一个为学术界所公认的严格定义。Thaler(1993)认为行为金融就是"思路开放式金融研究(open-minded'finance)",只要是对现实世界关注,考虑经济系统中的人有可能不是完全理性的,就可以认为是在研究行为金融。Lintner(1998)把行为金融学研究定义为"研究人类如何解释以及根据信息、做出决策"。Statman(1999)则认为金融学从来就未离开过心理学,一切行为均是基于心理考虑的结果,行为金融学与标准金融学的不同在于对心理、行为的观点有所不同。Sheinn(2000)认为,行为金融是将行为科学、心理学和认知科学上的成果运用到金融市场中产生的学科,其主要研究方法是基于心理学实验结果提出投资者决策时的心理特征假设来研究投资者的实际投资决策行为。Russell(2000)对行为金融是这样定义的:①行为金融理论是传统经济学、传统金融理论、心理学研究以及决策科学的综合体;②行为金融理论试图解释实证研究发现的与传统金融理论不一致的异常之处;③行为金融理论研究投资者在做出判断时是怎样出错的,或者说是研究投资者是如何在判断中发生系统性错误的。

早期的行为金融学可以追溯到古斯塔夫·勒庞(Gustave Lebon)的《乌合之众》"The Crowd"和查尔斯·麦基(Charles Mackay)的《大疯癫:非同寻常的大众幻想和全民疯狂》"Extraordinary Poplular Delusion and the Madness of Crowds",这两本书是研究投资市场群体行为的经典之作。凯恩斯是最早强调心理预期在投资决策中起作用的经济学家,他基于心理预期最早提出股市"选美竞赛"理论和基于投资者"动物精神"而产生的股市"乐车队效应"。普莱尔(Purrell)是现代意义上金融理论的最早研究者，在其《以实验方法进行投资研究的可能性》（1951）论文中，开拓了应用实验将投资模型与人的心理行为特征相结合的金融新领域。后来保罗（Paul）、思诺维奇（Slovic）等继续进行了一些人类决策过程的心理学研究。心理学行为金融阶段（从20世纪60年代至80年代中期）的行为金融研究以阿莫斯·特沃斯基（Amos Tversky）和丹尼尔·卡纳曼（Daniel Kahneman）为代表。Tversky 研究了人类行为与投资决策模型基本假设相冲突的 3 个方面，即风险态度、心理会计和过度自信，并将观察到的现象称为"认知偏差"。Kahneman 和 Tverskv（1979）共同提出了"期望理论"，使之成为行为金融研究中的代表学说。但是当时的行为金融研究还没有引起足够重视，因为人们普遍认为研究人的心理、情绪对金融研究来说是不科学的。金融学行为金融阶段是从 20 世纪 80 年代中期至今，市场不断出现的异常现象引起金融学界的注意，大量的证据表明许多金融理论还不完善；再加上期望理论得到广泛认可和经验求证，所以这个时期的行为金融研究取得了突破性的进展。这个时期的行为金融理论研究以芝加哥大学的理查德·塞勒（Richard Thaler）和耶鲁大学的罗伯特·希勒（Robert J Shiller）为代表。Thaler（1987、1999）研究了股票回报率的时间序列、投资者心理会计等问题。Shiller（1981、1990a、1990b）主要研究了股票价格的异常波动、股市中的"羊群效应"（Herd Behavior）、投机价格和流行心态的关系等。此外，奥登（Orden，1998）对于趋向性效应（disposition effect）的研究、伊·R·里特（Jay R Ritter，1999）对于 IPO 的异常现象的研究、Kahneman 等（1998）对反应过度和反应不足切换机制的研究都受到了广泛的关注。与上个时期相比，这个时期的行为金融理论研究是从投资策略上来加以完善的，并注重将心理学研究和投资决策结合起来。

2.2　银行监管制度演进

随着银行业的逐步发展，对银行业进行监管以促使银行业能够积极健康地运行变得甚为必要，在此历史背景下，银行监管应运而生。银行业的萌芽形态始于古埃及、古巴比伦时代，在这一时期，出现了代人保管和兑换货币的兑换商。进入古希腊、古罗马时代后，随着商业和贸易日益发展，货币兑换业务日渐繁荣。在这一时期，出现了禁止监督货币兑换商从事某些投机生意的法律，这便是银行监管的萌芽。[①]

在银行业的发展过程中，立法总是会滞后于市场的发展，新的市场行为出现后，立法的滞后导致法律即使再完备也总有无法预知的盲点，为了避免这种情况造成的市场失灵，监管变得非常重要。[②] 有效的监管对于提高司法效率，维护市场运行有着重要的意义。18 世纪初，英国颁布的旨在防止证券过度投机的《泡沫法》是政府对金融活动实施监管的最早的法规。在这一时期，由于金融监管还处于初级发展阶段，因此各国的金融监管并没有固定的制度。随着金融监管的日益成熟，现阶段一致认为真正意义上的金融监管是与中央银行制度的产生和发展直接相联系的。基于此，在现在的观点里，一般认为真正具有实质意义的以银行业为主的系统性金融监管起源于英国和美国。[③]

1346 年，意大利热那亚银行成为欧洲最早的银行。进入 17 世纪，银行业开始了大规模的发展。随着银行业的不断发展，最

[①] 哈威尔·E·杰克逊，爱德华·L·西蒙斯. 金融监管 [M]. 吴志攀等，译. 北京：中国政法大学出版社，2003.

[②] 许成钢，皮斯托. 不完备法律（上）比较 [M]. 北京：中信出版社，2002.

[③] 贺强. 中国金融改革中的货币政策与金融监管 [M]. 北京：中国金融出版社，2008.

早的中央银行——瑞典银行于 1656 年成立。1694 年，英格兰银行的创立奠定了现代中央银行制度的基础，在这以后，世界各国相继成立中央银行，中央银行制度开始风靡全球。

现代银行监管是从中央银行制度的建立开始的。绝大部分中央银行在经历了一系列金融动荡以后，为了保证金融体系稳定运行和承担最后贷款人责任，对银行实施监管，银行监管成为中央银行最重要的职能之一。最初，中央银行的银行监管体现为实行针对银行货币创造功能的存款准备金制度。这一时期，银行监管的重点在于通过存款准备金制度的建立和"最后贷款人"机制的建立，以防止银行体系发行过多的信用货币和防止发生银行挤提。20 世纪 30 年代以后，银行监管的焦点发生转移，货币管理和防止挤提成为监管的重点，而对于银行机构经营行为的管制和干预较少，监管职能发生了偏移。因此，这一时期的银行监管不能算作是现代意义上的银行监管。

20 世纪 30 年代的"大萧条"标志着现代意义上的银行监管正式开始。这次"大萧条"使得经济严重衰退，许多银行相继倒闭，银行体系变得非常脆弱。这表明之前的银行监管只关注货币管理和防止挤提是远远不够的，银行监管的职能需要扩展和补充。

经济濒临崩溃的事实暴露了金融体系负外部性效应、公共产品特性、信息不对称性及严重的垄断倾向等一系列问题。市场无法自行修补这些市场缺陷，为保证市场能够稳定运行，扩大银行监管职能以便于完善市场，维护市场健康运行变得尤为重要。《格拉斯—斯蒂格尔法》《综合银行法》（1935 年）等法律法规的颁布，标志着现代意义上的银行监管正式拉开了序幕。直至 20 世纪 70 年代之前，这一时期银行监管的主要职能集中于严格监管、保障安全，通过对金融价格、业务范围和市场准入等直接控制以保证金融体系安全，以及市场的正常运行。

进入 20 世纪 70 年代，全球经济环境发生了巨大的变化，金融全球化进程加快，各国金融体系相继改革，经济发展要求和科学技术进步推动着银行业不断向前发展。这一时期金融自由化理论开始主导市场。金融自由化理论认为：政府实施严格而广泛的银行监管将会降低银行业效率，抑制银行业发展并导致银行监管达不到促进经济发展的效果，同时严格银行监管也不符合金融市场全球化、金融机构国际化和金融活动全球化的客观环境。因此，随着金融自由化的兴起，各国各地区纷纷放松对银行业等方面的管制，全球统一的金融市场逐渐形成，银行业深入发展金融创新，这一系列行为促进了经济增长和银行业的发展，银行体系的效率随之提高。然而，金融创新的发展打破了银行业的固有格局，银行机构为增加收益而冒险的概率增加，经营风险随之加大，银行体系脆弱性增加，稳定性遭到破坏，银行破产倒闭频频发生，银行体系出现动荡。由于危机带来的损失十分巨大，这一时期银行监管的重心逐渐向防范金融危机转移。

自 20 世纪 80 年代开始，巴塞尔协议逐渐成为全球金融监管的标准。巴塞尔协议 I 的焦点主要集中于微观审慎监管，将对银行的资本要求列在金融监管的核心位置，要求每家银行的资本必须达到一定规模。经过一段时间的实践，巴塞尔委员会于 2004 年推出巴塞尔协议 II，协议中对资本监管的指标设置、计量方式、质量要求和种类划分都进行了精细的设计。但此时资本监管的理念仍以微观审慎监管为核心，包括第二支柱要求下的外部审慎监管程序和第三支柱要求下的金融机构接受市场约束、信息披露数据、金融监管，监管部门的视角都着重于金融机构个体层面的审慎运营监管上，旨在使每家银行都能稳健运营，为金融体系的安全和稳定奠定基础。但是直至次贷危机爆发之前，对于金融体系的系统性风险监管始终处于空白状态。

2007 年，美国次贷危机引发了自"大萧条"以来最严重的全球金融危机。这次危机暴露了银行监管的薄弱环节，银行监管的路线再次进行了调整，基于风险的监管开始成为新时期银行监管的重心。基于风险的监管基本思路是建立宏观审慎监管体系，以防范金融体系的系统性风险以及风险在金融机构之间的相互传染。相对于金融创新，银行监管开始更加注重安全与效率之间的平衡，使得金融创新与银行监管能够互相作用，共同推动银行业的发展和进步。对拥有健全的风险管理系统的金融体系，如果有足够收益和资本应付潜在的风险，便可以从事各种形式的金融创新活动。在这一过程中，应用风险管理技术对风险进行早期识别和处理，从而使得风险效应在威胁到单个金融机构和整个金融体系的稳定之前便被化解，以保证金融体系的健康运营。与此同时，建立逆周期的资本和贷款损失准备金制度，以便能够在金融体系风险管理与金融创新之间寻求平衡。

第3章 巴塞尔协议的演进及
中国版巴塞尔协议Ⅲ

3.1 巴塞尔协议的演进

3.1.1 巴塞尔银行监督委员会

3.1.1.1 巴塞尔委员会的成立

1971年国际货币体系布雷顿森林体系解体和1973年因中东战争而爆发的石油危机等重大经济金融事件陆续爆发，使得20世纪70年代后期各国都出现了通货膨胀、汇率和利率不稳定波动以及经济停滞等问题。宏观经济环境的不稳定，再加上金融创新和全球经济一体化的发展，给银行业的经营带来了很大挑战。银行在这样的环境下需要进行更为积极主动的资产和负债管理，同时在国际化经营与金融创新等方面进行探索，寻求新的发展方向与思路，而在银行改革的过程中出现了一些大型银行陆续倒闭的现象。

1974年6月德国赫斯塔特银行破产，而到了同年10月美国的富兰克林国民银行也破产倒闭，这对当时国际银行业带来了巨大的打击。美国富兰克林银行由于美联储的保护和良好的操作在破产后并没有造成太大的经济影响，但是在德国赫斯塔特银行破产之后的清算过程中，发现该银行有许多违规的海外债券，这些债券是无需按母国相关金融法条来偿还的，随之而来的连锁反应，使许多国家牵连客户受到巨大损失，给本国经济乃至全球金融业造成了严重影响。这次事件促使人们立刻意识到：金融全球化是把双刃剑，它能够将一国银行的危机迅速地传导至各个国家，危及全球金融业的安全。而这次事件也同样促使国际金融业开始思考金融全球化的利弊，以及怎样把银行监管的国际合作交流上升到实践。巴塞尔银行监管委员会（Basel Committee on Banking Supervision，简称巴塞尔委员会）的成立正是基于上述背景。1975 年 2 月，美国、加拿大、英国、德国、法国、意大利、荷兰、比利时、瑞典、日本十大工业国的中央银行代表齐聚瑞士巴塞尔，成立了巴塞尔委员会。巴塞尔委员会作为国际清算银行的一个正式机构，以各国中央银行官员和银行监管当局为代表，总部设在瑞士的巴塞尔。

3.1.1.2　巴塞尔委员会组织架构

巴塞尔委员会的工作组织架构主要包括以下 5 个工作小组：一是会计专家小组（Accounting Expects Group），该小组目的是确保国际会计与审计准则能够促进银行风险监管，支持市场纪律，加强银行体系的安全与稳健，在国际会计和审计标准制定中起着积极的作用；二是监督与实施小组（Supervision and Implementation Group），该小组主要有两个任务，分别是制定及时的、一致的和有效的巴塞尔委员会标准和指引的实施方案，以及推进银行监管的进步，尤其是在巴塞尔成员国之中；三是政策发展小组（Policy Development Group），该小组主要任务是促进一个健全的银行系统和高监管标准而支持委员会发展有效政策；四是宏观审慎监管小组（Macroprudential Supervision Group），该小组监测并向委员会报告银行系统性风险状况以及对系统重要性银行的监管政策，同时向其他小组提供有关宏观审慎监管的指引；五是巴塞尔咨询小组（Basel Consultative

Group），该小组提供了一个全球平台用于加强巴塞尔委员会与全球银行监管当局的联系，它负责促进国际监管组织之间、成员国之间与非成员国之间的信息交流与共享，如图 3-1 所示。

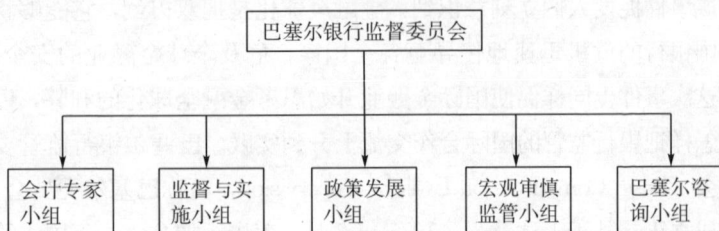

图 3-1　巴塞尔银行监督委员会工作组织架构

3.1.2　巴塞尔协议的演进时间轴

在成立的近 40 年时间里，巴塞尔委员会在全球银行业一直凭借其制定与倡导的监管标准与指导原则被广泛认可，以逐步推进全球各国商业银行使用统一的监管标准及理念为奋斗目标，制定了一系列具有重要意义的原则和协议，其中具有标志性意义的 3 个协议便是巴塞尔协议Ⅰ、Ⅱ和Ⅲ，如图 3-2 所示。

巴塞尔协议是巴塞尔委员会 1988 年 7 月在瑞士的巴塞尔通过的《关于统一国际银行资本衡量和资本标准的协议》的简称。在世界银行业因为资本、地域等原因产生了不公平竞争和经济全球化相矛盾的背景之下，该协议第一次建立了一套全球通用完整的、以加权方式衡量表内与表外风险的资本充足率标准，非常有效地扼制了与债务危机有关的国际风险。巴塞尔协议Ⅰ使得全球银行经营从注重规模转向注重资本以及资产质量等因素，它的出台标志着西方银行资产负债管理理论和风险管理理论的完善与统一。

1997 年爆发的东南亚金融风暴更是促使巴塞尔委员会对金融风险进行了全面而深入的思考。通过大型银行的倒闭，人们逐渐发现，银行业存在的问题不仅仅是信用风险或市场风险等单一风险的问题，而是由信用风险、市场风险以及操作风险互相交织、共同作用而造成的。1997 年 9 月推出的涉及银行监管 7 个方面 25 条核心原则的《有效银行监管的核心原则》，表明了巴塞尔委员会已经确立了全面风险管理的理念。在这样的背景之下，1999 年和 2001 年巴塞尔委员会分别两次就新协议草案向各国银行监管当局公开征求意见，该新协议的正式文本《资本计量和资本标准的国际协议：修订框架》于 2004 年 6 月正式签署，标志着巴塞尔协议Ⅱ的正式出台。

由 2007 年美国次贷危机引发的 2008 年全球金融危机，给刚进入实施阶段的巴塞尔协议Ⅱ带来了沉重的打击，促使全球金融监管当局针对危机中暴露的监管方面的问题进行了深刻的反思与探讨，巴塞尔委员会也针对金融危机中所反映的巴塞尔协议Ⅱ的不足之处，特别是流动性风险监管缺陷等问题进行了商讨。2010 年 12 月 16 日，巴塞尔委员会发布了《巴塞尔Ⅲ：流动性风险计量、标准和检测的国际框架》和《巴塞尔Ⅲ：一个更稳健的银行及银行体系的全球监管框架》两个官方文件，标志着全球银行业资本监管最严新规巴塞尔协议Ⅲ的正式出台。

巴塞尔协议Ⅰ的演进时间轴

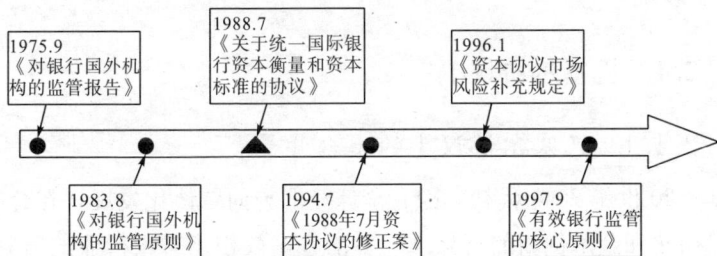

1975.9《对银行国外机构的监管报告》	1988.7《关于统一国际银行资本衡量和资本标准的协议》	1996.1《资本协议市场风险补充规定》

1983.8《对银行国外机构的监管原则》	1994.7《1988年7月资本协议的修正案》	1997.9《有效银行监管的核心原则》

巴塞尔协议Ⅱ的演进时间轴

1999.6	2003.2	2005.11
《一个新的资本充足率框架》	《操作风险管理与监管的稳健做法》	《根据市场风险对资本的修正》

2001.1	2004.6	2006.6
《新巴塞尔协议——第二次协商》	《资本计量和资本标准的国际协议：修订框架》	《巴塞尔协议Ⅱ最终全面版本》

巴塞尔协议Ⅲ的演进时间轴

2009.7	2010.12	2012.6
《增强巴塞尔Ⅱ资本构架》	《巴塞尔Ⅲ：流动性风险计量、标准和检测的国际框架》《巴塞尔Ⅲ：一个更稳健的银行及银行体系的全球监管框架》	《商业银行资本管理办法（试行）》

2010.9	2011.6	2013.1
《巴塞尔Ⅲ：更安全的金融体系》	《商业银行杠杆率管理办法》	《流动性覆盖比率和流动性风险检测工具》

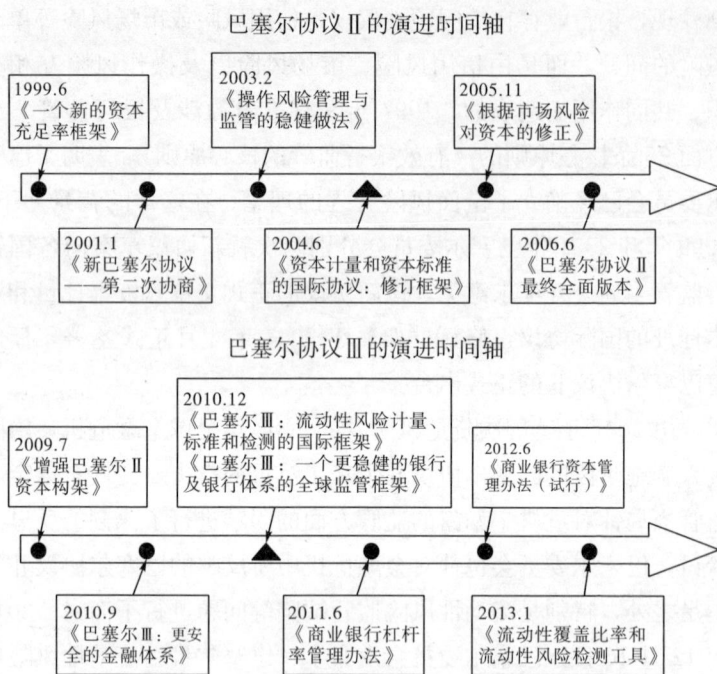

图 3—2　巴塞尔协议Ⅰ、Ⅱ和Ⅲ的演进时间轴

3.2　巴塞尔协议Ⅰ、Ⅱ、Ⅲ

3.2.1　巴塞尔协议Ⅰ

3.2.1.1　巴塞尔协议Ⅰ的出台背景

20 世纪 70 年代初，随着全球经济趋向一体化发展，在金融自由化和金融创新的背景下，各国普遍放松了对银行业的监管，特别是大型跨国银行得到了飞速发展，其业务呈现出全球化、金融创新、高投机性等特点。然而，由于跨国银行监管非常困难，各国银行监管水平和全球金融监管协调能力参差不齐，银行资本

和风险资产比例存在相当大的差异，使得金融机构在国际金融市场上存在着不平等竞争。而在层出不穷的金融新产品和金融创新火热交易的背后，却隐藏着极其巨大的金融风险。

当时贷款是银行的主要业务，且市场发展不够成熟，企业很难从股票以及债券市场进行融资，大多数企业都是依靠银行的贷款融资。然而，随着汇率市场的剧烈波动和全球经济一体化的飞速发展，各国银行开始受到经济波动的影响，仅仅依靠传统的贷款业务已难以维持银行业追求的高额利润，于是表外业务成为银行追逐利润的新方向，不断创新的大规模的金融衍生工具为银行带来高额利润回报，但与此同时也带来了高风险，许多世界知名的大型银行相继破产。为解决银行业面临的危机，巴塞尔委员会于 1988 年 7 月颁布文件《关于统一国际银行资本衡量和资本标准协议》，在经过几次的协议修订与完善后，到 1996 年《关于巴塞尔协议Ⅰ中市场风险的补充规定》的颁布，可以认为是巴塞尔协议Ⅰ的形成与完善过程，这个过程经历了 8 年多的时间。

3.2.1.2　巴塞尔协议Ⅰ的主要内容

巴塞尔协议Ⅰ主要包含以下 3 方面的内容：资本的构成、风险加权资产的计算和资本充足率监管标准。该协议的核心部分是对于银行资本充足率标准的要求，这是银行监管最直接的要求和目标，也第一次在全球范围内设立了一个统一的监管标准。创新点是风险加权资产的计算方法，划定了 5 个风险权重，为准确衡量监管需要的资本提供了依据。银行资本的构成则明确了各类资本所属种类，使得银行资本的计算更加准确合理且便于比较。另外协议还安排了实施过渡期，为不同国家的不同银行实施协议提供了时间缓冲，不会导致银行因实施协议而面临经营的剧烈变动从而对宏观经济造成不利影响。

（1）资本构成

巴塞尔协议Ⅰ将银行资本划分为两类：核心资本和附属资

本,如表3-1所示。核心资本又称为一级资本,包括实收资本和公开储备。附属资本又称为二级资本,包括各种特殊储备、混合性资本工具和长期次级债。由于不同国家之间存在会计定义以及银行监管标准不同,该协议规定各国可以根据自身具体情况自行规定附属资本成分。由于附属资本在抵御风险能力上明显弱于核心资本,因此协议为了防止银行达不到核心资本要求从而尝试拥有过高的附属资本比例,故针对附属资本进行了如下限定:一是要求核心资本比例应占两种资本总和的50%以上,也就是规定了附属资本总额不得超过核心资本;二是长期次级债应该保持在附属资本的50%以下,从而降低附属资本的风险性;三是普通准备金应该保持在风险加权资产的1.25%以下。在对巴塞尔协议Ⅰ的修订与完善过程中,1996年的《市场风险资本监管的补充规定》首次提出了三级资本的概念,定义三级资本为原始期限不低于两年的短期次级债券。

表3-1　银行资本构成

	实收资本	实收普通股
核心资本		非累积性优先股
	公开储备	资本溢价
		未分配利润
		一般性储备
附属资本	特殊储备	未公开储备
		资本重估储备
		普通准备金
		普通呆账准备金
	混合性资本工具	
	长期次级债	

　　构成核心资本的股本包括实收普通股和非累积性优先股,累

积性优先股则不包含在内。因为对于累积性优先股,当股息在当年未能足额分派时,可以在以后年度补发;而对非累积性优先股,股息当年结清不能累积发放,亏损时就没有股息,而需要用优先股吸收损失时则和普通股完全一样。公开储备是通过留存盈余或其他盈余产生或者增加的储备,如股票发行溢价、留存利润等,而非公开储备指的是反映在损益账户上不反映在资产负债表上的储备。两者在吸收损失方面完全一样,之所以将得到监管当局认可的非公开储备划入附属资本,主要原因就是这部分储备不透明,而且依赖于各国会计准则的认可。对于资本扣减,商誉被要求从核心资本总额中扣除,对于不并表的银行和金融类子公司的投资同样需要进行扣除。但对于银行持有的其他银行或存款机构发行的资本工具是否扣除以及采取何种方式进行扣除,则交由各国监管当局自行决定,如果不予扣除,则使用 100% 的风险权重。

(2) 风险加权资产计算

因为银行拥有的不同类别资产所面临的风险程度存在很大的差异,需要对不同类别资产分别进行分类,然后规定其相应的风险权重,最后采用风险加权的方式来计算银行资本充足的实际情况,协议确定了 5 个风险权重,即 0%、10%、20%、50% 和 100%,权重越高代表资产风险越大。巴塞尔委员会认为采用风险加权计算资本充足率具有以下优点:一是利于不同银行体系之间的国际比较;二是对于资产负债表外的项目进行计量显得简单明了;三是不会对银行持有低风险资产的动机形成影响。在计算银行表外风险加权资产时,应根据风险类型确定相应的信用换算系数,然后通过计算将表外资产转化为表内资产,再根据表内资产的风险权重进行风险加权资产的计算。表内风险加权资产与表外风险加权资产的计算公式如下

$$表内风险加权资产 = \sum (表内资产 \times 风险权重)$$

$$表外风险加权资产 = \sum(表外资产 \times 信用转换系数 \times 风险权重)$$

巴塞尔协议 I 采用了国家、机构和期限 3 个纬度来确定风险权重的大小。国家方面,将世界经济合作开发组织成员国和与国际货币基金组织已签订了借款协议的国家分为一组,而其余国家为另外一组,对前者适用较低的风险权重,后者则适用较高的风险权重;在机构方面,协议将机构分为中央政府、中央银行、非中央政府公共部门、多边开发银行、银行、私人部门几个等级,其中对中央政府、中央银行债权的风险权重设定为最低,多边开发银行和银行风险权重大小适中,私人部门风险权重较高;在期限方面,分别针对剩余期限在一年以内的短期债权和一年以上的长期债权设定不同的风险权重。

(3)资本充足率监管标准

该协议规定巴塞尔委员会各成员国的商业银行资本充足率,即核心资本与附属资本之和与风险加权资产综合之比要大于等于 8%;同时核心资本充足率,即核心资本与风险加权资产的比率应大于等于 4%。1988 年开始的 5 年为实施过渡期,5 年后巴塞尔委员会成员国的国内银行资本充足率监管必须达到该协议所规定的最低的资本标准。由于高风险资产往往会带来高收益回报,商业银行往往趋向于持有高风险资产,以期获得最高的收益率,这会致使银行在经营过程中不断积累总体风险。而资本充足率最低标准要求则促使银行不仅要考虑核心资本与附属资本的数量及质量,还要考虑风险加权资产数量的大小,以增强银行经营的安全性。

3.2.1.3 巴塞尔协议 I 的评价

巴塞尔协议 I 作为银行监管领域具有划时代意义的改革,具有极大的进步性和积极意义。协议中对资本充足率进行统一监管标准设定,表明国际银行业的监管思想已经开始发生根本性转变。第一，监管角度开始从外部环境转移到银行体系内部，巴塞尔委员会之前制定的一些协议将重心定在如何为银行业的稳健经营创造一个良好的外部环境，对银行本身所面临的风险特别是资本数量和质量要求没有制定任何的规则；第二，将银行资本与其面临的风险程度紧密结合起来，制定了风险权重的大小，突出了动态监管的理念。协议并没有对资本金的总量提出硬性要求，而是根据银行经营的实际情况所面临的风险程度和涉及风险的大小对资本金进行计算；第三，将占比量逐渐增加的表外业务纳入资本监管范围之内，广泛地涵盖了银行业经营所面临的风险，有效防止了银行利用先进的金融创新工具来逃避资本监管的行为；第四，风险加权的方法便于不同国家、地区银行之间进行横向的比较，将表外项目考虑在风险资本中，从而使风险度量更加具体，同时考虑资产的质量和数量因素；第五，资本充足率的要求和计算方法使得国际银行业拥有了一个统一的标准，提高了银行体系的稳定性和抵御风险的能力，并且资本充足率的要求阻止银行恶意扩张经营，从而加强了市场约束的有效性和公平竞争，资本充足率的规定不仅在巴塞尔成员国中得到执行，也得到了全球多数非成员国的认可，日益成为全球银行监管的通用标准。

但由于国际银行业风险的复杂化和金融创新的不断深化，该协议的缺陷也在逐渐实施的过程中暴露出来。第一，协议中针对风险权重只进行了 5 个等级的划分，而这样粗糙的划分无法全面地体现每项资本的风险实际情况，从而无法及时制止危机的产生；第二，世界各国的经济发展水平参差不齐，各国银行业发展现状也千差万别，但巴塞尔委员会却未对这些国家的银行业进行区别对待，也没有指定大银行与小银行之间的监管措施差别，没有起到激励银行不断提高风险管理技术和水平的作用，难以用于指导具体的监管操作；第三，巴塞尔协议Ⅰ所涵盖的风险类别不足，协议只是涉及了信用风险和后续补充的市场风险，而没有考虑银行实际经营过程中面临的操作风险、法律风险等其他风险，而随着银行面临的风险越发复杂，导致银行资本监管的有效性降低。

3.2.2 巴塞尔协议Ⅱ

3.2.2.1 巴塞尔协议Ⅱ的出台背景

进入 20 世纪 90 年代中后期，随着金融创新不断深化特别是证券化技术的飞速发展，国际银行业之间的竞争进一步加剧，金融衍生工具层出不穷，金融产品日新月异，各国商业银行开始越来越多地介入金融衍生品交易，经营业务愈发多样化、复杂化。银行借助金融创新规避金融监管，潜在的风险日积月累，成为国际银行业保持稳定的隐患。随后爆发的亚洲金融危机导致国际银行业风险日益复杂，监管挑战性越来越高，也将人们的关注点迅速引向市场风险与信用风险的综合管理以及操作风险的量化问题。为提高监管资本标准的风险敏感性，减少银行监管套利行为，巴塞尔委员会于 1998 年启动对资本监管标准的修订。

为了实现在新的国际经济发展背景下促进国际银行体系经营安全和稳健的目标，巴塞尔委员会几经商讨制定了新版本的协议。新协议仍然以资本充足率监管为核心，但是协议框架与内容有了大幅度的修改和补充。巴塞尔协议一直处于不断更新与改进的过程中，虽然新旧版本没有明确的界定，但是一般认为 1999 年 6 月的《新巴塞尔资本协议》是巴塞尔协议Ⅱ的核心，制定此协议目的是用以取代 1988 年制定的巴塞尔协议。此后几经修改，正式文件《资本计量与资本标准的国际协议：修订框架》于 2004 年 6 月定稿并通过，随后付诸实施。前述协议和一系列相关修改与完善的文件，被统称为巴塞尔协议Ⅱ。

3.2.2.2 巴塞尔协议Ⅱ的主要内容

巴塞尔协议Ⅱ中主要有以下几方面改进。首先，除了继续进行资本充足率监管，在监管结构上新增加了两大支柱，即监督检查与市场约束；其次，将操作风险包含在风险加权资产的范围内；最后，为三类银行面临的主要风险提供更为科学的计量方法。其中最低资本要求仍然是三大支柱的核心，监管当局的监督管理和信息披露则是新的内容，巴塞尔协议Ⅱ基本框架如图 3-3 所示。

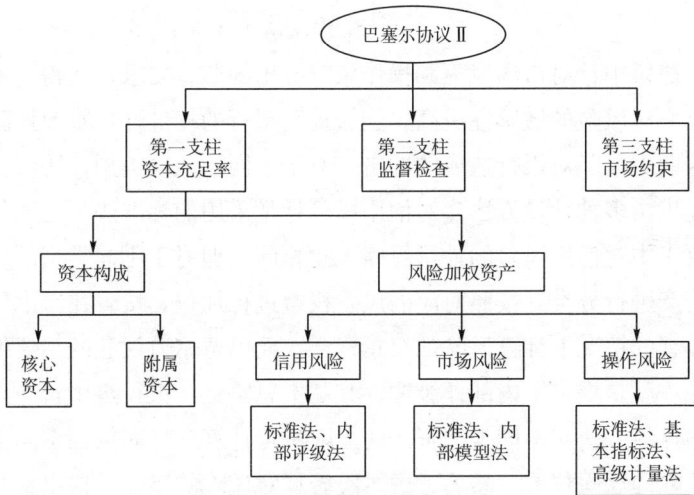

图 3-3　巴塞尔协议Ⅱ基本框架

资料来源：根据 2004 年 6 月巴塞尔协议Ⅱ的官方文件整理得到①。

（1）第一支柱——资本充足率

在新协议中，资本的构成定义并没有变化，并且资本充足率仍维持在以前的水平，即资本充足率和核心资本充足率的监管标准仍然分别是大于等于 8% 与 4%。此次协议在资本要求方面的

①　Basel Committee on Banking Supervision. Basel Ⅱ: International Convergence of Capital Measurement and Capital Standards: a Revised Framework [R]. Bank for International Settlements, June 10, 2004.

变化主要体现在风险加权资产的范围和计算方法上，资本充足率的计算方法与巴塞尔协议Ⅰ相同，只是在分母中增加了市场风险和操作风险两种风险加权资产的计算，具体计算公式如下

$$资本充足率 = \frac{核心资本 + 附属资本}{风险加权总资产} \times 100\%$$

$$风险加权总资产 = \begin{cases} 信用风险加权资产 \\ 市场风险资本 \times 12.5 \\ 操作风险资本 \times 12.5 \end{cases}$$

协议中针对市场风险和操作风险提出的监管要求，使得资本充足率对风险的敏感性更高，能够提高银行的稳健性，有效地防止这两类风险对银行造成的冲击。对于不同的风险类型，协议分别提出了多种计量方法。对信用风险计量采用的标准法与巴塞尔协议Ⅰ中对信用风险的计量思路大致相同，即对于不同类型的风险资产进行分类并按照对应的风险权重进行加权，接着在考虑风险缓释的情况下计算风险加权总资产。而巴塞尔协议Ⅱ的主要创新之一就是提出了内部评级法，其基本思路是：银行运用自身内部的评级方法对不同类型资产的风险进行计算，进而得到不同类型风险的风险权重，然后考虑风险缓释对风险的影响，得出最终的风险加权总资产。但是，使用内部评级法需要银行自身具有内部关于资本充足的历史数据，因此采用内部评级法需要银行建立自己的内部风险评估系统。但是银行自身可能为了避免资本监管而低估风险，以期减少资本补充成本，所以内部评级系统需要在银行内部专门机构严格的监管下进行。另外，巴塞尔委员会还提出一个建设性方案，那就是银行可以借用外部评级机构对企业和个人的评级结果来判断银行所面临的风险程度及其所需要准备的资本。计量方法标准法与内部评级法的结构逻辑如图3-4所示。

标准法

内部评级法

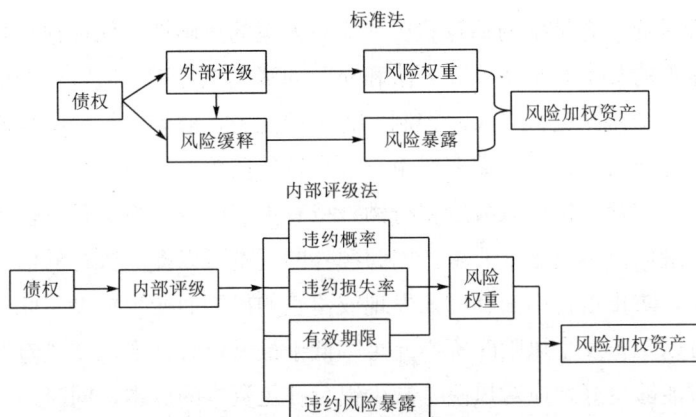

图 3-4　标准法与内部评级法的结构逻辑

（2）第二支柱——监督检查

新协议监管体系的第二支柱是监管部门的监督检查，它能确保银行监管的有效性。实行监督检查的目的是为了确保所有银行都能拥有健全的内部风险管理和控制程序，保证银行能够准确地分析其所面临的风险水平和资本充足率的水平，促使银行合理地处理各类风险之间的关系。为了促成目标的达成，协议还提出了对于监督检查参考的四项基本原则。

①银行在根据不同类型的风险资产确定风险权重从而计算资本充足状况的过程中，应探索建立符合当前银行发展现状的内部管理体系，根据评估结果制定银行维持资本充足率水平的措施和方案。各银行应该根据建立好的内部管理体系对自身所面临的各类风险状况和外部环境进行评估，确定应对可能的风险所需要准备的资本数量和质量。同时在实施过程中，银行需要对内部风险管理体系进行定期检查，召开会议商量讨论其适用性等，确保内部管理体系的时效性与有效性。

②各国监管机构需要定期对银行的各项监管指标和监管标准进行对比，同时对银行内部评级体系的实施进行检查，考察银行

自身对资本充足率的估算状况和应对方案的正确性，保证银行具备完善的资本充足率计算方法和充分的资本充足率。监管机构应该侧重于监测银行对风险控制及管理的能力，假如银行风险控制及管理能力较差，就需要对银行进行特殊监管。

③监管机构应该鼓励银行额外持有更多的资本而不是仅仅满足于最低资本充足率要求。因为额外的资本可以提高银行的信用等级，防止银行因面临的未发现或覆盖的风险而产生损失，此外还可以防止发生风险时资本充足率低于最低监管标准，在风险发生时能够更好地应对风险，减少银行补足资本的成本，同时还可以防止银行因为资本充足率过低受到监管机构的特殊监管。

④监管机构应当防止银行临时增加资本的行为，持续地监测银行资本充足率的标准，以便当银行的资本充足率低于最低监管标准时，催促银行进行及时处理，否则监管机构应立即采取特殊措施促使银行提高其资本充足率，以达到监管要求。

（3）第三支柱——市场约束

引进市场约束机制作为新协议的第三支柱，目的是想利用市场这只无形的手来帮助商业银行在达到监管要求的同时，稳定且持续地经营发展。正常情况下，经营比较稳定的商业银行相比风险较大的商业银行拥有更多优势，那些被标上高风险的商业银行可能会面临业务量急剧下滑等更多的代价，原因是他们的风险溢价买单或者失去了投资者的青睐。但是市场约束能够充分发挥作用的前提是银行信息披露的范围大规模扩大，信息的有效披露能够有助于提高银行的透明度，这也就要求银行必须公开与其相关的内部信息和财务报表。为了达到目的，巴塞尔协议Ⅱ陆续出台了一系列的相应措施来增强银行业的透明度，使投资者和监管当局可以了解到以前的财务等隐秘资料，及时正确的信息披露在此过程中发挥着非常关键的作用。从这个角度出发，我们首先是要正确把握好信息披露的度，要在考虑信息披露成本的基础上进行充分披露，否则市场参与者很难真正了解到银行的真实情况。不仅要和会计信息的披露准则等顺利结合，还要充分披露资本充足方面的有效信息，完成新协议的初始目标。最后我们还要尊重各成员国法律条款的差异，因为监管原则是在全世界范围内推广的。

3.2.2.3　巴塞尔协议 Ⅱ 的评价

巴塞尔协议 Ⅱ 相比巴塞尔协议 Ⅰ 在银行监管理念与方式上均有非常大的进步，主要体现在以下几个方面。第一，创造性地提出了银行资本监管的三大支柱，分别是资本充足率、监督检查及市场约束；第二，银行监管资本要求全面涵盖信用风险、市场风险以及操作风险，使得资本充足更加全面地反映了银行面临的风险状况；第三，提出了建立内部风险管理机制的要求和它的积极意义，通过建立完善的内部机制可以获得相对较低的资本水平，同时可以激励银行对风险测量和管理的研究和改进；第四，针对不同种类的风险，提出了更为科学先进的计量方法，尤其是内部评级法的提出，能够更加精确地捕捉特定资产的实际风险状况，从而使得资本要求对风险的敏感度增强；第五，通过增强信息披露的方式引入市场约束来监督银行的资本状况，提高银行的透明度。

但在协议的实施过程中，也逐渐暴露了新协议的不足和缺陷之处。首先是不能有效监测银行面对的系统性风险。巴塞尔协议 Ⅱ 监管的对象仅仅是单个银行，强调单个银行的微观稳健运行，而对于宏观层面的整个金融体系之间及一级金融机构之间的紧密联系造成的系统性风险认识不足，忽视了其巨大的风险性，以致在后续金融危机中一些资产证券化产品在急剧放大风险时，监管当局却不能有效确保整个金融体系的稳定。其次是资本监管的顺周期性加剧了经济波动。在经济的繁荣时期，银行的信贷规模会得到成倍的扩张，由于此时整个社会的融资成本较低，银行可以十分方便地从市场进行筹资，再次用于新一轮的信贷增长，从而对经济增长有了成倍的刺激作用；而在经济衰退时期，银行资产质量水平会大幅下降，而其需要计提的监管资本会相应增加，则会出现信贷规模大幅下降，从而加剧经济的紧缩。最后是导致了不公平竞争。由于不同国家和市场之间的经济发展状况和环境存在较大差异，导致协议中规定的新计量方法的实施条件不一，同规模的银行资本要求可能出现不一致，大型银行由于其资本规模优势在与小银行的竞争中体现得更加明显。

3.2.3 巴塞尔协议Ⅲ

3.2.3.1 巴塞尔协议Ⅲ的出台背景

2007年正当国际银行业开始积极施行巴塞尔协议Ⅱ的时候，美国却突然爆发了次贷危机，而伴随着雷曼兄弟倒闭随后引发了华尔街投资银行退出历史舞台，同时全球范围内众多银行的倒闭促使了全球央行的统一大规模注资行动，投资者的恐慌情绪开始蔓延，全球股票市场也全面暴跌，进一步演变成为全球性的金融危机。这次全球金融危机对世界金融业特别是银行业带来了巨大的冲击，也使得人们逐渐认识到金融监管政策的弊端与缺陷，进而对原本的金融体系的构建、治理和发展特别是监管进行了全方位的思考。随后金融理事会相继出台了一系列改革政策，分别从微观、中观和宏观层面来解决金融脆弱性问题。2010年12月16日，巴塞尔委员会发布了《巴塞尔Ⅲ：流动性风险计量、标准和检测的国际框架》和《巴塞尔Ⅲ：一个更稳健的银行及银行体系的全球监管框架》两个官方文件，标志着巴塞尔协议Ⅲ的正式出台。该协议的目的是提高银行业应对金融危机的能力，改进银行关于风险监管的机制，加大银行业信息披露的透明度。在这次改革中，协议从微观审慎与宏观审慎两个角度提出了监管措施，其中微观审慎监管可以增强单个银行的抗风险能力和经营稳定的能力，宏观审慎监管可以提高银行系统总体的风险抵御能力，确保经济体系健康稳定的发展。

3.2.3.2 巴塞尔协议Ⅲ的主要内容

（1）微观审慎监管

①改善资本监管。

巴塞尔协议Ⅲ对资本进行了新的分类，在原巴塞尔协议Ⅱ将资本划分为三级资本的基础上，把资本分类为一级资本和二级资本，如表 3-2 和表 3-3 所示。一级资本包括核心一级资本和其他一级资本，其中核心一级资本主要包括普通股以及留存收益，而其他一级资本则主要包含优先股和其他无期限的损失吸收工具。新定义的一级资本能够满足银行在持续经营过程中吸收损失的需要，而如果银行陷入破产需要进行清算，二级资本也能够吸收一部分银行损失。这样既能够保护存款人的利益，也抵御了银行体系可能出现的系统性风险。在巴塞尔协议Ⅲ对资本的重新分类中，可以看到普通股在银行新资本构成中的重要地位。这部分资本用于吸收银行损失具有非常大的突出作用，新的资本定义使得银行资本的质量显著提高。

表 3-2　历次巴塞尔协议资本定义

巴塞尔协议Ⅰ	一级资本、附属资本
巴塞尔协议Ⅱ	一级资本、附属资本、三级资本
巴塞尔协议Ⅲ	核心一级资本、其他一级资本、附属资本

巴塞尔协议Ⅲ将资本充足率监管标准逐步提高，其中核心一级资本充足率（即普通股本与银行风险加权总资产的比率）由当时的 2% 提高到 4.5%；一级资本充足率则由当时的 4% 提高到 6%；而总资本充足率继续维持在 8% 的水平。

表 3-3　巴塞尔协议Ⅲ资本构成

一级资本	核心一级资本	实收资本、普通股	
		留存收益	
		需要调整计入部分	资本公积
			少数股东权益
			未分配利润
		外币报表折算差额	
	其他一级资本	合格的其他一级资本工具及其溢价	
		少数股东权益可计入部分	
二级资本	合格的二级资本工具及其溢价		
	少数股东资本可计入部分		
	超额贷款损失准备		
	交易性金融工具公允价值变动形成的未实现累计净利得		
	50%的可供出售资产的股权类、债券类公允价但变动形成的未实现净利得		

资料来源：根据《巴塞尔Ⅲ：一个更稳健的银行及银行体系的全球监管框架》整理得到①。

②引入杠杆率监管。

金融危机全面爆发暴露的一个显著监管问题，就是金融工具的不断创新以及低利率的市场环境导致银行体系在经营过程中积累了过高的杠杆率，同时银行却表现出较高的资本充足比率，资本充足率与杠杆率之间出现了严重的背离，因此导致了监管的无效性。而在危机严重时期，银行在市场压力之下被迫开始去杠杆化过程，反过来又增加了因资产价格下降造成的压力，并进一步

---

① Basel Committee on Banking Supervision. Basel Ⅲ: A Global Regulatory Framework for More Resilient Banks and Banking Systems [R]. Bank for International Settlements，December 16，2010.

加剧了银行业的损失，资本下降造成信贷急剧萎缩。因此巴塞尔委员会在新协议中决定引入简单、透明并且基于风险总量的杠杆率监管指标，作为资本充足率的补充。

$$杠杆率 = \frac{一级资本-对应资本扣减项}{调整后的表内外资产余额} \times 100\%$$

从资本充足率和杠杆率的公式来看，前者主要是控制资本和风险资产之间的比例，没有控制资本和表内外总资产的比例；而杠杆率的引入有效地控制了银行过高的杠杆性带来的风险，杠杆率可以有效地减小银行对宏观经济发展的负面影响，防止银行进行过多的表外业务特别是复杂程度与风险性高的衍生产品业务。巴塞尔协议Ⅲ要求各国的杠杆率水平维持在大于等于 3% 的水平，并于 2013—2017 年同期进行平行测试，期望在 2018 年成为新协议第一支柱的组成。适当的杠杆率标准可避免银行业经营的过度杠杆化，降低银行经营风险，维护银行体系的稳定性。

③引入流动性风险监管。

全球金融危机爆发以后，市场以及银行业的流动性迅速萎缩，各国央行不得不对市场以及银行业注入大量的资金以提升其流动性，从而缓解金融体系的流动性压力。这次危机的爆发让人们认识到了流动性风险管理的重要性。根据 G20 峰会的要求，巴塞尔委员会就建立全球性的流动性监管标准进行了深入研究，提出了两个流动性监管指标作为各国加强流动性监管的统一标准，同时还对各国监管部门使用的流动性检测工具进行了详细介绍，希望通过制定最低标准和推广最佳实践两方面的工作来提高流动性风险的管理水平。

两个流动性监管指标一个是流动性覆盖率，旨在确保商业银行在设定的严重流动性压力情景下，能够保持充足的、无变现障碍的优质流动性资产，并通过变现这些资产来满足未来 30 日的资金流动性需求，根据巴塞尔协议Ⅲ的要求，流动性覆盖率的监管标准为大于等于100%。而另一个流动性监管指标是净稳定融资比率，用于度量银行较长期限内可使用的稳定资金来源对其表内外资产业务发展的支持能力。该比率的分子是银行可用的各项稳定资金来源，分母是银行发展各类资产业务所需的稳定资金来源，分子分母中各类资产和负债项目的系数由各监管当局自行确定，为该比率设定最低监管标准，有助于推动银行使用稳定的资金来源支持其资产业务的发展，降低资产负债的期限错配，净稳定融资比率的监管标准同样设定为大于等于100%。两者计算公式如下

$$流动性覆盖率 = \frac{优质流动性资产储备}{未来\ 30\ 日的资金净流出量}$$

$$净稳定融资比率 = \frac{可用的稳定资金量}{所需的稳定资金量}$$

（2）宏观审慎监管

①资本留存缓冲。

资本留存缓冲是指商业银行在正常时期，积累最低资本以外的超额资本作为资本留存缓冲，以期在银行出现损失的时候使用。从建立资本留存缓冲的实践看来，最有效的做法就是要求银行在正常时期保持比最低资本要求更高的超额资本，从而在压力时期使用超额资本来吸收损失，以保证银行在压力时期持有的资本仍能够高于最低监管标准，以减小其风险性。当压力时期使用了超额资本以后，银行应该通过内部积累、外部融资和内源融资等方式来进行补充，从而恢复到使用资本留存缓冲以前的超额资本水平。内部积累的方式包括减少分红、减少对员工以及管理层的奖金发放以及减少符合规定的股份回购等等；外部融资则包括增发股份和资本性金融工具等等。对于一些用尽超额资本的银行继续向利益相关者（股东、员工和其他资本提供者）支付回报，希望以此显示自身经济实力和经营状况良好的做法是不能接受的。在金融危机中，一些银行就在财务状况和资本充足状况恶化

时，仍然支付资本收益，向管理层发放巨额奖金，这显然与资本留存缓冲设立的目的背道而驰。所以巴塞尔委员会提出参照最佳做法，建立资本留存缓冲遵照的国际规则，以期加强银行在压力时期的抗风险能力。

巴塞尔协议Ⅲ要求商业银行在最低资本的基础上增加 2.5％的普通股资本留存缓冲，从而使普通股资本充足率达到 7％的超额资本水平，而如果实际资本充足率低于这个超额资本水平充足率，则银行资本收益的分配行为将会受到极大限制。而协议同样规定通过资本留存缓冲建立的超额资本，应该全部都是符合标准的普通股，以确保资本质量，从而能够在压力时期吸收损失，而具体到其实施过程规定首先在并表层面实施，对于单个银行机构层面，由各监管当局根据其与并表集团的关系确定资本留存比例。在实施的时间安排上，协议规定从 2016 年开始，按照每年0.625％的速度增长，最后于 2019 年达到 2.5％的监管标准。

②逆周期资本缓冲。

除了要求银行在正常时期进行资本留存缓冲的准备之外，巴塞尔委员会还要求银行根据各自监管当局的规定建立逆周期资本缓冲。逆周期资本缓冲是指，如果一国政府根据货币供应量与 GDP 的比值或者其他相应指标进行判断，认为该国银行已经存在信贷过度增长的情况，表明其整个金融体系的系统风险正在逐渐积累，就可以要求银行增加 0~2.5％的逆周期资本缓冲，从而约束银行继续放贷的能力，避免银行对实体经济进一步扩张的持续推动。而当过度信贷增长的情况不存在时，各监管当局就可以取消逆周期资本缓冲，从而提高银行放贷能力，尽快促进实体经济的复苏。

逆周期资本缓冲要求各监管当局根据信贷周期情况进行 0~2.5％之间的动态调整，这就要求监管当局对信贷周期的判断一定要准确并且在一段时间内保持一致，否则会导致频繁地调整缓冲要求而不利于稳定预期。而对于资本种类的要求，逆周期资本缓冲可以是普通股资本，也可以是其他具有吸收损失能力的一级资本。由于每个国家或者地区在信贷周期方面的不同步，监管当局对信贷形势的判断也不尽相同，因此不同国家和地区的逆周期资本缓冲要求也会有不小的差距。另外，如果银行达不到监管当局设定的逆周期资本缓冲的要求，那么银行在资本收益分配方面同样将要受到限制。

③系统重要性银行监管。

全球系统重要性银行是指业务规模巨大、资本规模庞大，对国内和国际金融体系都具有重要影响力的银行（根据标准，全球有 29 家银行入选，包括中国工商银行和中国银行）。巴塞尔协议Ⅲ规定对其实施 1%～2.5%的附加资本要求，且附加资本必须完全由普通股权益构成。另外，在突发情况下，最具系统重要性的银行还可能面临最高达 3.5%的附加资本要求。巴塞尔协议Ⅲ对全球系统重要性银行的监管规定能够解决金融机构"大而不能倒"的监管难题。

3.2.3.3 巴塞尔协议Ⅲ的评价

作为后金融危机时代银行监管改革领域的最严资本新规，巴塞尔协议Ⅲ的目的是解决危机中暴露出来的银行监管新问题以及巴塞尔协议Ⅱ中存在的监管缺陷。协议从 3 方面进行了大量改进，首先是对监管工具的改进，此次改革针对金融危机创新了多种新的监管工具；其次是对监管深度的加强，协议对原有的监管指标和定义等提高了合规标准；最后是对监管角度的拓展，协议提出从宏观审慎和微观审慎两个层面进行银行监管。总体说来，巴塞尔协议Ⅲ有以下几方面的改进。

第一，巴塞尔协议Ⅲ更加强调资本约束，进一步提升了资本的质量，金融危机后强化资本监管已成为国际银行业共识。巴塞尔协议Ⅲ规定核心一级资本的最低要求从 2%上升到 4.5%，再加上 2.5%的资本留存缓冲要求，核心一级资本要求将会达到

7%。这反映了巴塞尔委员会对于加强银行资本监管的态度，新的监管标准将有效地减少商业银行过度投机的行为，促使银行更加注重对资产扩张的资本约束功能。未来商业银行将会不断夯实资本基础，更加重视高质量资本的储备，降低对附属资本的依赖，并且不断提高核心资本（主要为普通股）的资本占比。另外各监管当局也将更加注重资本监管的顺周期效应，以缓解经济周期波动给银行资本造成的冲击。

第二，巴塞尔协议Ⅲ提出了更加全面的监管角度及范围。协议首次提出了从宏观审慎与微观审慎两个角度同时对银行进行监管，这是因为银行业之间以及银行与宏观经济之间都存在着很大的联系，银行经营中存在着多米诺骨牌效应，宏观审慎监管能够更好地预防银行业的系统性风险。而为了更加有效地控制银行业面临的风险状况，协议增加了多种监管标准，并对商业银行以外的其他金融机构进行了监管。

第三，巴塞尔协议Ⅲ鼓励金融创新向实体经济基本面回归。全球金融危机爆发以前，全球金融市场充斥着大量脱离实体经济的金融创新产品，这些产品的过度泛滥逐渐成为影响银行业乃至整个实体经济的不稳定因素。这些衍生产品依靠先进且复杂的金融工程技术，通过不同方式进行分割打包和资产证券化，从而使银行达到风险转让的目的，但另一方面也避免了金融监管。由于金融创新严重脱离实体经济，不仅激发了大多市场主体的短期投机行为，也掩盖了其实际价值，导致陷入危机。巴塞尔协议Ⅲ制定的新监管标准，将使银行更加关注金融创新，使得金融创新向实体经济基本面回归。

第四，加大银行信息披露的深度与时效性。这场金融危机表明，复杂衍生产品的大规模资产证券化让市场出现了严重的信息不对称现象，而这会导致衍生产品脱离监管，从而加大其风险性，并在不断的交易过程中累加风险。只有更加充分与严格的信息披露才能使商业银行受到充分的监督，并且信息披露的时效性也相当重要，保证信息披露的时效性能够保证制定政策的时效性，从而增加银行政策制定的有效性。

银行监管制度演进的推动力之一就是金融危机，巴塞尔协议Ⅲ被认为是各国监管当局为达成共识而相互做出妥协达成的结果。虽然协议并没有达到包括我国在内的新兴市场的期望，但也将在较长一段时期内成为国际银行体系的监管准则。巴塞尔协议Ⅲ是现有监管水平下的一个比较合理的监管标准，但也有以下几方面的不足。

第一，对资本充足率的监管标准要求还应提高。资本充足率监管标准的提高将迫使银行降低风险资产的比重，同时增加银行对国债等低风险资产的需求。但是欧洲主权债务危机表明国债等原本被认为是低风险的资产也并不是完全的低风险资产，所以就流行了这样一种观点，即新协议要求一级核心资本充足率达到7%，但这一规定到底能否赢得市场的全面信任还有待确认。美国美联银行的教训证明了上述说法，当时该银行的资本充足率虽然满足了监管标准要求，但是市场却对其失去了信任，加速的信任危机迫使它申请破产保护且最终被富国银行收购。

第二，巴塞尔协议Ⅲ的地域适用性仍存在争议。从设计针对性看来，巴塞尔协议Ⅲ的很多监管工具都是基于金融危机中暴露的发达金融体在银行监管方面出现的问题而设计的，如提出普通股资本的要求，针对各种混合资本工具、杠杆率、影子银行、复杂金融衍生品泛滥、交易对手信用风险等概念和工具，以及针对银行业保持流动性、加强流动性监管标准等。我们承认金融危机暴露出来的问题具有世界共性，但这些监管工具显然是偏重欧美金融体系。这样看来对于金融发展处于相对落后水平的国家和地区，如何找到适合它们的监管工具，达到增强银行体系稳健性的目的，还有待于这些国家及地区自身的努力。所以说流动性等监管指标和监管技术的高复杂性，将会影响到巴塞尔协议Ⅲ在很多国家和地区的应用。

第三，相对过长的过渡期或将影响巴塞尔协议Ⅲ的实施效力。巴塞尔委员会出于稳定银行业发展的目的，规定了一个比较长的过渡期。在巴塞尔协议Ⅲ监管指标实施规划期中，对于杠杆率的监测，2015 年 1 月银行才开始披露杠杆率指标，2018 年起将正式将杠杆率纳入第一支柱；而对于资本充足率的监测，到 2015 年 1 月 1 日，核心资本充足率与一级资本充足率将分别达到 4.5% 和 6% 的监管标准；留存缓冲资本则从 2016 年开始，按照每年 0.625% 的速度增长，最后于 2019 年达到 2.5% 的监管标准。在这漫长的实施过渡期内，要怎样保证监管指标的效力以及防止出现新的金融危机都是需要进一步考虑的复杂问题。

第四，巴塞尔协议Ⅲ仍然存在监管盲区。对于一些非银行金融机构，比如投资银行、货币市场基金、对冲基金和债券保险公司等等，新协议没有将它们囊括在监管范围之内。这些机构通过高杠杆操作而持有大量的债券以及复杂的金融衍生工具，因其业务的高风险性而对金融体系的总体风险构成巨大的影响、积累与扩散。所以说，巴塞尔协议Ⅲ仍然存在监管盲区，不能完全避免金融危机的发生。

3.3 中国版巴塞尔协议Ⅲ

3.3.1 中国版巴塞尔协议Ⅲ的提出

巴塞尔协议Ⅲ是巴塞尔委员会颁布的最新成果，是针对金融危机暴露出来的巴塞尔协议Ⅱ中的问题提出的解决方案。从内容上来看，新协议继续以资本最低要求、监管检查以及市场约束为三大支柱，主要侧重于对第一支柱进行改革，提高了资本最低要求标准，在重视资本监管的同时，将流动性风险管理提升到与信用风险管理同样的高度；新协议在第二支柱和第三支柱上也有所修改，确定了微观审慎监管与宏观审慎监管结合的监管手段。从完整的巴塞尔资本监管体系的角度来说，巴塞尔Ⅲ是在对全球金融危机爆发研究的基础上对巴塞尔协议Ⅱ的传承与改进。因此，中国银行监管当局在进行适合我国银行业改革的相关研究中明确了微观审慎与宏观审慎兼顾、资本监管和流动性风险监管并重、资本数量和质量同步提高的改革原则，并提出在我国同步推进实施巴塞尔协议Ⅱ与巴塞尔协议Ⅲ。

中国于 2009 年正式加入巴塞尔银行监督委员会，成为巴塞尔委员会的会员国。加入巴塞尔委员会对于中国银行业意义重大且深远，预示着我国朝着参与国际金融监管体系的建设迈出了划时代的一步。在"十二五"规划之中，明确了提高银行业监管标准，保持金融体系安全稳健运行，建立微观审慎和宏观审慎监管同步发展，探索建立逆周期监管体系的目标。在认真分析和借鉴巴塞尔协议Ⅲ的基础上，结合我国银行业发展情况，特别是最近十几年来的改革发展实际，2011 年 4 月 27 日，中国银监会颁布《中国银监会关于中国银行业实施新监管标准的指导意见》，这一文件被业内人士称为"中国版巴塞尔协议Ⅲ"。文件中初步研究制定了新的四大监管工具（即资本充足率、杠杆率、贷款损失准备与流动性风险监管指标）的监管标准，在未来很长一段时间内将作为我国银行业改革参考的纲领性文件。

2011 年 6 月 1 日，我国银监会发布了商业银行杠杆率监管指引性文件《商业银行杠杆率管理办法》，对我国商业银行杠杆率监管的目的、原则以及计算方法等都做了明确的规定。2011 年 7 月 27 日，我国银监会发布了商业银行贷款损失准备监管指引性文件《商业银行贷款损失准备管理办法》，办法中着重介绍了贷款损失准备监管标准的计算方法、要求及监管措施等主要内容。2012 年

6 月 7 日，我国银监会发布了商业银行资本充足率监管的指引性文件《商业银行资本管理办法（试行）》，对我国商业银行监管资本定义、计算方法、扣减项、监管标准等做了详细具体的规定，要求在全面覆盖风险的基础上准确计量资本，建立商业银行内部资本充足率的评估机制。2014 年 1 月 7 日，我国银监会发布了商业银行流动性风险监管的指引性文件《商业银行流动性风险管理办法（试行）》，试图建立一个适合我国银行业发展的流动性风险监管框架，从而使商业银行通过实行多元化和稳定的负债融资管理、优质流动性资产储备管理、日常流动性风险管理等，更好地引导银行提高流动性风险管理的精细化程度和专业化水平，督促商业银行进一步加强流动性风险管理，优化并合理安排资产负债结构。至此为止，杠杆率、贷款损失准备、资本充足率、流动性风险指标四大监管工具对应的管理办法文件相继推出，中国版巴塞尔协议Ⅲ终于实现了大团圆，如表 3-4 所示。

表 3-4　中国版巴塞尔协议Ⅲ

颁布时间	文件名称
2011 年 4 月 27 日	《中国银监会关于中国银行业实施新监管标准的指导意见》
2011 年 6 月 1 日	《商业银行杠杆率管理办法》
2011 年 7 月 27 日	《商业银行贷款损失准备管理办法》
2012 年 6 月 7 日	《商业银行资本管理办法（试行）》
2014 年 1 月 17 日	《商业银行流动性风险管理办法（试行）》

资料来源：根据银监会网站整理①。

---

①　中国银行业监督管理委员会. 中国银监会关于中国银行业实施新监管标准的指导意见 [R]. 2011.

中国银行业监督管理委员会. 商业银行杠杆率管理办法 [R]. 2011.

中国银行业监督管理委员会. 商业银行贷款损失准备管理办法 [R]. 2011.

中国银行业监督管理委员会. 商业银行资本管理办法（试行）[R]. 2012.

中国银行业监督管理委员会. 商业银行流动性风险管理办法（试行）[R]. 2014.

3.3.2 四大监管工具

3.3.2.1 资本充足率

在《商业银行资本管理办法（试行）》（以下简称《办法》）中就资本监管指标要求、资本充足率计算、信用风险、市场风险以及操作风险的加权资产计量、资本充足率监督检查和信息披露、商业银行内部资本充足评估程序等进行了全面规范。具体来看，对信用风险加权资产计量所采用的权重法和内部评级法进行了规范，明确了市场风险加权资产所采用的标准法和内部模型法，规范了操作风险加权资产计量所采用的基本指标法、标准法和高级计量法。

商业银行资本充足率监管要求包括最低资本要求、储备资本和逆周期资本要求、系统重要性银行附加资本要求以及第二支柱资本要求。商业银行各级资本充足率不得低于如下最低要求：核心一级资本充足率不得低于5%，一级资本充足率不得低于6%，资本充足率不得低于8%。商业银行应当在最低资本要求的基础上计提储备资本。储备资本要求为风险加权资产的2.5%，由核心一级资本来满足。在特定情况下，商业银行应当在最低资本要求和储备资本要求之上计提逆周期资本。逆周期资本要求为风险加权资产的0~2.5%，由核心一级资本来满足。另外针对系统重要性银行，还应当计提附加资本，国内系统重要性银行附加资本要求为风险加权资产的1%，由核心一级资本满足，国内系统重要性银行的认定标准另行规定；若国内银行被认定为全球系统重要性银行，所适用的附加资本要求不得低于巴塞尔委员会的统一规定。

商业银行资本组成包括3个部分，即核心一级资本、其他一级资本与二级资本。其中核心一级资本包括实收资本或普通股、资本公积、盈余公积、一般风险准备、未分配利润、少数股东资本可计入部分；其他一级资本包括其他一级资本工具及其溢价、少数股东资本可计入部分；而二级资本包括二级资本工具及其溢价、超额贷款损失准备。计算资本充足率时，商业银行应当从核心一级资本中全额扣除以下项目：商誉、其他无形资产（土地使用权除外）、由经营亏损引起的净递延税资产、贷款损失准备缺口、资产证券化销售利得、确定受益类的养老金资产净额、直接或间接持有本银行的股票、对资产负债表中未按公允价值计量的项目进行套期形成的现金流储备以及商业银行自身信用风险变化导致其负债公允价值变化带来的未实现损益。商业银行风险加权资产包括信用风险加权资产、市场风险加权资产和操作风险加权资产。

《办法》规定：至 2013 年 1 月 1 日，商业银行应达到最低资本要求；国内系统重要性银行还应满足附加资本要求。过渡期内，逐步引入储备资本要求（2.5%），商业银行应达到分年度资本充足率要求；期间，如需计提逆周期资本或监管部门对单家银行提出第二支柱资本要求，将同时明确达标时限，商业银行应在规定时限内达标。在 2018 年年底之前，商业银行应该达到监管要求，如表 3-5 所示。

表 3-5　过渡期内分年度资本充足率要求

银行类别	项目	2013年底	2014年底	2015年底	2016年底	2017年底	2018年底
系统重要性银行	核心一级资本充足率	6.5%	6.9%	7.3%	7.7%	8.1%	8.5%
	一级资本充足率	7.5%	7.9%	8.3%	8.7%	9.1%	9.5%
	资本充足率	9.5%	9.9%	10.3%	10.7%	11.1%	11.5%

银行类别	项目	2013年底	2014年底	2015年底	2016年底	2017年底	2018年底
非系统重要性银行	核心一级资本充足率	5.5%	5.9%	6.3%	6.7%	7.1%	7.5%
	一级资本充足率	6.5%	6.9%	7.3%	7.7%	8.1%	8.5%
	资本充足率	8.5%	8.9%	9.3%	9.7%	10.1%	10.5%

资料来源：关于实施《商业银行资本管理办法（试行）》过渡期安排相关事项的通知①。

3.3.2.2 杠杆率

为有效控制商业银行的杠杆化程度，维护商业银行的安全及稳健运行，2011年6月，中国银监会发布了《商业银行杠杆率管理办法》，全面规定了杠杆率的计算、监督管理以及信息披露等事项，建立了我国杠杆率监管的总体框架。杠杆率是指商业银行持有的符合有关规定的一级资本与商业银行调整后的表内外资产余额的比率，其监管标准规定为大于等于4%，比巴塞尔协议Ⅲ的监管标准高出1%。其中一级资本和一级资本扣减项为商业银行按照银监会有关规定计算资本充足率所采用的一级资本和一级资本扣减项；调整后的表内外资产余额为调整后的表内资产加上调整后的表外项目资产总和。

$$杠杆率 = \frac{一级资本 - 对应资本扣减项}{调整后的表内外资产余额} \times 100\%$$

商业银行董事会承担杠杆率管理的最终责任，商业银行高级管理层负责杠杆率管理的实施工作，商业银行应当设定不低于最低监管要求的目标杠杆率，并有效控制杠杆化程度。商业银行应

---

① 中国银行业监督管理委员会. 中国银监会关于实施《商业银行资本管理办法（试行）》过渡期安排相关事项的通知［R］. 2012.

当按照银监会的要求定期报送并表和未并表的杠杆率报表,并表杠杆率报表每半年报送 1 次,未并表杠杆率报表每季度报送 1 次。商业银行杠杆率信息披露应当至少包括杠杆率水平、一级资本、一级资本扣减项、调整后的表内资产余额、调整后的表外项目余额和调整后的表内外资产余额等内容。商业银行应当在每个会计年度终了后 4 个月内披露杠杆率信息。因特殊原因不能按时披露的,应当至少提前 15 个工作日向银监会申请延迟。

3.3.2.3　贷款损失准备

为加强审慎监管,提升商业银行贷款损失准备的动态性和前瞻性,增强商业银行风险防范能力,促进商业银行稳健运行,银监会于 2011 年 7 月 27 日颁布了《商业银行贷款损失准备管理办法》。银行业监管机构将设置贷款拨备率和拨备覆盖率指标,考核商业银行贷款损失准备的充足性。贷款拨备率为贷款损失准备与各项贷款余额之比;拨备覆盖率为贷款损失准备与不良贷款余额之比。贷款拨备率基本标准为 2.5%,拨备覆盖率基本标准为 150%。两项标准中的较高者为商业银行贷款损失准备的监管标准。银行业监管机构依据经济周期、宏观经济政策、产业政策、商业银行整体贷款分类偏离度、贷款损失变化趋势等因素对商业银行贷款损失准备监管标准进行动态调整。

商业银行管理层负责建立完备的识别、计量、监测和报告贷款风险的管理制度,审慎评估贷款风险,确保贷款损失准备能够充分覆盖贷款风险。商业银行贷款损失准备管理制度应当包括贷款损失准备计提政策、程序、方法和模型,职责分工、业务流程和监督机制,贷款损失、呆账核销及准备计提等信息统计制度,信息披露要求,及其他管理制度。商业银行应当建立完善的贷款风险管理系统,在风险识别、计量和数据信息等方面为贷款损失准备管理提供有效支持。在时间的安排上,该办法自 2012 年 1 月 1 日起施行,银行业监管机构确定的系统重要性银行应当于

2013 年底前达标，而非系统重要性银行应当于 2016 年底前达标，2016 年底前未达标的，应当制定达标规划，并向银行业监管机构报告，最晚于 2018 年底前达标。

3.3.2.4 流动性监管指标

为加强商业银行流动性风险管理，维护银行体系安全稳健运行，银监会于 2014 年 1 月 17 日颁布了《商业银行流动性风险管理办法（试行）》。办法中规定流动性风险监管指标包括流动性覆盖率、存贷比和流动性比例。其中，流动性覆盖率旨在确保商业银行具有充足的合格优质流动性资产，能够在银监会规定的流动性压力情况下，通过变现这些资产满足未来至少 30 天的流动性需求，商业银行的流动性覆盖率应当不低于 100％；存贷比是指贷款余额与存款余额的比率，商业银行的存贷比应当不高于 75％；流动性比例则是指流动性资产余额与流动性负债余额两者的比率，商业银行的流动性比例应当不低于 25％。

银监会应当通过非现场监管、现场检查以及与商业银行的董事、高级管理人员进行监督管理谈话等方式，运用流动性风险监管指标和监测工具，在法人和集团层面对商业银行的流动性风险水平及其管理状况实施监督管理，并尽早采取措施应对潜在流动性风险。对于商业银行的流动性覆盖率的时间安排，应当在 2018 年底前达到 100％。在过渡期内，应当在 2014 年底、2015 年底、2016 年底及 2017 年底前分别达到 60％、70％、80％、90％。在过渡期内，鼓励有条件的商业银行提前达标；对于流动性覆盖率已达到 100％的银行，鼓励其流动性覆盖率继续保持在 100％之上。至此，中国版巴塞尔协议Ⅲ实现了监管指标的大团圆，如图 3－5 所示。

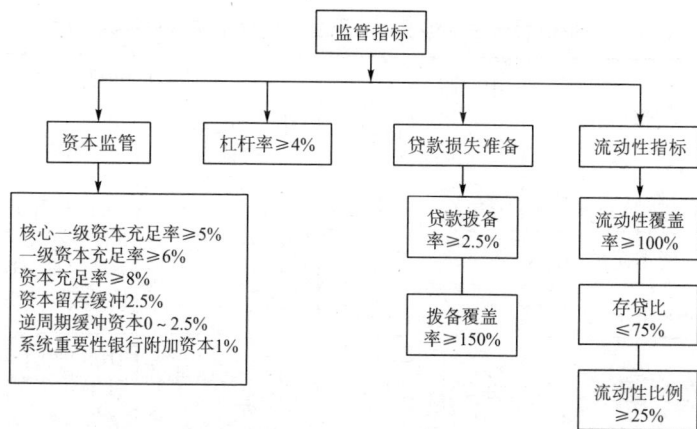

图 3-5 中国版巴塞尔协议Ⅲ四大监管工具的监管指标

3.3.3 中国版巴塞尔协议Ⅲ与原版巴塞尔协议Ⅲ的比较

通过比较中国版巴塞尔协议Ⅲ与原版的巴塞尔协议Ⅲ关于监管指标的标准，可以发现中国版巴塞尔协议Ⅲ的监管要求更为严格。首先在协议的实施时间上，中国版巴塞尔协议Ⅲ监管指标的实施时间相对缩短，大部分指标处于2013—2016年期间，而巴塞尔协议Ⅲ中的大部分指标则规定在2019年达到要求。从单方面比较看，核心一级资本充足率中国版比原版提高了0.5%，而杠杆率的监管标准中国版也要比原版高出1%。另外，中国版巴塞尔协议Ⅲ还额外引入了贷款拨备率、拨备覆盖率、存贷比、流动性比率等监管指标，使得监管标准更加适合我国银行业现状，更具有针对性，监管效果也相应更好，如表3-6所示。

表 3—6 中国版巴塞尔协议Ⅲ与巴塞尔协议Ⅲ监管指标的对比

监管指标	中国版巴塞尔协议Ⅲ	巴塞尔协议Ⅲ	实施时间安排	
			中国版巴塞尔协议Ⅲ	巴塞尔协议Ⅲ
核心一级资本充足率	≥5%	≥4.5%	2013 年 1 月 1 日达标	2013 年 1 月 1 日—2015 年 1 月 1 日分阶段达标
一级资本充足率	≥6%	≥6%		
资本充足率	≥8%	≥8%		
留存缓冲资本	2.5%	2.5%	2013—2018 年逐年提高	2016—2019 年每年 0.625% 增长
逆周期缓冲资本	0~2.5%	0~2.5%	视各自具体情况而定	
系统重要性银行附加资本	1%	1%	2013 年 1 月 1 日达标	2013—2018 年逐步实施
杠杆率	≥4%	≥3%	2012 年 1 月 1 日起实施,系统重要性银行与非系统重要性银行分别于 2013 年底与 2016 年底前达标	过渡期为 2013 年 1 月 1 日—2017 年 1 月 1 日,从 2015 年 1 月 1 日开始披露
贷款拨备率	≥2.5%		2012 年 1 月 1 日起实施,系统重要性银行与非系统重要性银行分别于 2013 年底与 2016 年或 2018 年底前达标	
拨备覆盖率	≥150%			
流动性覆盖率	≥100%	≥100%	2014—2018 年从 60% 起每年增加 10%	2015 年开始实施
净稳定融资比率	≥100%	≥100%		2018 年开始实施

续表3-6

监管指标	中国版巴塞尔协议Ⅲ	巴塞尔协议Ⅲ	实施时间安排	
			中国版巴塞尔协议Ⅲ	巴塞尔协议Ⅲ
存贷比	≤75%		2014 年 3 月 1 日起开始实施	
流动性比率	≥25%			

资料来源：根据巴塞尔协议Ⅲ官方文件与银监会官方文件整理得到①。

①　Basel Committee on Banking Supervision. Basel Ⅲ：A Global Regulatory Framework for More Resilient Banks and Banking Systems ［R］. Bank for International Settlements，December 16，2010.

中国银行业监督管理委员会. 中国银监会关于中国银行业实施新监管标准的指导意见 ［R］. 2011.

中国银行业监督管理委员会. 商业银行杠杆率管理办法 ［R］. 2011.

中国银行业监督管理委员会. 商业银行贷款损失准备管理办法 ［R］. 2011.

中国银行业监督管理委员会. 商业银行资本管理办法（试行）［R］. 2012.

中国银行业监督管理委员会. 商业银行流动性风险管理办法（试行）［R］. 2014.

第4章　系统性风险和宏观审慎监管

亚洲金融危机后，银行监管调整了思路，监管模式开始向基于风险的监管转化。次贷危机以后，国际社会意识到银行监管更应该关注银行业所面临的系统性风险，传统的微观审慎监管理论存在着功能上的交叉和缺位，并不足以对金融机构进行良好的监管。美国政府公布的《金融监管改革——新基础：重建金融监管》、英国议会通过的《2009 年银行法案》和财政大臣公布的《改革金融市场》，以及欧盟理事会通过的《欧盟金融监管体系改革》均体现出一个理念，即在保持微观审慎监管的基础上，进行有效的宏观审慎监管。宏观审慎监管是相对于传统的微观审慎监管而提出的概念，它不论是从监管对象、监管目的、风险性质、监管手段以及金融机构风险暴露相关性这几个方面都与微观审慎监管有着显著的区别。宏观审慎监管这一提法第一次是出现在20 世纪 80 年代 BIS 的工作论文当中，在当时，这一概念虽然被提出，但并没有引起主流金融监管理论的重视。直到 2008 年，全球金融危机的爆发给了世界经济当头一棒，经过反思和检讨，世界各国意识到金融监管理论的缺陷对于此次危机的产生有不可推卸的责任，宏观审慎监管再次被主流社会所关注。

全球金融危机以后，国际社会意识到银行业面临着系统性风险，随着金融业的不断发展，市场中的系统性风险不断增大，微观审慎监管体系只关注个体金融机构的经营是否稳健，关注消费者的利益，太过着眼于微观而忽视宏观并且缺乏对系统性风险的有效衡量，使得整个经济系统可能出现系统性风险。为了避免这一点，引入宏观审慎监管是很有必要的。

4.1 系统性风险

4.1.1 系统性风险的定义和性质

系统性风险指的是金融市场一个事件对一连串机构造成一系列连续损失的可能性。国际清算银行总裁 Jaime Caruana 将系统性风险定义为"一种破坏金融服务的风险，这种风险是由金融体系的某些部分或是所有部分的损坏所导致的，并且其有可能对实体经济产生严重不良后果"。[①] 系统性风险主要分成 3 类：一是宏观经济冲击导致的金融体系全面风险；二是由于金融机构和金融市场之间的紧密联系而造成的单个机构或市场出现危机时对其他机构或市场的连锁反应；三是由于投资者相互间的信息传递导致市场丧失信心，从而使得风险扩散造成连锁反应。从概念上来看，系统性风险包括两个方面的负外部性：一是对各经济部门的影响，二是对整个经济发展周期的影响。

（1）对各经济部门的影响

从横向对各经济部门的影响来看，共同的风险暴露以及跨部门的风险联动将会导致金融体系出现重大问题，其主要归结于金融体系内风险的传导机制。风险的传导主要通过两种方式：一是通过内部联系极为紧密的金融系统网络传导。日常交易的日益复杂意味着对某个机构的风险将传导至与其相联系的机构，并最终成为系统问题。赫斯塔特银行和伊利诺斯大陆国民银行的破产都

---

① Jaime Caruana. Systemic risk：How to deal with it? http：//www. bis. org/publ/othp08. htm，January，2010.

是源于某个金融机构自身风险的影响。二是当多家机构发生相同的风险暴露时，也将产生广泛的影响并成为系统性重大问题。从其性质上来说，一国范围内的商业地产或是住宅市场的衰退也易产生此种效果。随着近期金融危机的显现，此类一般风险暴露将产生深远的国际影响。金融监管政策的难点在于如何解决共同风险暴露问题以及金融体系内风险传导问题。

（2）对整个经济发展周期的影响

从系统性风险时间上的纵向影响来看，系统性风险的影响将随着时间的延续同宏观经济周期发生相互作用，相关的政策问题在于如何解决金融体系的亲周期效应问题。系统性风险的亲周期效应是指不断积累的金融体系脆弱性以及总体风险的演变。随着经济周期的演变，金融系统及实体金融的发展动力相互强化，增加了泡沫扩展和打破的幅度，加剧了金融体系和宏观经济的不稳定性。金融监管政策的难点在于如何解决金融系统风险的亲周期效应问题。

相比于金融机构个体风险，系统性风险会对整个金融市场产生冲击，其造成的更强的经济不确定性，会对实体经济产生更广泛性和破坏性的负面影响。系统性风险主要有以下 4 个方面的特点：第一，系统性风险具有宏观性特点，作为宏观审慎监管的对象，系统性风险也是一个宏观概念，对其的识别、监管以及计量都需从宏观入手；第二，系统性风险具有负外部性，其形成很大程度上是因为单个金融机构强加给整个市场高于其实际价值的成本，导致风险溢出，急速传染；第三，系统性风险具有不对称性，个体金融机构的风险与收益成正比，但系统性风险一般情况下意味着损失，其无法通过风险溢价或者收益率来补偿；第四，系统性风险具有传导性，金融全球化以及金融衍生品的发展使得系统性风险更容易传递，金融机构在受到冲击之后风险容易迅速扩散，导致一系列破坏性乃至毁灭性的影响。

4.1.2　系统性风险的成因

系统性风险的成因非常复杂，系统性危机可能是这些原因共同作用的结果，也可能是部分原因单独作用的结果。大致来说，系统性风险的成因主要分为以下 4 类。

（1）金融脆弱性

系统性风险产生的其中一个原因是金融系统内在的脆弱性，主要包括金融机构和金融市场的脆弱性，以及金融市场主体的非理性导致的内在的脆弱性。

第一，金融机构的信贷特征以及结构具有内在脆弱性，高杠杆经营以及存在于管理中的委托代理问题，使得自身本就存在脆弱性的金融机构将风险传导至整个金融体系，由此，系统性风险便产生了。一方面，当金融机构资产负债表杠杆率过高以及债务规模过大，资产价格即使只是小幅度波动也会使金融机构产生大量损失；另一方面，金融机构的收益与风险不对等，监管中存在的缺失以及政府部门提供的"救助兜底"导致金融机构只考虑自身利润投资高风险业务，忽视了股东及存款人权益，这在委托代理问题加剧的同时也增加了投资者的风险。

第二，金融市场本身的脆弱性也会导致系统性风险产生。一方面，金融市场剧烈的价格波动将会引发系统性风险的形成和积累，货币市场利率上升，外资流入，本国资产价格上升甚至形成泡沫，本币因此升值，直到无利差时国外资金撤走，资产价格下跌，潜在风险转化为实际风险。另一方面，金融机构的同质化也会使得系统性风险增加。随着金融市场综合化以及国际化，越来越多的市场主体的投资理念、思维模式、专业技术以及监管要求趋同度增加，预期和行为出现一致的可能性增强，将会导致风险同方向叠加乃至产生共振效应，使得资产价格波动幅度增强，从而增加系统性风险。

第三，金融市场的参与主体存在的非理性行为。Kindleberger（2000）认为虽然金融市场大部分时间都是理性的，但一致的非理性行为可能会产生危机。[①] 在实际操作中，非理性行为非常普遍，资产价格泡沫以及"非理性繁荣"共同作用导致在供给未发生变化的情况下，上涨的资产价格将会在未来急剧下降，从而使系统性风险产生。

（2）信息不对称性

在实际交易中，由于卖方掌握的信息永远多于买方，因此在金融交易参与主体中始终存在着信息不对称的问题。当银行经营状况恶化，储户的理性行为是在银行尚有支付能力时及时提款取现，然而当所有储户都去提款，便会出现银行挤兑，银行自身无法化解这种情况，同时金融机构间复杂的债权、债务关系将会导致挤兑行为具有非常强的传染性，进而产生系统性风险，甚至是进一步产生金融危机。除此之外，信息不对称导致的逆向选择和道德风险也会影响银行资源的有效配置，使得金融系统无法正常运营，使系统性风险产生。

（3）实体经济的周期性波动与货币政策调控失误

银行体系与整体经济周期之间的关系也是导致系统性风险产生的原因之一。在经济扩张时银行信贷扩张，金融系统进入过度负债状态；而当实体经济下滑，借款人无法还清欠款，投资者和存款人信息不足，变卖资产以及提取存款，出现挤兑，导致金融系统崩溃。此外，货币政策调控不当将会使得金融风险产生以及积累，最终导致出现系统性风险。

（4）谬误合成

谬误合成指的是即使系统中的个体均达到最优状态，但整个

---

①　查尔斯·金德尔伯格在《疯狂、惊恐和崩溃：金融危机史》一书中指出，金融危机的根源在于人的非理性行为，贪婪，是无法量化的。

系统却并不一定能够达到最优状态,即当市场主体都是理性的情况下,共同做出的理性选择叠加到一起却造成了金融系统整体的大幅波动,导致整体层面上出现集体非理性,产生系统性风险。

4.1.3 如何解决系统性风险问题

解决系统风险问题必须从解决各经济部门和经济发展周期两方面着手,此外政策协调也必不可少,不仅仅是本国的货币政策、财政政策、宏观审慎政策、微观审慎政策,还包括各国政策的协调一致。

(1)解决系统内部联系、机构大而不倒及道德风险等问题的政策

金融监管政策的目标是调整审慎监管工具,把握整个系统性风险,这将是一个长期的过程。制定减轻系统性风险政策要注意有六大关键点:一是更充足的优质资本,更优良的流动性。必须要有更高的资本标准和流动性标准来规范所有的机构,造成系统风险的机构必须极力削减其造成的负外部效应,其中加强审慎监管标准是一条途径;巴塞尔监管委员会同时建议要加强资本框架的风险拨备。更为重要的是,改革同样须从宏观审慎方面予以关注,以解决系统范围内的风险以及随时间推移放大的亲周期性。一个办法就是让系统重要性机构持有更多的资本和流动性。此外,简化的杠杆率也将充当风险加权资本的计量尺度。二是完备的处置机制。系统重要性机构的经营应以一种有序的方式进行管理。完备的处置机制如果应运用得当,可以控制系统损失。其中一个重要方面是确保当遭遇失败时,系统重要性机构的交易对手的损失不会受到保护,这样可使市场纪律得到加强,从而进一步限制违约的概率。三是加强公司治理和鼓励稳健薪酬做法。必须采取措施避免不正当的奖励行为和对短期利润的追求。银行监管者正致力于提出政策建议,以加强公司治理和鼓励稳健薪酬做

法。四是更为健全的市场基础设施。减低系统性风险的一个重要方法就是构造更有弹性的市场结构。在有组织的交易所进行金融衍生品交易就是一个方法，另一个方法是采用健全的中央交易对手机制（CCPs）。五是合理的税收机制。税收政策是解决负外部性的一种重要手段，但也还存在很多问题亟待研究，如税收是否最终由消费者或是股东承担的问题。六是加强监管。对系统性机构实施更为积极的监管是非常必要的，以确保金融监管的范围足够宽广，使监管者有权利对金融机构进行监管，无论其法律形态如何。

（2）亲周期性的应对政策

一是资本和流动性缓冲必须高于平均水平。二是就单个银行来说，当缓冲没有得到充分补充时，可通过资本留存维持恰当的缓冲水平，包括限制过度红利支付、股票回购等。三是鼓励银行根据预期损失采取前瞻性准备金提取法，替代以实际损失为基础的后顾性准备金提取法，从而以更为稳健的方式尽早识别信贷损失。这项工作应采取透明的方式，并接受审计人员适当的内外部检查。同时，必须承认，其他的一些宏观审慎政策工具可以用来抑制或防止宏观经济和金融失衡的出现。例如，中国为应对急速信贷扩张实施的更为严格的准备金提取标准，抑制了信贷过度增长或资产价格泡沫所产生的风险。另外一些审慎工具被用作自动稳压器，以防止失衡的出现。

（3）货币政策的作用

更好的监管是必要的，但即使是新的宏观审慎监管也不足以防止系统性风险的积聚。其他政策尤其是货币政策，必须发挥重要的辅助作用。现在的问题不在于货币政策是否应以资产价格作为调控目标，而在于货币政策应如何发挥作用抑制失衡，降低由此产生的系统性风险，确保经济不受损害。事实上，审慎政策不足以维持金融稳定，还需有货币政策予以支持。一个关键的因素是，货币政策应考虑到其对金融稳定的影响，如金融创新和对收益的追求。本次危机突出了一直以来对货币政策传导渠道的忽视，即货币政策及对政策的感知和经济主体风险定价间的关系。因此，利率可能会从银行的贷款渠道和风险承担两方面影响信贷供应，进而影响金融创新。资产价格和信贷周期并不是完全外生的，事实上，它们固有地受到货币政策的影响。这便要求货币政策不应该只等到泡沫破裂、经济衰退时才发挥作用，而应在泡沫扩张的前期采取先发制人的措施。金融主管当局的反应能力不应局限于控制短期内的通货膨胀；相反，其必须着眼于保持中长期内金融和宏观经济稳定的目标，通盘考虑信贷增长和资产的相关信息。最近的经验也表明，各国央行对资产市场的发展正在变得越来越警觉。

（4）财政和税收政策的作用

由于公共部门在危机时可以调用相当规模的财富，财政政策也可用于促进金融稳定。一项显而易见的机制就是让所有财政工具在困难时期各负其责，减轻经济疲软对商业活动和就业的影响。此外，政府可以发挥保险者的作用，在经济繁荣时期保留财政缓冲区，用于保障困难时期的金融稳定。税收政策也可对金融稳定施加潜在影响。比如，宏观审慎工具可以用来限制某些领域，如房地产领域内信贷的过度增长，税收政策同样也可起到类似作用。确保税收政策维护而不是损害金融稳定的关键，在于减少或消除其对债务的偏向，维护公平。

（5）系统性监管的机构框架

为使所有公共政策特别是货币政策、财政政策、宏观和微观审慎政策等有效地发挥作用，必须清晰地划分权利和责任，建立行之有效的机构，同时，要在各央行和监管当局间建立紧密的联系机制，加强双方合作。在这方面仍有几个亟待解决的问题。第一个问题涉及治理结构和系统性风险监管的信息流通。央行在系统性风险监管方面扮演着关键角色，但并不能完全肯定其有能力完成此任务，尤其是在央行不是银行监管机构的情形下。这就需要央行准确制定目标，严格贯彻制度，并与其他相关机构做好信息交流。第二个问题是如何平衡制度和自由裁量。原则上，应该尽可能地依靠制度而不是自由裁量。但是，仅靠规则又是不够的，自由裁量可以在变化多端、不可预测的情况下发挥作用。因此，还是应该保留一定程度的裁量权。尽管还有些问题尚未解决，但还是要看到系统性风险监管的国际合作已经取得了长足进步。金融稳定委员会（FSB）在协调各国当局和制定标准方面起到了重要作用。目前已经发展出新的机制，支持 IMF－FSB 的早期预警，加强监管机构的跨境合作，并进行相关审查工作。在加强国内和国际监管机构合作的问题上，国际上目前正在探讨新的体制安排。此外，20 国集团也正发挥着越来越重要的作用，包括加强对宏观经济政策的协调，确保金融监管改革的政策支持等。互相评估的过程让各国领导人更为重视联合和协调行动的承诺。毫无疑问，这个国际架构将会持续发展壮大。目前面临的挑战则是在扩大了参与者和议题的情况下，如何继续在巴塞尔进程中保持各方的密切合作。

4.2 宏观审慎监管

4.2.1 后金融危机时代的宏观审慎监管成为主流

2008 年全球金融危机以后，如何治理金融体系的系统性风险成为国际社会关注的焦点，之前的监管模式已经不符合金融体系的需求，以银行业为首的金融监管改革势在必行，适用于监管系统性风险的宏观审慎监管再次进入了国际社会的视野，成为后金融危机时代银行监管模式的理论基石。2009 年 2 月，英国议会通过的《2009 年银行法案》，在英格兰银行理事会中设立了金融稳定委员会，负责从全局性、系统性的角度来维护金融稳定。2009 年 1 月，G20 在《金融改革：金融稳定框架》报告中提出，扩大金融监管的范围，以便应对系统的顺周期性、重置资本和拨备要求、完善估值和会计准则。① 2009 年 4 月，G20 伦敦峰会决定改革金融管理体系，宣布成立金融稳定理事会（FSB），以帮助各国政府鉴别和处理全局性、系统性金融风险。② 2009 年 5 月欧盟委员会在《欧洲金融监管》报告中提出，欧洲金融监管框架应包括宏观和微观两个层面，并提出设立欧洲系统性风险委员会常设机构，以负责宏观层面的监管。2009 年 6 月金融稳定理事会的《信用评级使用综述》，为银行等监管者在使用外部信用评级时提供参考，降低了监管机构对外部评级的过度依赖。同时，也将场外金融创新产品和其他前期没有实施监管的市场和产品纳入了监管范围。2010 年 5 月，美国在《多德—弗兰克华尔街改革与消费者保护法》③ 中提出，建立金融稳定监管委员会以监测和处理系统性风险。2010 年 10 月，国际清算银行总裁首次对宏观审慎和微观审慎进行了界定，指出宏观审慎管理的目标是针对金融体系整体，以限制金融危机的成本，微观审慎管理的目标则是限制单个银行倒闭的风险。由此，全球金融危机之后宏观审慎监管在国际上已逐渐成为主流，其监管理念也日益丰富和完善，如表 4-1 所示。

---

① Financial reform: a framework for financial stability, January 15, 2009: 23-30.

② http://www.financialstabilityboard.org/about/history/.

③ http://www.treasury.gov/initiatives/wsr/Documents.

表 4-1　宏观审慎监管成为主流的代表性事件

时间	代表性事件
2009 年 2 月	英格兰设立金融稳定委员会，负责从全局性、系统性的角度来维护金融稳定
2009 年 4 月	G20 宣布成立金融稳定理事会（FSB），帮助各国政府鉴别和处理全局性、系统性金融风险
2009 年 5 月	欧盟委员会提出设立欧洲系统性风险委员会常设机构，以负责宏观层面的监管
2010 年 5 月	美国在《多德—弗兰克华尔街改革与消费者保护法》中提出，建立金融稳定监管委员会以监测和处理系统性风险
2010 年 10 月	国际清算银行首次对宏观审慎和微观审慎进行了界定

4.2.2　宏观审慎监管与微观审慎监管的区别和联系

金融危机之后，国际社会意识到光靠微观审慎监管并不能够对金融体系进行有效的监管，金融体系存在的某些致命风险被微观审慎监管所忽视，只有引入宏观审慎监管来弥补其盲点，使宏观审慎监管和微观审慎监管相互补充，共同成为审慎监管的支柱，才能够为整个金融体系保驾护航，使得监管体系更加完善。

宏观审慎监管理论和微观审慎监管理论之间存在着对立统一的关系，它们之间既有区别，又有联系，对立而共存于金融监管体系，如表 4-2 所示。在监管对象方面，宏观审慎监管理论的监管对象是整个经济系统，微观审慎监管理论的监管对象则是单个金融机构；从监管目的来看，宏观审慎监管理论的监管目的是防范系统性风险发生，微观审慎监管理论的监管目的则是防范单个金融机构的危机，避免单个金融机构破产；从监管最终目标来看，宏观审慎监管的最终目标是避免金融体系的风险给实体经济带来破坏，从而给宏观经济带来较大幅度的波动，造成经济损失，微观审慎监管则主要着眼于保护消费者的利益，给金融机构的投资人或在金融机构的存款者提供稳定性，而不考虑给实体经济带来的风险；从风险性质角度考虑，宏观审慎监管理论的风险性质是内生的，金融机构的"集体行动"通过影响金融资产价格等方式对实体经济产生影响，而实体经济又通过反馈机制对金融体系产生反作用，而微观审慎监管理论的风险性质却是外生的，单个金融机构对资产价格、市场状况和实体经济不存在影响；在校准目标和方式上，宏观审慎监管理论的监管手段采取由上而下、从整体到个体的校准方式，以防范系统性风险，微观审慎监管理论的监管手段却采取由下而上、从个体到整体的校准方式，以防范单个金融机构的风险；在相关性方面，宏观审慎监管理论认为由于金融机构同质化日益严重，金融机构彼此之间无论运营是否稳健联系都很紧密，机构间存在着共同的风险暴露，微观审慎监管理论认为金融机构之间不存在相互关联和影响，只要单个金融机构的经营是稳健的，金融机构间就不存在共同的风险暴露。

　　总结起来，上述区别与联系的共同基础在于宏观审慎监管理论认为，金融监管的目的应该是保证整个金融体系的稳定，只以风险资本要求为基础的微观审慎监管体制受到限制，不能够实现这个目标。因为微观审慎监管理论认为，只要单个金融机构稳健，整个金融体系就不会出现问题，在这一理论基础下，系统性风险被完全忽视。只有实施宏观审慎监管，对金融体系整体和具有系统重要性的大型金融机构实施有效监管，才能维护金融体系的稳定和正常运行。[①]

---

　　① 苗永旺，王亮亮. 金融系统性风险与宏观审慎研究 ［J］. 国际金融研究，2010（8）：59—68.

表 4-2 宏观审慎监管与微观审慎监管的对比

	宏观审慎监管	微观审慎监管
监管对象	整个经济系统	单个金融机构
监管目的	防范系统性风险发生	防范单个金融机构的危机
风险性质	风险性质是内生的	风险性质是外生的
校准目标和方式	采取由上而下、从整体到个体的校准方式	采取由下而上、从个体到整体的校准方式
相关性	机构间存在着共同的风险暴露	机构间不存在共同的风险暴露

4.2.3 宏观审慎监管的组织架构

落实到执行层面，宏观审慎监管的执行需要有关当局来推进，这样才能够使银行监管真正全面地落实。由于实施宏观审慎监管需要监管部门更多地关注资产价格的变动、信贷的增长、行业杠杆的高低等宏观经济要素，中央银行的职能决定了其在调控宏观经济要素上具有天然的优势。因此宏观审慎监管的组织架构通常会考虑让中央银行与传统的微观审慎监管部门来协调、配合，以达到对整个金融体系有效监管的目的。一个有效的宏观审慎监管体系要求中央银行与微观审慎监管部门之间信息能够顺畅传递，微观审慎监管部门能够将金融机构个体的信息及时反馈给中央银行，中央银行则能及时根据自己所掌握的信息对金融体系的运行情况进行全面的分析，并将分析结果和建议及时反馈回微观审慎监管机构。

FSA 认为宏观审慎监管的组织架构可以分为 3 种模式。第一种模式是监管机构负责监管政策的制定以及执行。在此模式下，中央银行负责监控系统性风险，并将监管结果及建议反馈给微观审慎监管机构，系统性风险则由微观审慎监管机构负责化解。第二种模式是中央银行负责宏观审慎监管政策制定。在此模式下，中央银行负责监控系统性风险并且出台政策，化解系统性风险，微观审慎监管机构只负责配合中央银行出台政策，起辅助作用。第三种模式则是由中央银行和微观审慎监管机构共同组成委员会来负责监管政策的制定。

这 3 种模式各有优劣。相对于第三种模型，第一种模式和第二种模式的共同点在于责任明确，但是这两种模式也有区别，同时这两种模式可能会引起中央银行和微观审慎监管机构之间的内部利益冲突。第一种模式中，微观审慎监管机构负责宏观审慎监管政策的制定，但是同时实现宏观审慎监管和微观审慎监管对于监管机构来说存在着操作层面上的困难，微观监管机构需要在两种目标之间取得平衡。例如，在经济发展的上升时期，为了防范系统性风险，监管机构需要采取收紧银行信贷、提高银行资本充足率水平等政策，但是如果此时一些大的金融机构陷入困境，就会使监管机构陷入两难的境地。第二种模式中，中央银行经常使用利率来进行宏观调整，此政策最核心的目标是维持物价稳定，然而采用利率来实现物价稳定和宏观金融稳定存在着冲突。例如，如果中央银行意识到有可能产生系统性风险，便会使用利率工具来消除金融系统中的隐患，但这却不利于经济的良好发展，甚至可能会造成物价的不稳定。因此，中央银行只有通过两种不同的政策工具来分别实现两个目标。相对于另外两种模式，第三种模式最大的缺点就是权力和责任不明确。在中央银行和监管机构共同组成的委员会中，如果中央银行的代表和监管机构的代表无法达成一致意见，委员会的运行会因此陷入被动。所以必须要有一方来主导这个委员会，但是这样的话第三种模式就会与第一种或第二种模式极为相似。相比之下，3 种模式并没有绝对的好或坏，要根据各国的国情来决定所采用的模式。[①]

4.2.4 宏观审慎监管的制度

宏观审慎监管的理论核心是正确理解系统性风险。宏观审慎监管理论是防范系统性风险的主要方法。为了削减系统性风险，建立宏观审慎监管的一般制度是必要的。通常情况下，存款保险机制、最后贷款人制度、问题银行的市场退出机制和金融监管政策协调机制4种制度是常见的削弱系统性风险的宏观审慎监管制度。[②]

存款保险机制的目的是保护存款人的合法权益，维护金融体系的稳定，其采取的方法是通过建立专门的存款保险机构，收取存款保险费，并承诺当银行出现危机时代替银行向存款客户进行部分或全部存款支付，以达到防止银行挤提行为和市场流动性枯竭出现的效果。

最后贷款人制度的定义是中央银行是金融市场的最后流动性的提供者，其会在银行出现问题时向银行提供贷款。中央银行提供贷款的对象仅限于暂时缺乏流动性资金并具有实际清偿能力的银行，要求问题银行具有良好的担保条件，并且通常会收取高于一般再贷款的惩罚性利率，以避免问题银行滥用此制度。

问题银行通常有3种市场退出机制。第一种是重组、兼并或收购；第二种是接管；第三种是撤销或破产。3种机制采用不同手法，目的都是为了尽力偿还债务，降低损失。

金融监管政策协调机制的定义是当进行风险性防范时，中央银行、财政局和监管局之间要有效协调。中央银行主要负责实施

---

① 巴曙松，王璟怡，杜婧. 从微观审慎到宏观审慎：危机下的银行监管启示[J]. 国际金融研究，2010（5）：83—89.

② 何德旭，吴伯磊，谢晨. 系统性风险与宏观审慎监管：理论框架及相关建议[J]. 中国社会科学院研究生院学报，2010（6）：5—14.

货币政策；财政局主要负责在危机时实施财政政策以救助银行；监管局主要负责监管银行业的经营能力及风险管理水平。在执行职能时，各部门之间的边界划分一定要清晰，法律制度要完善，才能避免出现政策的延滞或失误，保持金融市场的稳定运行。

4.2.5　宏观审慎监管的决策机制

宏观审慎监管在具体实施过程中面临着规则行事和相机抉择两种机制。在具体过程中，这两种机制可以相互配合，共同作用。规则行事是指不考虑特殊情况，在满足一定条件下立即采取的既定的措施；相机抉择则是指监管机构根据市场情况和各项调节措施的特点，机动地选择当前应该采取的政策措施。

两种机制各有优劣，不同的国情适合不同的机制。规则行事的优点是简单，易于操作，缺点则是容易造成金融机构的监管套利；相机抉择的优点在于灵活度高，缺点则在于监管机构的行为难以控制，可能会出现道德风险问题。市场机制完善、金融决策透明度高的国家更加适合相机抉择机制；市场机制不完善、金融决策透明度不够高的国家则更加适合规则行事。

4.2.6　宏观审慎监管的维度

要实践宏观审慎的监管，系统性风险衡量的指标如何选择是一个重要的问题。通常来说，在研究系统性风险时常把风险分为空间维度风险和时间维度风险。空间维度风险是指某一时间点金融系统内累计的风险；时间维度风险指的是隐藏在系统内部、在某一时刻爆发的风险。

空间维度风险指的是金融机构、市场和工具之间相互作用所产生的风险，主要分为金融传染风险和宏观冲击风险。金融传染风险的定义是当一个机构陷入困境，通过资产负债表之间的相关性或者行为反应的传染性可能会导致连锁反应发生，其他的机构也将陷入困境。金融传染通常起源于一个机构受到外生性冲击，顺序性地影响其他机构。宏观冲击风险的定义是外生的冲击会对金融机构和市场两者同时产生不利的影响。当宏观经济系统出现不利的系统性因素时，金融机构同时受到外部冲击，如果所有金融机构都同时采取审慎行为，即使不同金融机构不相关，溢出效应也会发生，资产价格被削弱后再反作用于金融体系，如此往返，最终爆发系统性风险。宏观冲击的发生往往伴随着金融传染，两者相互叠加，风险传染程度将会扩大。

时间维度风险体现在随着时间流逝，失衡不断积累，最终引发风险。时间维度风险主要表现为金融体系的顺周期性风险。金融活动容易受到经济周期的影响，即周期性的错估风险。在经济繁荣时期，金融机构低估风险，扩大信贷规模，导致经济更加繁荣；在经济衰退时期，金融机构高估风险，收缩信贷规模，导致经济更加衰退。宏观审慎政策的核心即是使用宏观审慎工具以缓冲经济上行时的积累，并使其补贴经济下行时的亏损，达到"以丰补歉"的作用。为了减少时间维度的系统性风险，最重要、最有效的手段即是采用逆周期监管。逆周期监管是宏观审慎监管理论的核心内容。

4.2.7　宏观审慎监管的政策工具[1]

（1）逆周期监管

在国际层面，目前已经确定用于加强和改进逆周期监管的政

---

[1]　金融稳定理事会、国际货币基金组织和国际清算银行（FSB/IMF/BIS）向2011年2月18日至19日召开的20国集团财长和央行行长会议提交了《宏观审慎政策工具和框架》报告。报告指出宏观审慎监管政策工具包括逆周期监管和系统重要性机构、产品及市场监管。详见 Macroprudential policy tools and frameworks Update to G20 Finance Ministers and Central Bank Governors. http://www. financialstabilityboard. org/wp-content/uploads/r_1103. pdf.

策工具主要包括以下 3 个：一是第三版巴塞尔协议提出的逆周期资本缓冲、留存资本缓冲以及杠杆率等工具。引入逆周期资本缓冲，有利于促使银行在经济上行阶段积累资本，供其在经济下滑、贷款损失增加时使用，同时在一定程度上防止经济上行期信贷过度增长、经济下行期信贷过度紧缩，降低信贷的过度波动。留存资本缓冲和杠杆率也能在一定程度上缓解金融体系的顺周期性。二是按预期损失计提拨备。应 20 国集团和金融稳定理事会要求，国际会计准则制定者已达成共识，将提出按预期损失计提拨备的方法，更前瞻性地对信贷损失进行会计确认，巴塞尔委员会将发布相应的监督检查指引。三是保证金和折扣比率。当前，国际社会拟对证券融资和回购交易中的保证金和折扣比率引入逆周期调整系数，以缓解证券融资市场的顺周期性，降低去杠杆化带来的系统性影响。

此外，有些国家还采用了其他审慎监管工具，以缓解金融体系的顺周期性，包括对特定金融产品、行业或市场（如外币贷款、消费信贷、固定资产贷款等）的监管资本要求进行逆周期调整，对贷款乘数、借款人的债务收入比和贷款收入比、贷款准入标准等进行动态调整，控制整体信贷或特定行业信贷总量或增速，对非存款负债征税等。

（2）系统重要性机构、产品和市场监管

在国际层面，主要政策工具有以下几个：一是第三版巴塞尔协议中旨在降低单家机构风险的相关规定，主要包括对交易账户、衍生品交易、表外风险敞口、银行间敞口提出更高资本要求，鼓励银行使用中央交易对手进行场外衍生品交易，限制过度依赖短期批发融资等。二是系统重要性金融机构监管框架。金融稳定理事会提出的系统重要性机构监管政策框架主要包括提高系统重要性金融机构的损失吸收能力，以降低其倒闭的可能性；完善系统重要性金融机构的处置和退出机制，以降低其倒闭带来的影响；强化对系统重要性金融机构的监管；加强金融市场基础设施建设，降低倒闭机构的风险传染。三是强化对场外衍生品的监管。推进场外衍生品交易的标准化，推动场外衍生品中央清算、交易所交易、向交易中心报告机制的建立，明确实施机构和时间表，确定需要持续监测并需实施额外措施的领域，强化对中央交易对手和其他金融市场基础设施的监督和管理。此外，有些国家推出了其他政策工具，如美国提出限制存款机构从事自营交易业务和对对冲基金、私募股权基金投资的沃尔克规则等。

4.3　逆周期监管和顺周期监管

由于银行业具有内在的顺周期性，并且风险计量模型的发展和资本监管、会计准则等外部规则会进一步强化银行业的顺周期性。因此，在建立宏观审慎监管框架过程中，逆周期政策以及工具应作为重要部分加入宏观审慎监管架构，以防止金融机构内在的顺周期加剧经济的周期性波动和缓解监管、会计等外部规则的顺周期效应。[①]

4.3.1　银行的顺周期性与逆周期性

关于顺周期性，一般来说，可以从两个角度来定义。传统观点认为，在实体经济及金融体系运行过程中，经济周期会呈现出增长、繁荣、衰退交替转换的持续性周期性变化，经济运行过程中的每一个周期性阶段都是下一个周期性阶段的前奏，经济周期运动周而复始。随着经济周期理论的发展，现代学术界对经济周期的定义逐渐修正为经济周期是产出偏离其长期趋势的序列相关

---

① 李文泓. 关于宏观审慎监管框架下逆周期政策的探讨［J］. 金融研究，2009
(7)：7－24.

的变化，而不仅仅只是固定的周期。这两种定义都对顺周期性进行了很好的概括，两者之间并没有冲突，只是传统观点强调了顺周期性的理性部分，而新观点则强调了顺周期性的噪声部分。

金融经济周期则是指由金融因素引起、通过金融体系传导的经济周期性变化。金融体系的顺周期性与实体经济的顺周期性有所区别，金融体系内部以及金融体系与宏观经济的相互作用会催生甚至放大金融体系的顺周期性，造成金融风险，给市场带来更大危害。金融机构个体的外部效应和谬误合成也是金融体系产生顺周期性的重要前提之一。

具体到银行来说，银行的顺周期性是指在实体经济和虚拟经济的运行中，由于人为或者经济结构自身的因素引起的银行的信贷或经营等行为导致的经济周期性波动的现象。虚拟经济与经济实体之间存在着正的反馈效应，通常情况下，经济上行时期，银行收益增加，虚拟经济过度扩张，出现经济过热；经济下行时期，银行收益减少，虚拟经济过度收缩，出现经济萧条。这种效应，被称为顺周期效应。在银行体系中，顺周期性主要包括由"信用评级羊群现象""内部评级法"和"公允价值"等业界规范带来的制度性顺周期，以及银行和中央银行自身理论性顺周期性，即其自身的顺周期性。

为了解决宏观经济周期与银行微观运行之间的矛盾，减小经济的波动程度，建立起的长期的风险缓释机制，逆周期性这一概念应运而生。合理地利用逆周期政策以及工具可以使银行在经济上升阶段积聚防御性的能力，以增强银行抵御以及化解风险的能力，减小经济下行时期所产生的损失。

4.3.2　顺周期性的理论基础

要探讨顺周期性的理论基础，追溯经济周期的理论根源是很有必要的。简单地说，只有假设经济周期存在，才能够讨论顺周期性，顺周期性主要分析的是经济系统中存在的引起或加速经济周期波动的因素，讨论顺周期性，也是为了更深刻地把握经济周期的规律。因此，讨论经济周期的理论基础，更能够追溯顺周期性的理论根源。

经济周期的波动问题一直是现代经济学的热点之一，经济周期理论主要划分为真实经济周期理论和金融经济周期理论两个流派，其区别主要在于探讨经济周期问题时是否考虑金融因素。

在 19 世纪初至 20 世纪 30 年代中期，主要资本主义国家经济波动频繁，为了研究如何才能够使经济更稳定地发展，经济周期研究逐渐形成了一个新的体系。以凯恩斯主义宏观经济学为界限，经济周期理论实现了从传统经济周期理论到现代经济周期理论的过渡。真实经济周期理论大致可分为五大流派，分别为凯恩斯经济周期理论、货币主义经济周期理论、新古典经济周期理论、实际经济周期理论和新凯恩斯经济周期理论。20 世纪 50 年代，凯恩斯经济周期理论最具影响力，其从经济需求的角度，强调了资本存量边际生产效率冲击的重要性，运用乘数－加速器模型解释了投资冲击引起经济周期波动的重要机制。20 世纪 60 年代，以弗里德曼为代表的货币主义经济周期理论在由凯恩斯主义蔓延而引发的通货膨胀不断加剧的情况下产生了。货币主义经济周期理论强调名义因素，即货币供给的决定作用。20 世纪 70 年代，卢卡斯开创的新古典经济周期理论，运用理性预期的观点解释了经济周期波动产生的原因，提出非预期货币供给冲击通过引发非预期通货膨胀波动，从而引起经济周期波动。异于凯恩斯经济周期理论和货币经济周期理论的是，新古典经济周期理论将经济周期看作是多种随机冲击效应经过传播、放大和复合的结果，而非固定的波动周期或由多个固定周期的组合。实际经济周期理论则认为技术冲击才是主导的冲击因素，其将增长理论与波动理论相结合，不再关注货币的信息。新凯恩斯经济周期理论则加入了微观经济基础的经济周期理论，弥补了凯恩斯经济周期理论缺乏微观经济基础这一缺陷。

真实经济周期理论只强调了实物因素在经济周期生成和传导中的作用。然而自 19 世纪末 20 世纪初以来，频发的金融危机表明，金融因素对经济周期运行的影响非常显著。然而对于货币或资产价格冲击引发的经济短期剧烈波动这一现象，真实经济周期理论显然无法给出很好的解释。

实际上，在经济运行中，金融因素在一定程度上促使经济周期的运行特征发生了明显的变化，其对经济周期的运行规律有着显著的影响。金融经济周期理论大致上可分为三大流派，分别是信贷周期理论、金融加速器理论以及基于金融经济周期理论的金融危机理论。信贷周期理论指的是在内生或外生的条件下，银行的行为集合所导致的一种信贷扩张和信贷紧缩交替的现象。18世纪中期，Tooke 对货币数量论的收入分配法的再发现是信贷周期理论发展的奠基石，而信贷理论的发展为后来的金融经济周期的发展奠定了理论基础，也为后期金融加速器等理论的创立及发展做好了铺垫。信贷周期理论认为，在信息不对称和市场不完全的情况下，由于债权融资契约的不完全性，导致金融市场普遍存在着逆向选择和道德风险的问题，而金融冲击通过金融市场的内生机制而被放大，从而影响企业的融资条件和投资水平，导致了经济的剧烈波动。金融加速器理论不仅是金融经济周期理论的重要组成部分，也是顺周期性理论的基础和雏形，其完美地解释了真实经济周期理论无法解释的由货币或资产价格冲击引发的经济短期剧烈波动这一"小冲击大波动"现象。以金融加速器理论为基础的金融经济周期理论则是对金融危机理论的突破。金融经济周期理论强调了金融因素在经济周期形成中的影响，而金融危机理论强调了金融因素对危机形成的影响。因此在金融经济周期理论中，危机作为周期中的一个特殊阶段其形成得到了合理的解释。与传统的金融危机理论相比，基于金融经济周期理论的金融危机理论既解释了金融危机的起因和机制，又阐述了传统金融危机理论无法解决的危机后经济重新复苏的调整路径。

银行的顺周期性主要体现为以下两个方面：一是银行的信贷行为造成的实体经济与虚拟经济的相互循环促进；二是银行业系统性风险中所蕴含的顺周期性。银行顺周期性的定义基于经济周期理论，而顺周期性关注的重点则是引起经济波动扩大的因素，以及这些因素对现有的经济周期带来的影响。

金融经济周期主要被划分为 4 个阶段，即复苏阶段、高涨阶段、衰退阶段和萧条阶段。在一个金融周期中，4 个阶段依次出现，周而复始。如果在衰退和萧条之间转换速度过快、波动幅度过深，那么这一特定的金融周期阶段就有可能形成金融危机。广义上的金融加速器即顺周期性理论是推动金融危机形成，甚至是推动金融危机演变至经济危机的重要原因之一。因此，次贷危机之后，金融理论界广泛关注顺周期性的理论研究，以期能够从理论和实践上缓解甚至是化解金融经济周期中的顺周期性，使得经济能够平稳地运行。

4.3.3 顺周期性的成因

导致银行顺周期行为的因素多样，银行自身内生机制以及监管政策的实施等外生条件都会使银行产生顺周期。一般来说，银行顺周期的内生成因主要有以下 3 点。

（1）市场不完善和信息不对称的情况下，银行融资渠道和融资成本随着经济周期的变化而变化

经济繁荣时期，银行放松对抵押物品的要求，放贷意愿强烈，通过降低贷款价格以维持或抢占市场份额，此时的市场中存在的顺周期性将推动经济泡沫扩大，积累了潜在风险；而在经济衰退期，银行紧缩银根，即使是风险低、获利高的项目也较难得

到融资，这时市场中存在的顺周期性将导致出现危机，甚至使得危机恶化。

（2）羊群效应放大了银行的顺周期性

银行在放贷之前需对贷款人进行必要的贷款调查，以避免出现不良贷款，但是贷款调查需要一定的调查成本，不同银行的信息搜集能力和处理能力存在着一定的差异。一般称信息搜集和处理能力较强、肯承担调查成本的银行为先行动银行，而信息搜集处理能力较差、不肯支付调查成本的银行为后行动银行。因为后行动银行不肯支付调查成本，因此后行动银行只能模仿先行动银行的行为决策来进行最优选择。若先行动银行的行为决策存在顺周期时，后行动银行的跟风行为将会触发羊群效应，顺周期性将会被传递到整个行业，使得在经济上行时，出现群体性多贷行为，经济下行时，出现群体性拒贷行为，银行的顺周期效应被显著扩大。

（3）借贷双方信息不对称

借贷双方信息不对称造成了银行对风险的评估存在偏差。在经济上行时，市场对资本需求旺盛，利率和抵押品的价格较高，借款人的财务状况较好，银行高估借款人的偿还能力而低估风险，放宽信贷条件，扩大信贷规模；而在经济下行时，银行低估借款人的偿还能力而高估风险，提高信贷条件，缩小信贷规模，这可能导致顺周期现象。

银行顺周期性的外生成因则是由以下4点造成的。

（1）资本监管造成的顺周期性

在资本监管的过程中，由于对风险的界定和计量的局限，导致在资本监管的过程中存在一定的顺周期性。资本监管的顺周期性主要体现在对三大风险的识别和三大计量方法的界定上。三大风险主要是信用风险、市场风险和操作风险。识别信用风险主要采用评级制度，以消减金融市场中的信息不确定性。评级方法中的风险参数（PD、LGD、EAD）会造成监管的顺周期性，在经济上行时，风险较低，由此计算的风险加权资产也较低，在满足资本监管要求的同时，银行能够抽出更多的资本进行放贷，扩大信贷供给；在经济下行时，风险较高，由此计算的风险加权资产也较多，资本监管要求变高，银行缩小信贷能力，出现顺周期现象。在金融市场中，评级方法大同小异，具体的评级相关性较低时，虽然评级方法中存在着一定的顺周期性，但是评级结果叠加程度较低，顺周期性不明显；评级相关性较高，最终评级结果的叠加程度就会较高，羊群效应明显，银行顺周期性会迅速扩大。识别市场风险通常使用 VAR 模型，但是由于数据的历史观察期过短，导致该模型在经济上行时低估风险水平，经济下行时高估风险水平。操作风险是指由不完善的内部程序、人员及系统或外部事件所造成损失的风险。要监管操作风险，监管资本要相应增加。在经济上升期，监管资本的增加在一定程度上能够减小银行的顺周期性；但在经济衰退时，监管资本的减小则会增加银行的顺周期性。

（2）公允会计准则放大了系统风险，造成了顺周期性

当金融市场萧条的时候，资产交易价格下降导致金融机构资本充足率不足。为了达到资本充足率要求，金融机构被迫抛售或贱卖资产，而这种行为又导致了资产价格的下跌，从而产生顺周期性。

（3）银行激励机制的扭曲造成了顺周期性

银行在对管理层和员工进行绩效考核时，只将薪酬与银行当期效益挂钩，而银行长期风险却与薪酬不相关，因此薪酬不能反映潜在的风险。在经济上行时，银行在支付薪酬时，只关注当期的盈利水平和股价，较少甚至不考虑银行账面利润的真实可靠性和银行运营的安全稳定性，这使得薪酬过于虚高。由于薪酬仅与当前收益挂钩，银行管理层过于注重短期利益，忽视股东的长期

利益，采取冒进的顺周期经营策略，过度承担风险，只顾实现管理层的短期利润最大化，而忽视银行长期经营中的风险及损失。由于银行薪酬激励机制的非对称性，银行盈利时，管理层获得高额薪酬；银行亏损时，管理层却不会因此而受到应有的惩罚和损失。这使得银行管理层过度追求短期利益，忽视长期风险，产生银行激励机制的顺周期性。

（4）存款保险制度造成了顺周期性

存款保险制度的核心是防范银行挤兑和银行危机，但存款保险机构的融资模式往往会扩大银行的顺周期性。存款保险机构的融资管理模式一般分为事前融资和事后融资。由于事前融资会加剧存款保险制度自身的道德风险，部分保险机构因此会选择事后融资。事后融资是指存款保险机构事先并不收取保费，当银行倒闭，需要赔付的时候才向银行体系收取保费赔付存款人。这种方式的优点是成本集中，缺点则是通常赔付时经济都处于衰退时期，这会对本来就处于顺周期压力的银行体系造成更大的压力，甚至使得银行财务更为恶化，使得经济衰退更为严重，顺周期性扩大。

4.3.4　逆周期监管方向

次贷危机以后，国际社会对金融监管理念和规则进行了重大革新。宏观审慎监管应成为金融监管的核心，这一新观点获得广泛共识。而如何缓解银行的顺周期效应，则是上述理论在时间维度所关注的重要内容。在宏观审慎监管的框架下，逆周期监管是时间维度下的重要监管工具。

虚拟经济与实体经济之间存在着顺周期效应。当冲击来临之时，所有机构采取相同应对方式，效应通常会放大，经济周期的波动性将会加剧。2008 年全球金融危机就是顺周期效应的典型体现。为了减少顺周期性，2010 年 7 月巴塞尔委员会提出逆周期监管理论，旨在缓解银行体系顺周期性所产生的负面效应。

顺周期性监管理论主要包括以下 4 个方面：一是资本监管的顺周期性；二是风险的顺周期性；三是机制的顺周期性；四是杠杆的顺周期性。逆周期监管理论是对立于顺周期监管理论提出来的概念，在经济上行时期，加强对银行的监管，严格控制放贷规模，使银行聚集更多财产；在经济下行时期，放松对银行的监管，用经济上行时期积聚的财产弥补经济下行时期对财产的需求，缓解经济系统的顺周期性，加强经济系统的稳定性，防范金融系统风险。

逆周期理论是相对于顺周期理论提出的一个概念，旨在缓解经济系统以及金融体系中存在的顺周期性，使得市场能更稳定地运行。为了缓解金融市场运行中存在的顺周期性，银行监管通常采用各种机制及工具对以上 4 个方面进行逆周期监管，在一定程度上削弱经济周期的波动幅度，以维持市场的稳定、健康运行。

第一个方面是对资本进行逆周期监管，可以使用以下 7 种手段对资本进行监管。

第一种手段是资本充足率监管。资本充足率监管的顺周期性体现为：经济上行时，信贷风险未充分体现，放松信贷，造成信贷过度扩张，系统性风险积累；经济下行时，信贷风险明显，信贷收紧，此时银行很难获得股权融资，因此只能收缩资产负债表，降价出售资产或者减少信贷供给，结果使资产价格进一步下跌，经济复苏难度增加。为了抵御风险，资本充足率的设定是否合理非常重要。巴塞尔协议Ⅲ中引入 0～2.5％的逆周期资本缓冲，使资本充足率要求在经济市场繁荣时增加，在经济市场萧条时降低。

第二种手段是扩大资本范围。在现有资本框架中引入非风险标准，以缓释顺周期性对银行的影响。比如说可以设定最高的杠杆融资比率，若银行的杠杆率达到了设定的水平，即使其资本充足率仍高于监管要求，也应对其资产负债表进行收缩调整。通过此工具可以在一定程度上校正资本充足率的不足。杠杆率计算的依据是公开财务报表，与商业银行内部风险计量和评估程序无关，可以规避由内部风险计量和评估程序本身导致的顺周期性。[①]

第三种手段是细化风险资产。目前对风险资产的资本要求还不够全面和细致，可以从以下 3 个方面进一步细化和明确，以达到缓解顺周期性的效果。首先，目前表外风险资产资本规定不够细致具体，容易使银行进行资本监管套利，进一步明细表外资产，可以使资产监管更为全面、细致，以有效地缓解顺周期效应；其次，进一步完善和细化信用、市场和操作 3 类风险的资本要求，保证各类风险在资本中合理分配，以减小风险的聚集效应，减小顺周期性；最后，信用风险中各类行业的风险具有很大的差异性，例如相对于其他行业，房地产行业贷款周期长、风险大，需要进一步细化各类风险系数，以便使风险能够进一步分散，减小顺周期效应。

第四种手段是改善资本结构，引入系统性重要资本，使得资本质量提高。对系统性重要银行引入系统性重要资本，监管资本工具的损失吸收能力上升，资本的风险抵御能力增强，削弱道德风险出现的概率，减少顺周期效应。

第五种手段是在最低资本要求上，引入资本留存缓冲。资本留存缓冲主要的作用是使银行在经济衰退时能够缓冲资本损失。这一缓冲机制有助于银行建立一个更加安全的资本边际，以尽量避免经济下行时给银行带来损失。资本留存缓冲的主要方式是完善贷款准备金。对贷款准备金机制进行适当的调整可以使其具有

---

① 王兆星，韩明智，王胜邦. 商业银行资本监管制度改革（三）：建立杠杆率监管标准，弥补资本充足率的不足 [J]. 中国金融，2010 (3)：68−70.

逆周期效应。目前贷款损失准备金制度主要负责已发生的损失，潜在的损失风险并没有纳入考虑范畴。同时由于银行在经济上行时低估风险，贷款损失准备金计提较低，容易产生顺周期性。因此，为了避免顺周期效应，要对贷款损失准备金制度进行适当的改革，在经济繁荣时期多计提准备金，在经济衰退时期少计提准备金，使贷款损失准备金机制充分发挥逆周期作用。西班牙在2005年实施的动态损失准备金制度是在此方面的良好的实践。

第六种手段是引入逆周期缓冲资本，加大拨备的计提。这种手段的基本原理是银行在经济繁荣时计提超额资本，在经济衰退甚至发生危机时，银行则利用逆周期缓冲资本吸收损失，以缩小整个经济周期的波动程度，减小顺周期效应。鉴于资本在平滑经济周期中所起作用有限，巴塞尔委员会确定的资本留存缓冲要求为0~2.5%。但是其作为二级资本的拨备，这一比例相对较低，不能够充分发挥拨备的逆周期效应。拨备在相关监管资本的规则下可以扩大其作为二级资本的比例，以更充分发挥其吸收亏损的功能，起到逆周期作用。

第七种手段是完善新资本协议。加强对资本框架的监管，改进资本缓冲机制，修订顺周期的VAR方法，以缓释最低资本要求，以及削弱信用评级的迁徙所造成的过度的顺周期性。

第二个方面是对风险进行逆周期监管。主要可以使用以下3种手段来监管风险。

第一种手段是进行压力测试。利用一系列方法来模拟金融体系承受冲击时的反应，评估金融体系承受冲击出现的损失，同时以此为基础准备应急预案，以减小冲击带来的损失和影响，以发挥压力测试的逆周期效应。压力测试从两个方面缓解了银行的顺周期作用：一是压力测试是VAR的重要补充工具，关注了被VAR忽略的尾部危险；二是压力测试通过特殊的敏感性分析或情景假设的方法对未来的市场情况进行理性预测，弥补了风险模型计量中历史资料不完整的情况。在实际操作中，银行可以从 3 个方面对压力测试进行调整和改进：一是使用更严格的压力测试标准，增大对最差情况的估计，以尽量避免危机过大，导致应急预案不充分的情况；二是扩大压力测试的范围，例如银行可以从公司治理的角度，建立起经常性的压力测试机制；三是提高压力测试频率，尤其是在经济上行时期，银行经营状况良好的时候压力测试更不能忽略，使压力测试对危机起到预防作用，发挥其逆周期效应。

第二种手段是进行回溯测试。将市场计量模型的估算损益结果与实际发生的损益进行比较，以检验计量方法或模型的准确性、可靠性，并据此对计量模型进行调整和改进，以更好地估测风险，提升对风险预测的效率，减小风险，发挥逆周期效应。

第三种手段是调整风险权重函数和风险参数。适时调整风险权重函数和风险参数，可以在一定程度上抵御资本的风险。风险权重函数中主要风险参数的顺周期性是导致银行顺周期效应的重要因素。对风险参数进行逆周期监管，可以在很大程度上缓释银行的顺周期效应。调整的方式可以分为两种，即事前调整和事后调整。事前调整的主要方法是使用长周期和跨周期的计量方法，以平滑风险权重参数。事后调整的主要方法则是将风险权重函数的输出结果乘以由宏观经济形势确定的逆周期乘数，即是在经济上行时，将逆周期乘数设置成大于 1 的数值，要求银行多提资本，应对未来可能出现的危机；在经济下行时，则将逆周期乘数设置成小于 1 的数值，以缓解资本要求和资产损失的压力，保证银行信贷的连续性。由于事前调整可能无法克服风险权重函数本身存在的缺陷，相对于事前调整，事后调整更具有实践性和真实性。

第三个方面是对机制和政策进行逆周期监管，可以使用以下 6 种手段对机制进行监管。

第一种手段是完善公允价值会计准则制度。目前新会计准则采取公允价值计价，按照盯市原则进行估值，这在一定程度上扩大了金融体系的顺周期性。对公允价值实施逆周期监管，是使用其他逆周期监管工具的前提。因为公允价值加剧了资产和负债的价值变化，同时扩大了收益的波动性。因此进一步完善新会计准则，对公允价值实施逆周期监管是十分必要的。同时，完善新会计准则要注意以下几个问题：首先，应明确不活跃市场公允价值准则对流动性不足的金融产品估值时，要准确评估其风险溢价；其次，要弱化资本监管对会计数据的依赖，以降低公允价值会计的估计误差波动和混合计量波动放大金融波动的潜在效应，以缓释顺周期性；再次，银行监管机构应该对银行的估值方法、模型和程序进行严格监管，促进银行改进其估值方法和风险内控，加强公允价值对交易不活跃的金融产品估值的客观性；最后，要加强银行的信息披露，使监管更加透明化，以做到监管公正、公平和公开。

第二种手段是优化金融体制，保证监管制度的有效执行。首先，对金融体系的制度进行良好的规划，保证中央银行和银行监管部门沟通快速、有效，实现信息共享。其次，加强监管机构的独立性。在监管过程中，银行监管机构的决策制定和执行一方面可能受到政府部门的制约或干预；另一面也容易被金融利益集团"绑架"，监管部门的非独立性使逆周期监管政策的实施效果大打折扣。金融监管部门越独立，政策才能够越高效、越准确地执行，而不受政府部门的干预或者被金融利益集团所"绑架"。因此，增强监管机构的独立性，可以保证监管政策更有效地实施，使得逆周期工具事半功倍。

第三种手段是完善薪酬激励机制。为了避免管理层追求短期薪酬最大化而采取短期化行为，对银行业薪酬激励机制实行逆周期监管，建立动态且跨周期的业绩考核和薪酬分配制度，将高管薪酬与银行长期绩效挂钩，以缩小经济周期波动对公司员工薪酬的影响。

第四种手段是完善问题银行的市场退出机制，以便对银行"大而不倒"这一问题能够进行更好的处理。在危机出现以后，如何处理问题银行是社会争论的焦点，政府的救助行为往往面临着金融系统性风险与商业银行道德风险无法很好兼顾的窘境。次贷危机以后，对于这一问题，银行监管改革的方向主要分为以下两点：一是在事前通过资本监管引导银行，促进系统性重要银行经营的自律性，以降低银行自身的顺周期效应；二是在事后明确对问题银行的处理程序，降低债权人对政府救助行为的预期，强化投资者对银行的约束力，使得银行经营时不过于注重短期利益而导致过度承担风险。

第五种手段是科学利用宏观经济政策。宏观经济政策本身即是一种很重要的逆周期调节手段。首先，作为宏观经济政策的重要组成部分，货币政策可以通过利率、再贴现率和法定存款准备金等货币政策工具对银行的逆周期行为进行有效调节；其次，具有逆周期性质的宏观经济政策，对商业银行的经营具有信息提示作用，商业银行能够通过参考和分析这些宏观经济政策从而采取正确的前瞻性措施，建立逆周期的经营模式，从而减小银行的顺周期效应。

第六种手段是实行跨境监管。对跨国金融集团实施国际监管可以有效避免大规模、大范围内出现危机。

第四个方面是对杠杆类进行监管。可以采用以下两种手段对杠杆进行监管。

第一种手段是限制金融机构的杠杆率。对总资产/总资本的最低进行限制，以控制金融机构的杠杆率过高的情况，避免金融体系产生巨大的起伏，减少顺周期效应；第二种手段是限制实体部门的杠杆率，某些行业对经济周期高度敏感，对其实施信贷杠杆的限制可以减少银行信贷的顺周期性。

第 5 章　西方发达国家和地区银行监管的变化及经验

在当前经济飞速发展的时代背景下，各国金融业都面临着严峻的挑战，金融市场的迅猛发展也蕴藏着许多不确定的因素，这对各国金融监管尤其是银行监管提出了更高的要求。

美国、英国、欧盟这三大经济体集中了世界主要发达金融市场，在银行监管方面有着领先的经验，具备典型的模式。美国是由中央银行负责银行监管，较早实行典型金融分业监管体制的国家；而英国则是实行了将银行监管职能从中央银行分离并成立综合性金融监管机构，实行统一的金融监管体制的国家。又由于各国历史、文化背景不同，形成了不同的特色。随着银行业的不断创新和发展，各国也根据自身情况进行了多项银行监管改革。通过分析上述各国的银行监管的体制及变化，可以为探索适合我国国情的银行监管模式提供经验借鉴和启示。

5.1　美国银行监管体系及其改革发展

5.1.1　美国银行监管的历史演变

银行业的稳定和安全是世界各国共同关注的问题，而银行体系和银行监管制度也需要漫长的发展过程。美国是世界上银行体制最为发达的国家，也是最早实行银行监管的国家，其银行监管体制被公认是最成熟、最完备、最具代表性的银行监管体制之一。在美国历史上，银行体系及其监管和监管目标经历了许多变化，现行的银行监管制度就是在一系列改革基础上发展而来的。随着金融和技术的不断创新，美国银行体系也迅速发生变化，因此该国的银行监管制度也处于发展变革中。了解美国银行监管的历史演变和新监管方案的主要内容是学习该国成功经验的基础。

美国的银行监管制度伴随着其银行业的发展而逐渐演化，经过 200 多年的探索和积累，形成了一套较为有效的银行监管制度，其整个发展过程大致经历了以下 3 个阶段。

（1）早期银行监管初步形成阶段

美国独立战争后即建国初期，这一段时间是美国银行业自由发展的时期。这一时期的美国国内并没有中央银行，在联邦政府注册的银行也较少。各州政府负责银行的登记注册，并对其进行有限的监管。直到美国内战时期，其主要的流通货币是由 1600 家州银行发行的银行本票。为了促进商业贸易在全国范围内的发展，也为内战提供资金支持，1863 年 2 月 25 日，美国国会通过《全国性货币法案》，建立起全国性货币体系，即美国联邦政府批准建立一些全国性银行，称之为"国民银行"，但这些银行是需要在联邦政府注册的。联邦政府还颁布了《1863 年国家货币法案》和《1864 年国民银行法案》，这两部法案使得联邦政府开始承担监管商业银行的职能。为了控制货币供给量，联邦政府规定每一家国民银行确定其货币发行量的根据是其持有的国债数额。为进一步强化对各国民银行发行货币数额的监管，联邦政府通过立法于 1863 年设立了货币监理署，负责对所有国民银行进行发照、监管和检查。至此美国历史上第一个由政府控制的金融监管部门诞生，美国就处于国民银行和州银行的双重银行体制下。

（2）货币监理署和美联储共同监管阶段

在国民银行体制下，国民银行发行货币的数量与国债的发行量相关，使得整个货币供给系统难以避免的缺乏弹性。除此之外，随着金融恐慌和银行计提相继发生，活期存款变得更加重要，但银行体系在有序办理活期存款存取业务方面不时遇到困难。由于缺少最后贷款人，短期流动性问题也始终困扰着整个银行界。在此情况下，19 世纪下半期金融危机频繁发生，为适应形势的需要，美国国会在 1913 年出台《联邦储备法案》，标志着美国联邦储备体系（简称美联储）的建立。美联储的建立是美国金融监管历史上的重要里程碑。为了缓解银行家、商人和其他人士对美国银行和货币体系受到集中控制的担心，国会在 12 个地区建立了联邦储备银行。国民银行必须加入联邦储备体系，州银行可以选择加入。为了解决货币缺乏弹性的问题，美国国会授权美联储担任最后贷款人，为成员银行的合法票据进行再贴现。成员银行通过这种方式可以凭借合格资产进行贴现或借款，从而获得资金，以应对暂时的资金短缺或迅速增加的信贷需求。美联储还被授权持有成员银行的准备金，并在公开市场上买卖政府证券，从而承担起整个银行体系的公开市场业务。此外《联邦储备法案》同时赋予了货币监管署和美联储监管、检查成员银行的权力，这种权力的分割曾经带来一些混乱，不过在 1917 年这个问题得到了解决。货币管理署负责检查和监管国民银行并将检查报告提交至美联储，而美联储负责各州成员银行的监管。

（3）双重多头监管阶段

1929—1933 年全面而深刻的大危机见证了美国历史上最严重的金融衰退，银行大量破产倒闭，货币信用制度和证券市场濒临崩溃。截至 1931 年年底，超过 4000 家银行暂停经营或被其他银行吞并。由于缺少对金融业的有效管理，已经建立起来的联邦储备体系形同虚设。这次大危机暴露出来的监管盲点主要表现在证券交易的保证金的规定比例过低、信用过度膨胀、金融诈骗和股市操纵现象盛行。为了保障金融改革措施的实施，美国政府颁布了一系列针对银行体制改革的法案，旨在构建一个新的银行制度。而其中最具有代表性的是 1933 年 6 月 16 日通过的《格拉斯－斯蒂格尔法案》（Glass－Steagall Banking Act），也称《1933 年银行法》。这一法律希望通过断开银行、保险与证券市场的联系，打断危机的循环，那么证券市场的危机不一定会演化成整个国家的经济危机。该法案的确立标志着美国金融分业制度的正式确立。[①]

《格拉斯－斯蒂格尔法案》是美国金融史上的一座"里程碑"。它不仅标志着现代商业银行与投资银行的分离，也标志着纯粹意义上的商业银行和投资银行的诞生。继《格拉斯－斯蒂格尔法案》之后，美国国会又相继颁布了《1934 年证券交易法》《投资公司法》等一系列法案，逐步形成了金融分业经营制度。同时，1933 年出台的银行法案规定成立临时的联邦存款保险公司，来对银行的存款提供保险。在修改的《1935 年银行法案》中规定，将联邦存款保险公司设为联邦存款保险和监管机构。从1934 年起，所有美联储成员银行都必须参加保险，非成员银行经联邦存款保险公司批准可选择参加。这就表明非美联储成员的州银行由州政府与联邦存款公司共同监管。1933 年银行法案还促成了联邦住宅贷款委员会和联邦贷款保险公司的成立，这两个机构主要负责储蓄机构的监管和存款保险。这两项法律的出台保证了整个金融体系的安全和稳健经营，降低了风险。美国国会又在 1956 年通过了《银行控股公司法》，弥补了银行控股公司持有证券机构股份来间接从事证券业的漏洞。

（4）现代金融服务体系的建立与监管

美国不断完善的分业制度虽然在一定程度上稳定了金融秩序，促进了经济的持续发展，但随着经济形势的变化和金融市场

---

① 陈元. 美国银行监管［M］. 北京：中国金融出版社，1998.

的蓬勃发展，美国的分业监管也面临诸多的挑战。为了顺应金融产业日益融合的趋势，提高本国金融业的国际竞争力，美国从20世纪80年代就开始放松金融监管。1987年4月，美联储对《格拉斯－斯蒂格尔法案》的第20条进行了重新解释，允许商业银行控股公司单独设立证券分支机构作为投资银行。银行便开始从事包括承销商业票据、某些市政收入债券、抵押担保债券和资产支持证券等业务。

《1999年金融服务现代化法案》废除了1933年的《格拉斯－斯蒂格尔法案》中的第20条（禁止会员银行与任何从事有价证券业务的机构进行联营），打破了商业银行和投资银行的隔离。该法案允许银行、保险公司和证券公司以金融控股公司的方式相互渗透，实现混业经营，但不允许以子公司的方式进行交叉渗透。这一法案结束了美国长达66年之久的金融分业监管历史，由此形成了对于同时从事银行、证券、互助基金保险与商业银行等业务的金融控股公司实行伞式监管制度，即从整体上确定美联储为金融控股公司的牵头监管人，成为金融控股公司的基本监管者，负责该公司的综合监管，并且与财政部一起认定金融控股公司允许经营的金融业务范围。同时，金融控股公司又按其所经营业务的种类接受不同行业主要功能监管人的监管。尽管如此，银行业的监管体系大体上并没有发生本质性的变化。

5.1.2　改革前美国银行监管体制

5.1.2.1　双线多重特征

危机前美国的银行监管体制是一种典型的双层多头分业监管体制，其形成是由长期的社会和历史发展原因所决定的。首先，由于美国实行国法银行和州法银行（国法银行亦称国民银行，指依照联邦法律登记注册的银行；州法银行指按依照各州法律登记注册的银行，而并非州立银行）并存的双重银行体制，因此法律不仅赋予联邦政府监管商业银行的职能，而且授权各州政府行使监管职责。除美国财政部下设的货币监管总署（OCC）以外，各州政府均设立了银行监管机构，形成了联邦和州政府的双线监管体制。OCC 和州银行监管当局成为美国银行最主要的两个基本监管者，前者负责对国民银行发放营业执照，后者负责对州法银行发放执照，并且，两者还具备以下职能：①贯彻执行有关法律法规，对银行的经营活动状况进行跟踪研究；②检查、监管所管辖银行，审批所辖银行设立分行、进行并购重组的申请；③对所辖银行违法违规或进行非正常经营活动进行处罚，包括撤换银行高级职员的职务、与董事会协商改变银行运作方式、下达暂停和停止业务命令以及实施资金处罚等；④制定管理银行投资、接待和其他活动的规章制度。

此外，随着银行业机构开展非银行业务，它们可能进一步受到保险、证券或其他监管者的监管。因此，美联储、联邦存款保险公司（FDIC）、司法部、证券交易委员会（SEC）、期货交易委员会、储蓄机构监管办公室（OTS）、国家信用合作管理局（NCUA）、联邦交易委员会（FTC）、州保险监管署（SIC），甚至联邦调查局等机构也都从各自的职责出发对商业银行进行监督和管理。其中美联储、FDIC 是两类最主要的监管机构，如图 5-1 所示。

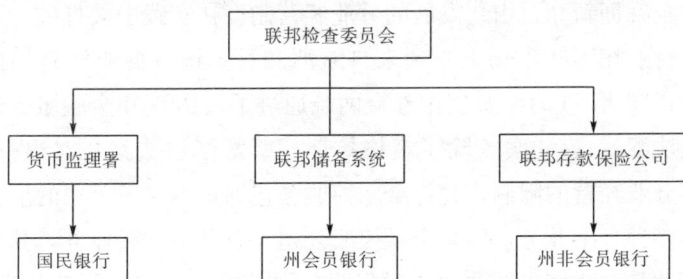

图 5-1　美国的银行监管组织体系

联邦储备体系是美国联邦政府的一级金融监管机构。法律规定美国所有国民银行都必须加入联邦储备体系,而州法银行则可自主选择是否成为联储的成员,选择成为联储成员的称为州成员银行,否则被称为州非成员银行。美联储对所有成员银行均负有直接的、基本的监管职能。同时,美联储还是银行控股公司和金融控股公司的基本监管者,负责发放这两类公司的营业执照。由于监管对象众多,在实际操作中,美联储的监管重点主要是大商业银行和大型金融机构,而对众多小银行则主要从清算和资金循环的角度加以监测,对其具体业务活动的监管一般以抽查为主。

同时,美国法律规定,在美国经营的银行要想吸收存款必须首先加入存款保险,因此所有商业银行都是联邦存款保险公司的被保险人。为保证投保银行乃至整个金融体系的安全和稳健运营,降低风险,FDIC 除了进行存款保险以外,还兼有金融检查、金融预警的职能,并对投保银行实施严格的直接监管。各投保银行必须定期向 FDIC 报送报表,无条件地接受其检查,并对在检查过程中发现的问题积极采取解决措施。此外,FDIC 还对州法银行监管部门提供业务指导,为其提供监管指标体系,对州政府银行监管人员进行定期培训。

5.1.2.2 伞型监管模式

随着金融一体化的发展,美国银行业监管体制受到较大冲击,金融创新和自由化发展的分业经营制度在实践中被打破。美国银行业在国际市场上受到来自欧洲和日本银行混业经营的挑战。1999 年 11 月 4 日美国参众两院通过了《1999 年金融服务现代化法案》,该法案废除了《格拉斯-斯蒂格尔法案》对银行、证券分业经营的限制,允许金融控股公司通过设立子公司的形式经营多种金融业务,但是金融控股公司本身并不开展业务,其主要职能是向联储申领执照、对集团公司及子公司进行行政管理,从而实现混业经营,彻底结束了银行、证券、保险分业经营与分业监管的局面。

《金融服务现代化法案》明确了所谓的"功能监管"的原则。对于同时从事银行、证券、互助基金、保险与商业银行等业务的金融控股公司实行伞状监管制度，即美联储被赋予伞型监管者（Umbrella Supervisor）职能，成为金融控股公司的基本监管者，负责该公司的综合监管，并且与财政部一起认定哪些业务属于允许金融控股公司经营的金融业务。在伞型监管模式下，金融控股公司的银行类分支机构和非银行分支机构仍分别保持原有的监管模式，即前者仍接受原有银行监管者的监管，而后者中的证券部分仍由证券交易委员会（SEC）监管，保险部分仍由州保险监管署（SIC）监管，SEC 和 SIC 被统称为功能监管者，如图 5－2 所示。

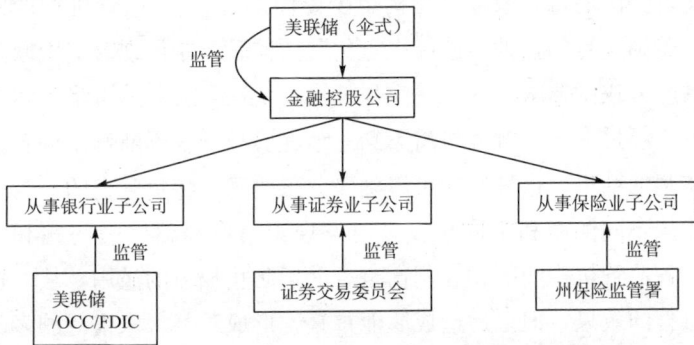

图 5－2　美国伞型监管模式

5.1.3　美国银行监管的特点

美国银行业监管的主要目的在于保证银行体系的稳健和支付体系的安全，防止系统性银行风险和金融恐慌的发生，提高经济的运行效率，以较低的成本使有限的资金得到充分的运用，保护消费者的利益，制止各种金融违法行为，通过监管政策支持国民经济中需要加以重点保护的产业的发展。为此，美国在其法律框架内建立了一个严格的银行业监管体系，具体来说，这一体系有以下几个特点。

（1）"两级多重化"的监管体制是美国银行业监管最突出的特点

由于历史的原因，美国银行业监管体制相当复杂。一方面，中央和地方都有监管商业银行的权力（即两级）；另一方面，每一级又有多个职能监管机构共同对银行实施监管（即多重）。但各级和各家监管机构的职责、权限不同。美国联邦和各州都有权对银行发照注册并进行监管，从而形成二元多头的银行管理体制。除这两个基本的监管主体外，美联储、联邦存款保险公司、证券交易委员会等也都从各自的职责出发参与商业银行的监管。目前，美国的每一家金融机构至少要面对 3～5 家监管机构的监管。美国实行的这种"两级多重化"的监管体制体现着美国联邦制高度分权的要求。这也是美国 1913 年正式建立联邦储备体系以来，经过多次金融危机后不断总结经验教训，不断修正创新监管体制的结果。这种模式可以确保分工明确，各负其责的监管机构能从不同侧面和不同角度及时发现银行在经营中的问题和漏洞，各监管机构间的相互制衡也有助于防止权力的滥用，从而提高监管的效果，但也易造成职能重叠，形成对某一家银行的多头重复监管，导致监管效率过低、浪费资源等弊端。

（2）注重监管者与被监管者的合作

美国自 20 世纪 70 年代起，受到自由市场观念影响较大，强调市场经济和参与主体的自我调节功能。银行监管当局认为银行出于对自身经营的保护，将具备风险预测和控制的功能，会自觉地进行风险防范。银行监管应把精力主要放在评价和提高银行自身风险的控制能力方面，减少对其具体的金融业务和金融创新的干预。

（3）采用量化监管体制

1978 年，美联储、美国存款保险公司、货币监理署等联邦监管部门联合制定了"统一评级制度",统一了美国银行监督检查的标准,使检查具有客观性、连贯性和权威性。这一评级制度又称为"骆驼评级制度(CAMEL)"。评价一家银行的安全和经营能力主要依据 5 个方面的指标,即资本充足性、资产质量、经营管理能力、盈利水平资产和资产质量及资产流动性。根据评级的结果,督促被检查银行采取针对性措施进行问题纠正。之后的 10 多年里,"骆驼评级"标准在许多国家得到推广和仿效。美联储理事会于 1996 年 12 月 20 日开始实施一种新的金融机构评级系统"CAMELS",其中 S 为"对市场风险的敏感程度"的第一个字母,用于强调金融机构监控和管理市场风险的能力及其对有关市场风险监管做出反应的能力,该市场风险主要反映其利率变化的风险缺口。新实施的评级制度就"M"部分,即风险管理的质量做出了附加说明,并且对各风险要素做出了界定。

（4）采用法人监管原则

这一原则表明只对银行法人一级的机构进行监管。如花旗集团下设的花旗银行总部设在纽约,纽约联邦储备银行是花旗银行包括其分行在内的直接监管者,而处于其他地区的分行并不受该地区储备银行的监管。对金融控股公司的监管思路是:银行有存款保险保护,且在出现问题时能获得美联储的救助,因此金融控股公司的经营者往往会倾向于将非银行风险向银行转移。为避免通过内部交易增加银行风险,需要尽量限制资金由银行向非银行分支机构流动。

5.1.4　美国银行监管改革的原因

（1）危机前宏观审慎监管不足

金融危机严重打击了美国金融体系,其中最显著的标志就是 2007 年之前独立存在的五大投行都已不复存在。雷曼兄弟破产,两家投行被现有的银行控股公司兼并,剩下的两家投资银行为了符合政府资金和担保援助的条件变成新的银行控股公司。实际上，美国政府对五大投行中的 4 家都提供了事后援助，但之前五大投行却没有一家接受法定的宏观审慎监管。

虽然危机前监管机构加大了对资本要求的关注，却忽略了其他的风险，尤其是没有充分评估"影子银行"系统增长的影响，以及其他金融公司的影响；对交易资产证券工具的内在信贷风险没有予以足够重视；未充分采取有效行动解决流动性风险问题。通常，监管机构在监管银行控股公司时，很少关注整个公司在交易过程中或是其他资本市场行为中所面临的风险。这个缺陷可以部分归咎于金融服务现代化法案背景下的监管模式。此外，对相关证券化风险、不同附属机构共同风险暴露和大幅增长的表外资产缺乏审慎监管审查。

（2）存在监管边界问题

对系统性风险（包括"大而不倒"问题）的监管应从银行一直延伸至以前未纳入监管范畴的金融控股公司。在实际操作中，由于银行实行混业经营，一些非存款性金融机构的陆续倒闭使危机迅速地蔓延开来。这些机构拥有大量的杠杆和复杂的交易关系，又极度依赖于销售资产获得流动性，使得它们容易遭受大规模资金短缺的冲击，甚至破坏整个金融体系。因此，需要扩大监管范围，包括与银行经营密切相关的金融机构与非金融机构。

（3）宏观审慎监管的要求

解决监管边界问题并不意味着可以完全避免系统性风险，必须建立宏观审慎监管模式以弥补传统审慎监管的不足。[①] 20 世纪 80 年代中期的大陆伊利诺斯银行事件表明了多米诺骨牌效应现

---

① 传统审慎监管认为，只要每家金融机构安全稳健运行，则整个金融市场就是安全有效的。2008 年全球金融危机中，一些资产负债良好的金融机构，由于受市场冲击而破产，促使监管机构不得不重新审视金融监管，从而将宏观审慎纳入监管范畴。

象的存在：许多银行在大陆伊利诺斯银行有存款，外国存款者的大规模挤兑造成了严重损失，最终使得联邦存款保险公司出面援助。可见，金融体系遭受损害并不一定遵循传统模式，而是可能源于外部商业银行体系。资产定价的大幅波动给这些资产价值带来很大的不确定性，从而引发新的市场流动性问题。在 1987 年股市崩溃和 1998 年长期资本管理公司崩溃事件中，美联储紧急采取措施使得事件得到有效控制。但 2007 年次贷危机的出现，资产支持证券承销乏力，基于资产定价的流动性状况以及过高的杠杆率遍及整个金融体系。引发系统性风险的原因不是一家机构发生流动性问题或是无力偿付，而是有短期债务的高杠杆化公司实行同样的对冲或债务转期策略，大面积地威胁整个金融市场。

5.1.5　危机后美国银行监管体制改革主要内容分析

5.1.5.1　美国银行监管改革目标和意图

（1）改革目标

美国每一次重大金融监管制度改革几乎都是危机爆发的直接后果，体现出明显的"危机推动型"的金融监管制度变迁特征。2007 年次贷危机爆发后，美国政府和金融监管机构又积极探索金融监管改革方案，这些方案主要包括 2008 年 3 月前任财政部长保尔森提出的《金融监管体系现代化蓝图》、2009 年 6 月奥巴马提出的《金融监管改革：新基础——重构金融监管体制》、2010 年 7 月通过的《多德－弗兰克华尔街改革与消费者保护法案》（简称《多德－弗兰克法案》）。在这一系列改革方案中，《金融监管改革：新基础——重构金融监管体制》和《多德－弗兰克法案》尤为重要，是这次美国金融监管改革的纲领性文件，其中前者是后者的蓝本。这两个改革方案，从机构、市场、消费者保护、系统性风险和国际监管合作等多个角度，对美国金融监管体系进行了被视为 20 世纪 30 年代"大萧条"以来最为严厉的改革。美国银行监管改革显著的变化是由功能性监管向目标性监管转变。监管者在目标性监管的构架中，可以跨机构、跨部门、跨市场监管，摒弃了以往的分业监管。在内容上，美国的监管改革体现了监管系统性风险和保护消费者两大核心。其改革目标是改革美国现有金融监管，建立符合经济发展的新金融监管体系，同时保持美国金融监管的领先地位。

这些改革方案主要针对美国金融体系存在的以下几个问题：①对具有系统性风险的金融机构缺乏监管的有效检测和制衡；②大型金融机构获得政府救助的权利没有明确的规定和要求；③轻易取得大量信贷未能辅之以消费者金融合法权利的保护，导致美国当局承担起很多难以承担的义务；④金融活动的高额回报引发了大量的欺诈行为；⑤在受到金融监管的行业内外都存在高比例的杠杆和风险；⑥对金融衍生品的复杂性缺乏行之有效的监管。

（2）改革意图

美联储对危机爆发前现行政治体制下的监管政策和措施进行了系统性审查，并提出建立以资本要求、外部监督和市场约束为三大支柱的新巴塞尔资本框架，使其成为规范银行机构行为的基础。在《金融监管改革：新基础——重构金融监管体制》方案中，可以看出美国政府对银行监管改革的意图，通过分析可以发现，美国的监管政策将发生重大的转变，外部监管机构的监管将取代危机前依靠市场约束的原则。同时，针对此次危机中大型金融机构破产所造成的系统性风险给整个国家造成了巨大损失，法案专门设定了相关条款。

①监管政策的调整。

危机爆发后，美国政府及时调整银行监管政策，主要包括以下几点。

第一，确定最低资本要求。审查委员会制定的现行条例中已经提出很多措施，包括按照监管机构要求提升资产质量，调整市场风险下的资本需求，并评估各种调控方法产生的周期性不良影响。

第二，关注流动性风险。银行广泛推崇的用以资助交易商库存和交易地位的短期回购协议和逆回购协议，在危机中表现出较强的脆弱性。三方回购市场压力测试结果进一步要求必须解决整个系统的流动性问题。

第三，建立市场约束。银行机构内部公司政策应培育不同的市场约束。

第四，加强薪酬指导。巴塞尔委员会也积极出台相关政策建议确保银行薪酬体系既适合其风险防范要求，又适合其业绩发展。

第五，开展监管资本评估。采用更全面的监管手段对银行控股公司进行监管，提出从系统性监管的视角进行监管，明确公司变化的一般性趋势和特定缺陷。2009 年完成的对美国 19 家大型银行控股公司的监管资本评估计划（SCAP）巩固和推动了这种监管技术的使用。

②监管系统性风险。

第一，建立对整个金融体系具有系统性风险的金融机构进行统一监管的法律法规。一个统一的监管框架可以为监管者及时准确地了解、监测和掌控相关风险活动提供所需工具。同时，重点防范金融公司在经济不景气时期成为控股公司，而在相对平稳时期又恢复原来身份，以规避监管的可能性。

第二，出台为银行和非银行机构提供危机解决机制的法律。现有联邦存款保险法案只针对银行机构提供危机解决机制，而缺乏对非银行机构的保护。虽然《美国联邦破产法》能提供解决非银行业金融机构危机的适当框架，但并没有充分保障公众利益，仍然难以解决非存款金融机构经营失败时引发的大量系统性风险，政府当局只能允许这些机构破产或给予普遍性的政府援助。

第三，明确系统重要性银行适用的特殊监管标准。这些系统重要性银行对金融体系总体风险水平贡献，以及这些银行经营失败产生的负面效应表明，有必要采取资本、流动资金和风险管理等监管标准。同时，如果有一个以上的综合监管主体监管所有系统重要性银行，则有必要指派单一机构在与其他机构协商后制定这些标准。

第四，通过法律对美国金融体系的稳定性分析提出要求。考虑到难以精确判断潜在的系统性风险，且难以区分这种风险和良性的市场发展，因此有必要通过法律将更多机构纳入金融体系稳定性分析中。

第五，通过额外的法定权限解决支付清算体系中潜在的系统性风险。支付结算系统是整个金融架构的基础，金融机构和市场必须依靠该系统对交易双方和结算风险实施有效管理。因此，一旦该系统设置不合理，就无法有效监控违约风险和操作风险，可能导致重大流动性问题或信贷问题。金融危机前，美联储主要依靠诸多监管机构进行监管，确保支付清算体系拥有足够的风险控制能力和相关法律规定保障。世界上许多国家和地区都有法律规定，明确中央银行对支付清算系统具有管理职能。

5.1.5.2 美国银行监管改革措施和内容

2010 年 7 月 21 日，美国总统奥巴马正式签署了新的金融监管改革法，即《2010 华尔街改革和消费者保护法》，这标志着美国金融监管体系进入实质性的调整阶段。这次金融监管体制改革是美国政府针对次贷危机中所暴露出来的问题而制定的。该法案的内容主要针对金融危机中显现出来的问题，但是触角也指向美国金融体系多年来试图改革的很多领域，主要涵盖了以下几个方面的内容。鉴于此次金融危机中系统性风险的全面集中爆发，该法案包含"成立金融稳定监督委员会"等多项举措以防范未来可能的系统性风险；针对过去几十年金融市场的大规模扩张和金融机构高杠杆运营的愈演愈烈，该法案包含"提高资本金要求""限制银行从事高风险业务"等多项措施，以期降低杠杆率，提高银行经营安全性；针对长期以来对冲基金监管缺位以及评级机构在金融市场中影响力与约束机制高度不对称等问题，该法案试图逐步弥补一些监管漏洞和监管真空；针对近年来衍生品市场出现的过度投机和金融产品的高度复杂性，该法案强调了投资者保护机制、维护消费者利益、增加衍生品等金融产品透明度等内容。

（1）改革原有监管框架解决系统性风险问题

次贷危机前美国采取的是"二元多头"的分业监管体制。分业监管在美国高度复杂和关联的混业金融体系中难以有效实施，美国银行监管机构交叉，职能重叠，容易出现监管空白或重复监管，从而造成监管效率过低，浪费资源，也使各监管机构之间协调难度增大，影响整体效率。一些不法银行则趁机钻不同监管部门的空子，逃避监管，加剧金融领域的矛盾和混乱。次贷危机的爆发促使美国政府开始反思现存银行监管体系的弊端并积极进行改革，其首要任务就是改革金融监管框架，旨在进一步强化美国机构监管与市场监管并重的监管模式。此次改革主要从两个方面对原有的金融监管框架进行修正和补充，一是设立金融稳定监管委员会和金融研究办公室，加强分业监管机构之间的合作，以控制系统性风险；二是扩大美联储的监管权限，强化美联储在监管体系中的核心地位。

①成立金融稳定监管委员会。

成立委员会的目的是着力解决金融监管机构之间的协调与制衡问题，该委员会由 10 个联邦金融机构监管者和 5 个独立的非选举成员构成，由财政部长担任委员会主席。该委员会负责统一监管标准，协调监管冲突，处理监管争端，防范识别处置系统性风险并向其他监管机构进行风险提示，提高了金融市场的透明度和稳定性。委员会有权认定哪些金融机构可能对金融稳定产生系统性影响，并在资本充足率、杠杆率和流动性方面对这些机构提出更加严格的监管要求。委员会和美联储在获得2/3的投票后，有权将那些可能产生系统性风险的非银行金融公司或国际银行的国内子公司置于美联储的监管之下，或分拆大型复杂金融机构。同时，为避免美联储监管权力过于膨胀，改革方案还赋予该委员会监督和指导美联储进行监管的权力，美联储也必须通过金融稳定监管委员会获得财政部的书面许可，方可行使其系统性风险监管者的职能，以此形成监管机构之间的制衡。

重组银行监管机构，强化监管职能。撤销"储贷监理署"（OTC），将其大部分职能归并到"货币监理署"（OCC），以对所有联邦注册的存款机构进行审批和监管。在美联储体系内设立独立的金融消费者保护局（CFPA），保护消费者获得金融服务和金融产品的合法权益，如表5-1所示。

表5-1　银行监管机构变化情况

变动类型	机构名称	主要职责
新设	金融稳定监管委员会	解决金融机构之间协调与制衡问题；防止系统性风险；监督美联储的监管活动
	金融消费者保护局	负责保护整个金融领域消费者获取金融产品和金融服务的合法权益
撤销	储贷监理署	负责监管所有属于储蓄机构保险基金的联邦和州注册的储贷机构
合并	货币监理署	将"储贷监理署"大部分职能归并到"货币监理署"，以负责所有联邦注册的存款机构进行审批和监管

为了加强对系统性风险的监控，《多德－弗兰克法案》决定在财政部内成立一个新的金融研究办公室，由经验丰富的经济学家、会计师、律师、前监管官员和其他专家组成，他们负责搜集

金融数据并进行经济分析。而金融稳定监管委员会将通过这些数据的分析监测新出现的经济风险，在定期报告中公布这些信息并将评估结果每年单独向国会汇报。委员会要求已经获得"问题资产救助计划"资金资助的大银行控股公司，不能简单地放弃出现问题的银行来规避美联储的监管。

②调整美联储的监管权限，强化其在金融监管架构中的核心地位。

一方面，美联储被赋予对一类金融控股公司进行并表监管的权限。对于在美国境内直接或间接从事金融服务的公司，如美联储认为该公司的财务困境会对美国的金融稳定构成威胁，则可以将该公司归为一类金融控股公司。美联储在资本充足率、流动性管理和风险管理等方面对一类金融控股公司实行比银行控股公司更为严格的审慎监管标准。此外，美联储还获得在"并表监管实体"和"受监管投资银行控股公司"项目下对证券经纪或交易公司的并表监管（指对银行集团在并表基础上的审慎监管，即在单一法人监管的基础上，对银行集团的资本、财务及风险进行全面和持续的监管，识别、计量、监控和评估银行集团的总体风险状况）权力；获得对金融体系重要的支付、结算、清算系统和对重要金融机构活动进行监管的权利，并且接受 TRAP 计划的大银行控股公司将不能以任何理由逃避美联储的监管。美联储还获得在紧急情况下提供应急贷款的权利，加强其在防范金融危机方面的责任。为加强对银行的监管，减少监管套利，增强行为的一致性和责任感，《多德－弗兰克法案》提出美联储承担对所有银行的监管，包括州立银行和社区银行。由此可见，这一改革方案赋予美联储监管金融机构、金融产品以及金融市场交易的更大权力，意味着美联储成为美国金融监管体系中的系统风险监管者和"全能型超级监管者"。

另一方面，为了防止美联储"擅自"救助类似贝尔斯登、

AIG 等濒临倒闭的金融机构，法案规定未来美联储的任何紧急贷款计划必须获得财政部的批准，并且只能用于缓解流动性。法案还规定，美国审计署将对金融危机时期的紧急贷款进行审计，公布贷款的细节，并向议会递交相关报告。美国审计署还将要求美联储定期披露紧急贷款、贴现贷款、市场操作等的详细信息，并拥有对这些信息进行审计的权利，以规范美联储的货币政策和金融监管职能。

（2）弥补银行机构监管漏洞

首先，美国现行的《银行控股公司法》规定：互助储蓄控股公司、工业贷款公司、信用卡银行、信托公司以及照旧例享有"非银行的银行机构"特权的公司等不作为银行控股公司，可以豁免美联储的并表监管。这导致一些投资银行（如现已破产倒闭的贝尔斯登、雷曼兄弟）、商业银行和金融公司通过拥有"非银行"的存款机构，逃避《银行控股公司法》的管辖，避开了美联储严厉的并表监管。因此，在美国国会众议院通过的金融监管改革方案中规定：凡控制一参保存款机构的公司，无论其组织架构如何，即所有的互助储蓄控股公司、工业贷款公司、信用卡银行、信托公司以及照旧例享有"非银行的银行机构"特权的公司都成为银行控股公司，都应接受美联储的并表监管，同时应该受到《银行控股公司法》对其非银行活动的限制。

其次，为强化资本金管理机制，促使金融机构稳健运行，《多德－弗兰克法案》要求资产规模大于 150 亿美元的银行不能将"信托优先证券"等混合型资本工具作为一级资本。同时，法案要求研究建立逆周期的资本金分配机制，即在经济扩张时期增加对机构的资本金水平的要求，而在经济紧缩时相应降低资本金水平要求，从而使银行的资本金水平和经济周期相匹配，有利于银行机构的安全和稳定。

再次，法案规定限制商业银行从事某些高风险业务。例如，禁止银行从事与客户服务无关的自营业务，以降低自营交易带来的潜在风险；规定银行对高风险机构和产品的投资比重不得超过一级资本的 3%。

最后，法案同时强调保留和加强商业银行与商业公司之间的防火墙（即从事不同金融服务的关联机构之间的信息流通、人事安排、业务联营以及资金融通的禁止或限制性制度）。因为两者会造成利益冲突、风险传递、经济势力垄断和监管的困难。银行与商业公司间的防火墙还能更好地维护联邦存款保险制度，同时防止联邦存款保险补贴向非存款银行附属机构输送，从而更好地解决银行机构内部存在的利益冲突问题。

（3）实行"沃克尔法则"，加强对银行和互助储蓄机构的监管

美国金融监管改革中一个重要的内容，即引入了所谓"沃尔克法则"（Volker Rule），限制大型金融机构的自营交易业务。该法则把投资银行业务与商业银行业务分离，从根本上限制金融机构的规模和风险敞口。根据这一法则，银行仅可将规模不超过 3% 的一级资本投资于对冲基金或私募基金，有关投资占对冲基金或私募基金资本的比例应低于 3%，并禁止银行对所投资的基金进行救助。受美联储监管的非银行金融机构也被限制进行自营交易和对冲基金及私募基金的投资。除了限制金融机构的自营业务之外，《多德－弗兰克法案》还特别加强了对于金融衍生品交易的监管。法案规定银行可以保留利率掉期、外汇掉期、黄金和白银等掉期交易业务，用于对冲自身业务风险，但要求把涉及农产品、未明确大宗商品、能源及多数金属的、股票相关的调换和非标准化衍生合约掉期交易业务剥离至关联公司，并相应增加资本，要求银行进行非统投资等级证券信用违约掉期（CDS）等掉期产品的剥离等。

此外，在美国金融监管改革中对于资产证券化业务，要求对

贷款进行打包的银行必须把其中 5% 的信贷风险保留在银行的资产负债表中。而对于抵押贷款业务，法案要求设立新的住房抵押贷款国家最低承贷标准，要求银行在放贷时对借款人收入、信用记录及工作状况进行查证，确保借款人具备偿还房贷的能力，并禁止银行向引导借款人借入高息贷款的经纪人支付佣金，禁止银行对提前偿还贷款进行惩罚；同时，对存款保险进行改革，将银行、储蓄机构和信用联社的存款保险永久性地增加到 25 万美元，要回溯至 2008 年 1 月 1 日；提高从衍生品交易到银行贷款限额的信用风险，以限制贷款额度；增强对控股公司子公司的监管，当非银行子公司所从事的活动与银行子公司一样时（如按揭贷款），美联储要以与检查银行同样的方法和过程检查非银行子公司；引入中介控股公司，即允许控制有特权的单一储蓄控股公司的企业通过中介控股公司更好地监管其金融活动，而不是其商业活动；废除银行支付活期存款利息的禁令，并通过禁止银行转换特许经营证以逃避执法行动（除非旧的监管机构和新的监管机构都不会反对），以消除监管套利机会。

（4）化解金融机构"大而不能倒"的风险

为防止雷曼兄弟和美国国际集团危机的重演，《多德-弗兰克法案》赋予政府在紧急情况下接管即将倒闭的大型金融机构的权力。政府有权拆分出售大型金融机构的资产，但必须在财政部、联邦存款保险公司和联邦储备委员会三方全部同意的情况下，才能将大型机构置于清算破产程序。清算费用由金融公司而非纳税人承担，纳税人将不承担大型金融公司的费用。联邦存款保险公司只可借用一定数额的资金来清算公司，而这笔资金预计要从被清算公司的资产中偿还。未能从公司资产出售获得偿还的资产将首先通过追回对债权人的支付超出清算价值的那部分来得到偿还，再通过对大型金融公司的估价获得偿还。法案规定对这些具有系统重要性的金融机构实行更严格的资本和杠杆要求，防止美国纳税人继续为大型金融公司的紧急救援买单。

如果某金融机构被接收，财政部应该在 24 小时内向国会汇报，60 天内向公众公布。在银行陷入危机的情形下，联邦存款保险公司确定该银行破产会对金融稳定产生威胁时，为防止银行破产，在获得联邦储备委员会 2/3 成员的同意后，联邦存款保险公司可以对银行的债务提供担保，且担保条款必须获得财政部的通过。原来的法案规定向银行征收 190 亿美元的费用来抵消制定金融监管改革法案成本的方案。为了使金融监管改革方案获得通过，该条款改为责令大型金融机构提前做出自己的风险拨备，以防止金融机构倒闭再度拖累纳税人救助。

（5）加强对金融消费者的保护，成立消费者金融保护局

在美联储下设一个独立的消费者金融保护机构——消费者金融保护局（简称 CFPB），确保消费者能够及时得到关于抵押贷款、信用卡和其他金融产品的准确信息，杜绝隐藏费用、掠夺性条款和欺骗性的做法。消费者金融保护局具有独立的人事权，即由总统任命并由参议院确认的独立董事负责；有独立预算，由美联储向其支付专用预算；拥有独立制定规则的权力，监管所有为消费者提供金融服务或产品的银行或非银行金融机构。消费者金融保护局有权对资产超过 100 亿美元的银行和信贷机构、大型非银行金融机构以及所有与抵押贷款有关的业务进行检查，并制定规则，资产低于 100 亿美元的机构将由银行监管者监管。消费者保护局将加强联邦和州关于消费者保护的法律，确保个人和机构公正、平等和非歧视地得到信贷。消费者金融保护局的成立结束了消费者保护责任由多个机构共同承担，出现问题却又无人承担责任的情况，明确了消费者保护的责任。同时，法案强调应加强消费者金融保护局与银行监管者的合作，以防止出现不必要的监管负担，在提出相关法规之前应该与监管机构进行协商，如果监管机构认为这些法规将给银行系统的安全或者金融系统的稳定带

来风险，可以对法规提出反对意见。

（6）建立薪酬机制的监管机制

危机表明，商业银行薪酬激励机制严重扭曲，主要体现在 3 个方面：一是薪酬治理存在利益冲突，薪酬政策很大程度上体现了高层的意图；二是薪酬水平取决于当期业务收入和利润，未反映银行实际承担的风险；三是薪酬发放的时间跨度与风险存续期严重不一致，形成事实上的单向激励。扭曲的薪酬机制严重违背了银行"经营风险"的本质特征，诱发了银行家的贪婪动机，导致其过度追求自身利益，最终形成银行家拿钱、政府和纳税人承担风险的局面。

因此，美国监管机构于 2009 年 2 月 4 日公布了高管薪酬限令，即接受政府援助的银行高管年薪不得超过 50 万美元，任何额外补贴均以限制性股票的形式发放，高管的薪酬由股东大会投票决定。《2009 年华尔街改革与消费者保护法》要求美国银行业监管机构、证券业监管机构和美国联邦金融局管辖的各大金融机构统一执行稳健的薪酬激励制度。同时，基于金融稳定理事会（FSB）2009 年 4 月发布的《稳健薪酬准则》及其后发布的一系列执行标准，美联储于 2009 年 10 月发布了《薪酬激励指引》征求意见稿，并先后举行了两场听证会讨论这一问题。然而，高管薪酬问题属于公司内部治理问题，针对这一问题美国国内存在较大的争议。根据市场有效自我调节理论，银行董事会应享有激励约束机制的决定权，股东大会根据银行的经营业绩来决定高管的薪酬。作为外部监管机构，只能将公司治理与银行风险相挂钩。

（7）完善国际监管标准，加强国际监管合作

金融危机引发了国际社会对美国不合时宜的金融体系改革的批评，也成为各国加强金融监管合作的机遇。作为对外界质疑的回应，美国在金融监管改革方案中要求提高金融监管标准，加强国际金融组织对全球金融市场的联合监管，并表达出愿意与世界

主要国家之间实行监管合作的立场。2009年美国众议院通过的改革方案建议巴塞尔银行监管委员（BCBS）继续修改和完善新巴塞尔协议，并于2009年年底之前细化交易账户和证券化产品的风险权重，引进补充性杠杆比率，完善对资本的界定。同时敦促巴塞尔银行监管委员会深入评估新巴塞尔协议框架，采取逆周期性的资本充足要求，即要求银行金融机构在经济增长时期建立资本缓冲机制（Capital Buffer），以应对经济萧条时资本缓冲之需。该方案呼吁各国当局提高相关标准，增强对信贷衍生产品和其他场外衍生交易产品的监管，遵从G20峰会的承诺，通过运用中央清算对手（Central Counterparties）来改进监管，并通过国际协调与合作促进这些目标的实现。

改革方案还建议各国当局积极落实G20峰会达成的关于跨境危机管理的若干原则，通过建立监管联盟，加强国际金融机构的监管合作。改革法案建议在2009年底之前完成金融稳定委员会（Financial Stability Board，FSB）的重组。金融稳定委员会的成员包括G20所有的成员国，主要职责包括关注金融市场风险、加强成员国监管部门之间的合作与信息共享，促进全球金融稳定等。通过重组使其具有的新职能制度化，积极履行工作职责。此外，法案还建议巴塞尔银行监管委员会采取措施，提高金融机构流动性风险管理的标准，建议金融稳定委员会和国际清算银行及其他标准制定者一起开发宏观审慎工具。

5.1.6　对美国银行监管改革的评价

此次金融危机重创了美国的金融体系，动摇了其在全球金融体系中的地位，进而引发了一系列的金融监管改革方案，旨在弥补监管漏洞，维持金融服务业在美国经济结构中的支柱地位，维护美国金融体系竞争力和在全球的主导地位。

一方面，美国银行监管改革方案包含两项最重要的建议：一是建立一个专门机构，负责统一监管具有系统重要性的银行机构和具有系统重要性的支付和清算系统及活动；二是授权政府接管那些可能对经济体系造成系统性风险但并未受美国联邦存款保险公司（FDIC）监管的非银行金融机构。这将使美国对系统性风险监管的范围覆盖到包括银行、控股公司、经济交易商的母公司、保险公司、期货交易商以及任何对经济安全造成系统性风险的金融机构。如果系统性风险得到实质性改进，那么对于任何监管改革的测试就是看能否实现这一目标，而不仅仅看补充措施是否有用。

另一方面，改革方案并未对金融监管体系做出根本性变革。市场主导原则和自由发展的环境仍是美国金融体系运行的基础，"双层多头"的伞形监管框架、混业经营与分业监管背离的事实并没有发生根本性改变，监管机构之间的协调仍将是美国监管体系面临的巨大挑战；并且，改革方案多是原则性的，并未指出应该怎样做，许多问题缺乏可操作性。各项监管措施具体实施细则尚待制定，最终落实还需要一段时间，使得法案的落实存在变数。历史表明，改革的机会往往都是很短暂的。改革动力容易失去，时局好转时又太容易让人自满。如果不希望金融危机重演，就不能只总结危机带来的教训，更要研究制定应对危机而必须采取的方案。

5.2　英国银行监管体制及其改革发展

英国是老牌资本主义国家，它对银行业的监管与其资本主义发展史一样久远。英国与美国有着不一样的历史与传统，所以在发展过程中也形成了具有英国自己特色的银行业监管体系，这也为其他国家的银行监管提供了一定的借鉴。

5.2.1　危机前的英国银行业监管体制

早在 1694 年以英格兰银行建立为标志，英国就开始了缓慢的金融监管体制的发展过程，对于银行监管有其独特的一套方式。英国银行的监管以英格兰银行为中心，是单一集中式的监管体制。英格兰银行作为英国的中央银行，是银行业监督管理的核心机构，在对商业银行进行监管的过程中发挥着重要作用。

（1）20 世纪 70 年代以前以行业自律为主，央行监管为辅

20 世纪 70 年代以前，英国传统的银行监管以银行自律为主，英格兰银行监管为辅，其监管主要依靠监管者与被监管者之间的相互信任与合作，非法定监管。

（2）20 世纪 70 年代后正式开始中央银行监管模式

随着金融交易范围的扩大，金融市场日益活跃，以及银行间竞争的加剧，这种放任式的银行监管模式开始不断暴露出弊端。20 世纪 70 年代，大量的英国二级银行（小银行）发生挤兑危机，波及核心银行（又称存款银行），史称"二级银行危机"。这次危机迫使英国政府改变立场，最终导致《1979 年银行法》的出台。该法案是英国银行监管法制化的首次尝试，英格兰银行在法律上被正式赋予银行监管的权力，同时将监管范围扩大到二级银行。这样就形成了实行不同监管措施的两级监管机构。但这并没有从根本上改变英格兰银行传统的监管方式，英格兰银行仍然具有很大的自主性。

（3）20 世纪 80 年代加强中央银行监管模式

20 世纪 80 年代，人们开始质疑《1979 年银行法》，其原因在于根据该法形成的两级监管机构的存在，使得存款银行与二级银行受到的监管程度却是天壤之别。《1979 年银行法》对存款银行的监管主要基于双方的信任与合作，相对宽松，但这种监管模式却导致了"JMC 银行危机事件"，即因 JMC 银行是存款银行，所以延缓了英格兰银行应对该危机的时机。这次危机促使了

《1987 年银行法》的出台。该法案取消了原有的两级银行区分，将其统一称为被授权机构，银行无论大小均接受严格的监管；明确禁止非授权机构接受全款；英格兰银行具有监督的权力等。《1987 年银行法》确立了英国金融监管的法律框架，标志着英国金融监管进入规范化和法制化的轨道。

（4）1997 年设立全能监管机构——金融服务局

20 世纪 80 年代以后，随着金融全球化的发展，混业经营盛行，国际、国内金融竞争加剧。由于英国金融监管体制没有跟上银行业综合化发展步伐，导致 1995 年英国巴林银行因其新加坡子公司在经营期货交易中的巨额亏损而破产，从而暴露出英国金融监管体系存在的问题，最终迫使英国政府于 1997 年 5 月提出了金融监管体制的改革方案，剥离英格兰银行的银行监管职能，将银行业监管与投资服务业监管并入新成立的全能金融监管机构——金融服务局（FSA）。金融服务局是英国金融改革的一次重大举措，它结束了英国金融业分业监管的历史，其单独承担了英国全部金融市场和金融机构的监管业务。

由此，英国形成了由财政部、英格兰银行、金融服务局三方合作的监管机制。财政部负责确立监管框架与金融立法；英格兰银行主要负责金融货币体系的整体稳定和金融基础设施的发展与完善；金融服务局独立统一实施对金融体系的全面监管。为减轻被监管对象的负担，提高监管资源的利用效率，在三者之间存在着密切的合作，包括设立一个由三方代表组成的常务委员会，负责协调和商量重大、紧急或相关事宜；规定人员在彼此机构中的职责并建立一定的沟通渠道以解决互通信息问题，充分发挥各个机构的优势，避免出现监管摩擦。

5.2.2　英国银行监管的特点

英国作为古老的金融帝国，在银行业监管方面独具特色。非正式监管体系、弹性原则、谨慎原则和理性质化监督，构成了英国银行业监管的主要风格。

（1）坚持非正式监管

以"习惯法"为主，充分体现了英国人自重自律，不需要强制性的命令或规定禁止的行为方式。这种哲学思想在英国银行业监管风格上体现得淋漓尽致。在很长的一段时间里，英格兰银行作为中央银行对金融机构的监管没有一套正规的监管制度，甚至很少对金融机构进行现场检查，发现问题后一般是通过"道义劝告"和"君子协定"等方式解决。当发现某家银行在经营管理方面存在不妥时，英格兰银行通常是向该银行发出一封较为正式的信函，要求其规范自己的业务活动。这种信函本身不具备法律约束力，却在执行过程中一直能取得良好的效果。这种监管方式直至《1979 年银行法》颁布后才有所改观，英格兰银行在法律上被正式赋予银行监管的权力。

（2）实行弹性监管

英格兰银行对商业银行的监管并不实行统一标准，而是根据每家银行的性质，制定不同的监管标准、监管政策，采取不同的监管方式，这就使得资本充足率、流动性比率等标准"因行而异"，并且违反不同的标准，处理的方式也不同。违反行为较轻者，英格兰银行给予提醒；情况严重者，则要警告，甚至采取法律行动。

（3）遵从谨慎原则

谨慎原则表现为谨慎经营和谨慎监管两个方面。英格兰银行给各类型银行设立了谨慎经营的标准，比如资本充足率、流动性缺口标准、大额风险限额等，并要求银行提交有关资本充足性、流动性、大额风险、资产负债、收益的报告，搜集全面可靠的信息并进行彻底分析。在谨慎标准受到侵害或消费者（存款者）利益受到威胁时，英格兰银行有权随时限制或取消关闭授权机构及其某些业务活动。英格兰银行谨慎监管原则与 20 世纪 80 年代国际银行业谨慎监管原则的发展趋势是相适应的。

（4）实行理性质化监督

与美国理性量化的监管方式相比，英格兰银行对商业银行实行理性质化的监督。理性质化监督的含义就是在合理合法的基础上，注重对银行授权标准、银行管理层素质和银行业务风险性质的监督。这种理性质化的标准往往受到监督者主观判断和分析的影响，有失公允。理性质化的监督在英国银行授权标准谨慎监督上表现得尤为突出。

5.2.3 金融危机后英国银行监管改革的原因

次贷危机爆发后不久，英国抵押贷款银行北岩银行在金融危机的冲击下发生了严重的挤兑现象。英国政府立即展开救市行动，向北岩银行提供了 250 亿英镑的紧急贷款，并且积极为北岩银行寻找买家，但结果并不理想，最终北岩银行于 2010 年被英国政府国有化。此后，苏格兰银行、莱斯银行与哈利法克斯银行获得了来自英国政府 370 亿英镑的援助，英国政府同时成为其股东。在这次危机中，英国政府拯救金融业的规模之大前所未有，其做法包括收购被冻结的资产、直接注资、向英格兰银行提供流通资金等。据世界银行的数据显示，英国政府提供了巨额资金来拯救面临危机的金融行业，救市金额高于任何经济实体，由此可见英国在这次危机中损失惨重。

在这次全球金融危机中，英国金融监管的内部缺陷也暴露无遗，英国政府一味采取救市行动，并未从根本上防范金融系统风险，这表明英国监管当局出现了重大战略失误，其在监管中的不足之处主要有以下几方面。

首先，英国金融服务局（FSA）的监管权力过大，监管范围包括金融市场的各个方面，上到大型投资银行，小到理财顾问都受到 FSA 不同程度的监管。监管权力的过度集中是此次危机中暴露出的最大问题。因为 FSA 在监管过程中往往忽视宏观监管，没能很好地防范金融系统风险。虽然 FSA 注重微观监管，但是微观审慎监管也存在着明显的缺陷。FSA 不了解监管对象的运营模式，导致风险预警迟滞。此次席卷全球的金融危机表明，由金融服务局一个监管机构履行监管职责是不科学的，在防范系统性风险中不能起到良好的效果。

其次，英格兰银行承担着稳定整个金融市场的职责，但在监管过程中，英格兰银行却因为没有被赋予相应的管理工具，不能很好地履行法律赋予它的权利和义务，从而导致英国政府在面临危机冲击时，不能及时做出正确的决定。

最后，虽然英国金融体系的监管法律和机制由财政部负责制定，但却没有明确规定财政部在危机中应当履行的职责。危机暴露出的另一个问题就是英国金融监管部门没有一个对金融市场和金融系统实施整体监管的机构，存在严重的宏观监管漏洞。

因此，英国金融监管改革势在必行，以解决监管体系内的一些根本性问题，包括保持微观与宏观审慎监管的平衡问题，提高对系统性风险的监管和明确监管当局在危机银行处置中的权限和程序等问题。

5.2.4　危机后英国银行监管体制改革主要内容分析

全球金融危机不仅令英国金融业遭受重创，也使其引以为豪的金融监管陷入信任危机，饱受社会的质疑和批评。2009 年 7 月，英国财政部发布了《改革金融市场》白皮书，提出了金融监管改革的计划和方案。白皮书的主要内容包括改革监管机构、培育竞争市场、控制系统性风险、增强消费者保护以及加强国际层面监管合作。白皮书将金融危机主要归因于银行不负责任的经营活动而非监管体制的失败，因此其改革方案全面维护既有的三方监管体制（英格兰银行、金融服务局和财政部），重点放在建立正式合作机制和扩大金融服务局（Financial Services Authority, FSA）职权上。2010 年 4 月，英国议会紧急通过了《2010 年金融服务法》，对作为 FSA 权力来源和运行基础的《2000 年金融服务和市场法》（Financial Services and Markets Act 2000, FSMA 2000）进行了修改和补充，将白皮书中的若干内容以立法的形式确立下来。

保守党影子财政大臣奥斯本在 2009 年 7 月针锋相对地发布了影子白皮书《从危机到信心：稳健银行业的计划》，提出对金融监管体制进行更为彻底的改革，废除三方监管体制，赋予英格兰银行维护金融稳定和对所有银行及其他金融机构进行审慎监管的全面职责，强化宏观审慎监管；撤销 FSA，代之以全新的消费者保护局，负责金融消费者的保护工作。在此基础上，2010 年 7 月，英国政府发布了《金融监管新方法：判断、焦点与稳定》征求意见稿，启动了公开咨询程序。2011 年 2 月，英国政府发布了新的征求意见稿《金融监管新方法：建立更强大的系统》（以下简称《2011 年方案》），提出了更加详细和具体的改革方案。2011 年 6 月 16 日，英国政府正式发布了包括《2012 年金融服务法草案》在内的《金融监管新方法：改革蓝图》白皮书，全面阐述了政府的监管改革设想。2012 年 1 月 26 日，该草案正式提交议会。英国政府的目标是让该法案在 2012 年年底前获得最终批准，新的监管体制于 2013 年初开始运作。

5.2.4.1 英国银行监管改革目标

金融危机给英国经济带来了严重的冲击，英国政府也认识到推进金融监管体制改革的重要性。虽然从大的方面来说，此次金融监管改革的目标仍然可以归纳为三大目标，即确保银行监管改革既适合银行自身发展，又保证整个金融行业的稳定与健康发展；保证银行业公平竞争的环境；维护投资者的合法权益。

但是，在经历金融危机后，此次英国银行监管改革目标更加具有针对性：一是通过提供公开、有竞争力和有效的解决办法，确保银行能够满足企业和家庭需要；二是在危机中增强企业和消费者的信心，以维护金融市场的稳定；三是确保实施金融业的全面改革，降低经营不善的可能性；四是提供有效的金融机构破产解决办法，特别是银行的破产，使其破产危害降到最低。

5.2.4.2 危机后英国银行监管改革的措施和主要内容

在英国的一系列金融监管改革方案中，《2009 年银行法》《改革金融市场（2009）》以及卡梅伦政府的《金融监管新方法（2011）》最能体现出英国银行监管改革的主要内容。综合这几项法律，英国银行监管改革的措施主要有以下几点。

（1）改革监管框架，构架"准双峰"金融监管体系

英国金融监管体制改革赋予英格兰银行在维护金融稳定中的核心地位。《改革金融市场（2009）》白皮书提议成立金融稳定理事会（CFS），以取代财政部、英格兰银行和金融服务局于 2006 年 3 月设立的"三方常务委员会"。而《2009 年银行法》明确规定了英格兰银行作为中央银行在金融稳定中的法定职责，并强化了相关的金融稳定政策工具和权限。该法案要求在英格兰银行理事会下面成立金融稳定委员会（FSC），其职责是判断金融风险的性质，关注金融风险的形成和发展，制定和实施金融稳定战略。

卡梅伦政府的《金融监管新方法（2011）》白皮书提出用"准双峰"模式取代原有的三方监管体制，主张由英格兰银行负责维护和增强金融系统稳定性。具体来说，在英格兰银行下设金融政策委员会（FPC），负责监控和应对系统性风险，实施宏观审慎监管，并通过立法撤销金融稳定委员会；新设审慎监管局（PRA），作为英格兰银行的子公司，负责对各类金融机构进行审慎监管；新设金融行为监管局（FCA），负责监管各类金融机构的业务行为，促进金融市场竞争，保护消费者权益。按照这一思路，FSA 将被撤销，其审慎监管职能和行为监管职能将分别由新设立的审慎监管局和金融行为监

管局承继，而后两者在宏观审慎监管方面都将接受金融政策委员会的指导。在人员构成上，审慎监管局主席由英格兰银行行长担任，主管审慎监管的副行长担任总裁，并且设立管治机构（Governing Body）。管治机构的成员包括主席、总裁、主管金融稳定的英格兰银行副行长、金融行为监管局总裁以及其他成员。金融行为监管局也必须设立管治机构，成员必须包括由财政部任命的主席、总裁、英格兰银行负责审慎监管的副行长以及国务大臣和财政部共同任命的两名成员。这就事实上形成了由英格兰银行负责的"准双峰"金融监管体系，如图5-3所示。

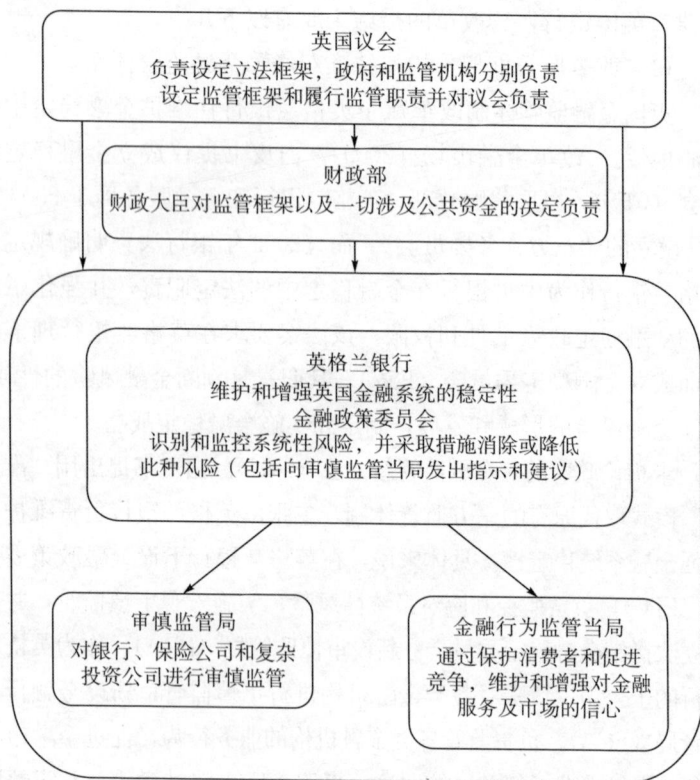

图5-3　2011年白皮书构建的金融监管新体系

（2）强调中央银行在宏观审慎监管中的作用

在改革后的银行监管框架中，英国兰银行的监管地位明显加强。一直以来，英格兰银行的主要职能是制定货币政策，维护英镑币值稳定，这导致了银行业务监管不严。特别当市场繁荣时，银行资本流动性加快与货币政策产生冲突时，这一问题显得更为突出。金融危机给英国带来了空前的损失，英国政府反思危机前的监管理念，提出加强英格兰银行在宏观审慎监管体系中的地位，同时也明确了英格兰银行的监管范围。

①加强英格兰银行防范系统性风险实施宏观审慎监管的权力。

《2009 年银行法》赋予英格兰银行保障金融稳定的新的政策工具，如授权英格兰银行对银行支付系统进行监控的职权以及对问题银行的流动性支持等措施；赋予英格兰银行在政策操作中更大的灵活性，如在流行性支持时可采取非公开的方式秘密进行等。

卡梅伦政府则主张在英格兰银行下新设立金融政策委员会（FPC）负责宏观审慎监管。该委员会的主要职责包括监测整个金融系统，识别并化解系统性风险，向国会和公众披露监管信息。FPC 于 2011 年 2 月 17 日临时成立，负责在相关法律实施前的过渡时期内执行宏观审慎监管职能。过渡期内 FPC 的职责有：一是识别和监测系统性风险，以维护英国金融体系的稳定；二是对于金融体系出现的系统性风险苗头向有关监管机构提出风险处置的建议；三是向财政部就潜在的宏观审慎工具提供分析报告和建议；四是发布《金融稳定报告》，通报其已经识别的风险及采取或建议采取的应对措施。

为确保金融政策委员会（FPC）职责的履行符合宏观审慎原则，英国政府拟为其提供 6 种专门的宏观审慎工具，包括反周期资本要求、可变风险权重的资本要求、前瞻性损失准备、杠杆限制、抵押品要求及信贷金融控制和储备要求等。

②在英格兰银行下设新审慎监管局（PRA），实施对金融机构的审慎监管。

新的审慎监管局（PRA）将拥有 FSA 的部分职能，负责对存款机构、保险公司及可能会给金融稳定带来重大风险的金融机构实施监管。PRA 的首要职责是通过促进被监管对象的安全、稳定与审慎经营，确保英国金融体系的稳定。为达到这一目标，PRA 需要通过实施监管以确保金融机构的经营不会给金融体系带来不利影响，并将经营失败的金融机构对整个金融体系的负面影响降到最低。PRA 履行的职能主要包括制定并实施有关银行等金融机构承受能力的政策和规则（如资本流动性和杠杆率）、评估银行等机构的经营活动并做出适当干预、制定和实施解决问题的政策和机制。通过实施监督，以确保所有金融机构都不逾越监管规则的底线，并能充分披露信息，使市场对其风险和收益做出判断。

（3）加强系统性风险监管

系统性风险管理的目标是：抑制金融系统中会放大经济繁荣的过度信贷扩张和风险承担；提高银行体系抗冲击能力，防止放大经济下滑效应；提高金融机构操作透明度，加强贷款损失准备金的会计确认等措施。英国政府将寻求其他国家的监管者做出同样的行动，进而改善系统重要性批发金融市场的营运。一是改善证券市场。2009 年 2 月发布的新住房抵押贷款支持证券（RMBS）原则，要求参与资产支持证券担保计划的机构严格按照国际最佳做法进行信息披露和持续报告。二是改善衍生工具市场。英国政府要求欧洲清算指引将中央银行清算所（CCPs）纳入欧洲立法框架。英国政府认为标准化、流动性、价格透明的衍生工具应通过 CCPs 清算，并建议不适用 CCPs 清算的衍生工具市场，应通过双边担保及风险相匹配的资本要求来缓解交易对手风险；建议不通过 CCPs 清算的衍生工具交易应向交易数据库提供交易的详细资料，监管机构可获得该交易数据库的资料。三是加强不同金融体系间系统性风险的检测、评估，必要时采取措施予以缓解。英国政府考虑是否授予英格兰银行等金融监管机构更多的信息搜集权力，以便与其维护金融稳定的职责相匹配。

（4）明确监管当局在危机银行处置中的权限和程序

在危机发生后，监管当局缺乏行之有效的手段对失败的金融机构进行处置和防止风险扩散。为了解决这一问题，《金融监管新方法（2011）》白皮书对《2000 年金融服务与市场法》做了大量修改，完善了金融服务赔偿计划（Financial Services Compensation，FSCS），设立了特别决议机制（Special Resolution Regime，SRR），规定了危机中银行出现问题的解决办法。

首先，完善金融服务赔偿计划。英国政府希望当银行业出现危机时，由 FSCS 作为其他成员国存款保证计划在英国的唯一联系点和英国金融消费者的代理人，负责将其他国家的赔偿支付给本国消费者。

其次，建立特别决议机制干预处置问题银行。根据《2009年银行法》建立了特别决议机制（SRR），由财政部、英格兰银行和金融服务局三大机构分别承担不同的职责，共同协调对问题银行的应对措施。在这一监管框架中，首先由金融服务局确定是否对问题银行启动特别处理机制。作为监管部门，金融服务局通过对问题银行具体情况是否满足基本监管标准进行评估来确定，评估过程同时要听取英格兰银行和财政部的意见。一旦 SRR 启动后，则由英格兰银行负责对问题银行的整个处理程序，并协调财政部、金融服务局以及金融服务保险计划公司采取流动性支持等相应的具体措施。在处理进程中，涉及公共基金、国际债务以及国有股份等业务时，则需要财政部的批准。为了避免金融监管中的冲突，金融服务局不对机制中具体问题的处理承担责任。

SRR 的操作方式有 3 种。一是私人部门并购，即把问题银行的全部或部分业务转让给其他私人企业；二是引入过桥银行，即由英格兰银行设立一家全资拥有的公司（过桥银行），将问题银行的全部或部分业务转让给该公司；三是暂时国有化，由财政部指定的公司或者全资拥有的公司接收问题银行的业务。《金融监管新方法（2011）》白皮书规定：涉及公共基金的决策由财政大臣负责，而英格兰银行则负责及时向财政大臣提供所需的信息。

最后，与美国制定专门的破产法不同，英国没有制定专门的银行破产法。为了更有效地处置陷入破产境地的危机银行，《2009 年银行法》还建立了整套的银行破产程序，规定了银行破产的基本条件。同时，银行的破产只能由英格兰银行、金融服务局和财政部提出，按照《1986 年破产法》的有关规定向法院提出申请，并同时提出具体的清算人。在法院决定破产银行的清算人后，建立由英格兰银行、金融服务局、财政部以及债权人代表、存款保险机构代表组成的清算委员会，负责银行破产中的相关事务处理。

（5）保护金融消费者利益

金融危机不可避免地会削弱金融体系的功能，使得消费者尤其是个人和小企业无法得到所需的金融服务。这种状况不仅会伤害金融消费者的利益，也损害了他们对金融市场的信心。为加强消费者保护，确保消费者赔偿迅速、有效，英国政府认为可以采取更多措施来提升银行投诉处理标准，降低金融舞弊调查服务部（FOS）案例数量。通过使用投诉系统来识别问题并降低问题蔓延程度。在普遍投诉情况下，允许消费者采取集体行动以获取赔偿。为确保存款人保护和赔偿，英国政府和 FSA 将采取进一步措施制定赔偿协议，包括采取总额而非净 FSCS 支付；引入强制性的"单一消费者审查"以确保能确切和持续了解消费者总体情况；简化申请者的资格标准；加强与银行客户关于赔偿协议的沟通；提供保护措施，以实现高于存款赔偿限额的临时性平衡。布朗政府在《改革金融市场 (2009)》白皮书中，提议建立一个专门的消费者与市场管理局 (CPMA) 以强化金融服务，提高市场信心。新成立的消费者与市场管理局 (CPMA) 将承担起 FSA 对相关金融机构经营行为监管的责任，以及对金融舞弊调查局、消费者金融教育机构以及金融服务补偿计划等方面的独立监督。同时，CPMA 内部的一个部门将监管金融市场批发市场的经营行为及市场基础设施的各个组成部分（如投资交易所等）。此外，CPMA 市场部门还将作为英国代表参与欧洲证券与市场管理局的事务。

卡梅伦政府在《金融监管新方法 (2011)》白皮书中提议将 CPMA 改名为金融行为准则局 (FCA)，以部分取代 FSA 履行保护金融消费者的职能。该白皮书提出 FCA 的唯一战略目标是保护和增强公众对英国金融系统的信心，并通过 3 个操作来实现战略目标：一是确保对消费者的适当保护；二是保护和增强英国金融体系的诚信；三是促进效率和对金融市场上的某类服务的选择。2011 年白皮书规定，FCA 在履行职能时还必须致力于促进市场竞争。此外，原来由 FSA 承担的对投资交易所的认可权和监管权及对上市公司的监管权也移交给 FCA。

(6) 改善监管部门之间的协调

在卡梅伦政府设计的金融监管体系架构中包括金融政策委员会、审慎监管局和金融行为准则局，并出现了多头监管、监管重叠问题。因此，加强监管部门之间的协调与合作就显得尤为重要。新金融监管法草案规定金融机构之间的协调是这些机构的法定职责。

①FPC 与 PRA 和 FCA 之间的协调。

金融政策委员会 (FPC) 与审慎监管局 (PRA) 和金融行为准则局 (FCA) 之间的协调主要体现在有关金融稳定的信息、

建议和专业知识的双向交流方面。FPC 需要充分了解 PRA 和 FCA 在各自监管领域内可能影响整个金融体系稳定的任何新情况及这两个监管机构对这些情况严重性的评估；反过来，FPC 可以就事关整个金融体系稳定的所有问题向 PRA 和 FCA 提供建议和专业知识，并根据需要向两家机构发出具有约束力的指示或具有准约束力的"或遵行或解释"的建议。

此外，FPC 还充当了 PRA 和 FCA 的仲裁员。当两家微观监管机构就某一特定事项产生争议且无法通过协商加以解决时，如果该事项有关金融系统的稳定，则双方可征求 FPC 的意见，FPC 应给出结论性的建议。

②PRA 与 FCA 之间的协调。

由于银行、保险和一些具有系统重要性的投资公司由 PRA 和 FCA 进行双重监管，这就存在监管重叠问题，法律赋予了 PRA "牵头监管"的职责。对于 FCA 所采取的可能会导致金融机构无序失败或带来较大范围内金融体系不稳定的监管行动，法律赋予了 PRA 否决权。PRA 和 FCA 在履行各自监管职能时如果会给对方的监管目标造成重大不利影响，则需要与对方协商。

③英格兰银行与 PRA 和 FCA 之间的协调。

英格兰银行与 FCA 的协调集中体现在对认可清算所的监管上，包括交易平台之间的连接问题、对清算所集团的监管、英国在欧洲证券与市场监管局中的代表权问题及中央对手方认可清算所有关的任何业务行为问题。PRA 无论从地位（英格兰银行的子公司）还是职能（审慎监管）看，都与英格兰银行关系更为密切，因此包括信息共享在内的协调义务和机制也更为具体明确。英国政府希望英格兰银行和 PRA 之间建立起持续、密切的工作关系，使得有关金融稳定的信息在两者之间自由共享。例如，PRA 向英格兰银行提供关于具体企业风险的信息，以便 FPC 对整个金融部门的风险进行分析。反过来，英格兰银行向 PRA 提供关于风险整体水平的详细信息，帮助后者对单个企业进行分析。

（7）强化国际和欧洲监管合作

作为全球金融中心之一，英国的金融风险既有来源于本国的，也又来源于外部的。在经济全球化的背景下，必须确保金融企业和金融市场能在跨国界的范围内运转。对于外部输入的金融风险，单纯地依靠本国的监管机构来进行防范效果十分有限。在这种国际金融联系日益密切的情况下，各国的金融稳定均面临着不同程度的挑战。为了维护本国金融体系的稳定和健康发展，加强国际合作成为各国的必然选择，这也使得金融监管国际化的趋势越来越明显。

英国政府认为强化国际金融监管合作尤为重要，并提出了具体的措施。第一，呼吁通过建立统一的全球金融监管标准和监管标准措施来提高各国金融监管的水平，防范监管套利所带来的金融风险。第二，英国应迅速采取措施加强监管，并与欧洲理事会做出的决议保持一致。加强世界各国金融监管的稳健性，英国将加强与国际伙伴的沟通与联系，确保各方能及时有效地执行金融改革建议，确保欧洲金融一体化的快速发展。第三，加强国际金融监管架构的建设，健全金融稳定委员会（FSB），FSB 必须保证充分独立且资源充沛，以实施对金融稳定性的国际监测，向各国政府和监管当局提供可靠的建议，更有效地在世界范围内防范潜在的金融风险。第四，扩大金融评估计划（FSAP）。英国作为承诺实施 IMF 和世界银行对 FASP 进行审查的首批国家之一，将鼓励其他还未参加 FSAP 计划的国家积极参与，以共同推进该项计划。第五，推动制定国际标准和措施。新的国际监管框架将向国际社会明确展示最佳的国际审慎监管做法和监管标准。英国将推动 FSB 和 IMF 制定需要遵循的国际标准和一系列措施，推动非合作区域坚持审慎标准和参与合作。第六，加强跨境监管合作，其中的一项重要内容是国际金融风险预警系统建设。第七，通过国际合作处理跨国金融机构的危机。

5.2.5 危机后英国银行监管改革评价

危机后英国银行进行的一系列监管改革措施具有以下几方面的积极意义。

第一，英国政府采取的干预措施目的是稳定银行系统，避免导致政府最终持有和管理银行，以保证政府不会过度干预市场的竞争。政府的干预及监管应该是在市场失灵或者市场延伸不到的领域实施，在出现危机的时候更应加强这一认识，以保证政府的行为不会过度，为危机后金融市场的良好运行提供条件。

第二，银行改革能使私营部门得到逐步发展。私营部门能给纳税人带来更多利益，能促进竞争，保持金融稳定，而且私营部门的收益可用于降低政府债务。危机中银行收缩信贷规模使得信贷市场严重萎缩，影响了经济的发展。同时，金融业作为英国的支柱部门之一，信贷规模的收缩也严重影响了金融部门的收益，使得英国经济增长大幅下降，严重影响了政府的税收。因此，金融改革必须首先确保私营部门的发展。

第三，改革赋予消费者更大的权利，并推动了公司治理和监管。银行破产最大的损失者是银行的消费者，只有赋予消费者更大的权力，赋予消费者集体诉讼追偿损失和监管的权力，才能更好地监督银行的经营活动。

第四，银行改革能使金融部门推动经济持续繁荣。危机使得金融市场严重萎缩，金融市场支持经济的功能下降。英国银行监管改革的重要措施之一就是恢复金融市场的稳定，以推动经济持续繁荣。

英国政府通过出台法律和议案对金融危机中暴露出来的本国银行监管体系中的缺陷进行了较大幅度的改革。此次英国银行监管改革在维持原有监管体系的基础上，更加强调宏观审慎监管和微观审慎监管的有机结合。从整个金融市场的角度把握系统性风险，着重解决金融监管权限不明的问题。在监管改革中，英国政府认识到以往"风险为本""原则导向"监管理念的不足之处，意识到系统性风险对维护金融体系稳定的重要性，从而加强了宏观审慎监管。英国政府认识到中央银行的金融监管职能和货币政策职能分离对货币政策实施效果的不利影响，因而在法律层面上确定了英格兰银行在金融监管中的权力和核心地位，赋予英格兰银行实际的权力。无论是布朗政府还是卡梅伦政府的金融改革方案都强调加强监管部门之间的协调合作，明确危机处理机制和银行监管部门在危机处理中的职责，加强对金融消费者的保护。改革方案也特别强调金融监管的国际合作，尤其是欧洲范围的金融合作，以摆脱金融危机的困扰，维持伦敦的全球金融中心的地位。这些改革举措具有非常积极的意义，提高了英国银行监管的效率，为银行提供了一个更好的发展平台。

但不可否认的是，英国银行监管法案仍存在许多问题。布朗政府的金融改革方案安于现状，过于温和，很多方面都体现出工党的意志，带有一定的倾向性，使英国错失了针对本国银行监管体系进行结构性改革的大好时机，导致改革之后的英国银行监管体系保持稳定的基础并不牢固。代表保守党的卡梅伦政府上台后提出了更为激进的改革方案，但其具体的改革措施能否顺利地付诸实施也有待时间的证明。而且，过于激进的改革也会影响政策的连续性，不利于整个金融体系的稳定。从目前来看，大幅度的金融改革已经产生了一定的不良影响。第一，此次金融监管改革中要求商业银行对原有业务进行精简和改变，最直接的影响就是金融产品的减少，金融市场出现交易量下降，部分商业银行的金融人才流失，导致金融行业创新能力不足。第二，对金融业的经营状况、盈利能力、资本充足率和债务比例的要求大大高于国际标准，一方面会导致企业压力过大，信贷能力下降，另一方面会导致金融资本大量流失，一些优质的金融企业为寻求更大的利润空间可能向其他国家转移资本。这反而不利于英国经济的整体发展，更会影响英国国际金融中心的地位。这些都是英国银行监管体系中有待于进一步完善和改进的地方。

5.3 欧盟银行监管体制及其改革分析

5.3.1 欧盟银行业监管的发展

对银行业的监管大体可分为审慎性管制、对行业结构和经营类型的管制及信息披露方面的限制。欧盟由众多国家组成，各国内部对银行业的监管方式复杂多样，这对银行业的一体化构成了制度障碍。因此，欧盟的监管改革也就必然伴随着欧盟银行一体化的推进，两者相辅相成。

1973 年欧共体通过了《废除对于银行和其他金融机构自我雇用活动和自由提供服务的限制的指令》，该指令保证了一国范围内其他成员国银行与所在国银行享有等同的监管待遇，这为欧共体的银行业在其他成员国发展扫平了经营障碍。

1977 年欧共体又通过了《协调有关从事信贷机构业务的法律、法规和行政规章的指令》，即第一银行指令，这是欧盟监管协调化进程的开端。第一银行指令明确了成员国信贷机构审批及办理许可的程序和机制，提出"母国监管"原则，即任何信贷机构总部所在国的监管当局要对信贷机构在欧共体范围内的业务活动进行全面的监管。

从 20 世纪 80 年代中期开始，欧共体进入了一体化发展的加速期，欧共体各成员国开始了将欧共体层面的立法转化为国内立法的进程。在银行监管方面，欧共体理事会于 1989 年通过了

《关于协调有关从事信贷机构业务的法律、法规和行政规章以及修改 77/78 欧共体指令的第二项理事会指令》，即第二银行指令。第二银行指令以促进银行业的一体化和自由化为目标，在银行领域推行单一银行执照原则和母国控制原则。根据单一银行执照原则，任一成员国的金融机构在本国获得营业执照后均可在其他成员国设立机构从事母国批准的金融业务，其业务也主要由母国金融监管当局管理，即所谓的母国控制原则。单一银行执照原则和母国控制原则对于促进金融机构跨国经营、消除成员国间的贸易壁垒、降低监管成本、避免不同监管规则造成的不便起到了重要的作用。这是欧盟银行业相互承认的开端，对于推进银行一体化和推动银行监管的统筹具有重要意义。

1998 年 7 月 1 日，欧洲中央银行（European Central Bank，ECB）正式成立。这是欧盟层面银行监管的标志，拉开了欧盟货币政策和银行监管统合进程的序幕。

1991 年 1 月 1 日，欧洲单一货币欧元正式启动。欧盟金融一体化进入崭新的历史发展阶段。同年，欧元区成员国正式将各自的货币政策主权让渡给欧洲中央银行。但此时的欧洲中央银行并不是欧盟的金融监管机构，不直接负责联盟一级的金融监管活动，它的主要职能是制定欧元区的单一货币政策，以保证欧元区物价的稳定。欧盟此时实行是货币政策与银行监管权相分离的制度，银行监管的权力主要还是保留在各成员国内部，欧洲中央银行在银行监管方面只起到协调指导的作用。欧洲中央银行在金融监管方面的任务主要是协助有关金融监管当局加强对金融市场的监督，协调欧盟内部金融监管当局同中央银行之间的合作与交流。

另外，欧洲中央银行参与金融监管还有一个至关重要的机构，即 1998 年成立的银行监管委员会。该委员会隶属于欧洲中央银行，其职责是协助欧洲中央银行审查监管领域和金融稳定领域有关法令的执行，强化欧洲中央银行与欧盟各监管机构间的相互联系，这是基于货币政策与银行监管权限分离的情况下设置的。[①]

2000 年 3 月，欧盟理事会通过了《金融服务行动计划》，进一步加快了银行监管统一进程。《金融服务行动计划》规定建立单一批发市场，扫清金融服务提供者提供跨境服务的障碍；同时决定建立开放统一的零售市场，为消费者提供市场信息，保证金融销售的健康运行。

2001 年 4 月，欧盟理事会又通过了《信用机构重组与清算指令》。该指令进一步为信用机构的监管奠定了一体化的法律基础。该指令的出台为在整个欧盟内规范信用机构重组与清算程序、统一法律适用范围和健全现有银行风险处理制度做了铺垫，为从根本上实现"设立和提供服务自由"和金融市场一体化提供了更加有力的法律支持与保障。

5.3.2 危机前欧盟银行业监管制度和体系

5.3.2.1 母国监管为主的平行监管制度

金融危机之前，欧盟已经建立了较为完整的银行监管制度，有学者将其主要原则归纳为 5 个方面：第一，最低限度协调原则，即通过欧盟银行指令对各成员国银行监管制度的基本要素进行最低限度的协调。第二，相互承认原则，即各成员国必须相互承认对方现行银行法规的效力。第三，母国控制原则，即欧盟内任何银行及其分支机构，应该受其母国监管当局的排他性控制和监管。该原则和相互承认原则结合在一起，使银行的东道国必须承认母国监管当局的监管模式和方法，同时也要承认母国的银行

---

① 张海营. 欧盟金融监管框架浅析［J］. 河南大学学报（社会科学版），2005（5）.

监管法律，尽管该法律可能与东道国银行法律相冲突。第四，单一银行执照原则，即凡在欧盟任一成员国内获得许可的信用机构，有权在其他成员国内自由设立分行并提供经许可的服务，而无须取得东道国的另外许可或授权。第五，互惠待遇原则，即当欧盟与第三国处理银行业务关系时，只有在第三国给予欧盟国民以优惠待遇的条件下，才给予该第三国国民以相当的优惠待遇。

　　母国控制原则又称母国并表监管原则，是其中最为核心的原则；相互承认原则实际上主要是要求东道国承认母国的监管制度和监管模式；单一银行执照原则要求东道国承认母国许可的有效性；最低限度协调原则虽然要根据欧盟银行业的整体利益对母国和东道国进行协调，但由于母国在银行监管中的强势，事实上更多的是要求东道国向母国靠拢。从《1983年指令》开始到2008年金融危机之前，欧盟银行制度的一条主线就是母国并表监管制度的不断加强。如果说《1983年指令》和1989年的《第二银行指令》是欧盟并表监管制度的萌芽阶段，那么1992年欧盟出台的《并表监管指令》则是欧盟并表监管制度正式形成的标志，该指令也是欧盟并表监管制度的核心指令。其后，随着欧盟一体化的加速，欧盟对母国并表监管的权力又有所加强，逐渐形成了"强势母国并表监管"的模式。

　　"强势母国并表监管"的特点就是母国权力过大，东道国只享有少部分权利，而丧失了监管权力。母国负责银行的审慎监管、资本充足、偿付能力、日常监管等，东道国只保留与银行监管有关的货币政策的制定及在银行出现问题时提供流动性支持。例如在母行、分行及子行监管职责划分方面，就体现了强势的母国权力。母行、分行、代理处等银行机构完全属于母国并表监管的范围。母国一旦给予了某个信用机构执照或许可，则其可以在欧盟范围内自由设立分行及提供所规定的服务。东道国只保留一些辅助权利或次级权利：在分行流动性方面，东道国配合母国承担监管责任;东道国监管当局可以要求分行呈交其经营情况的报告;保留国内货币政策的权利,但不能损害单一银行执照原则;如果信用机构的分支机构的某种经营活动违反了东道国的法律(该国内法必须与欧盟的银行法或金融法不相冲突),东道国的银行监管机构可以要求该分公司终止某项经营活动。

银行子行是独立法人,需要从东道国重新获得从业许可,因此从法理上讲,东道国是其主要监管责任方。虽然《并表监管指令》第3条第8款规定,给予银行子行营业许可的国家负责对该子行实施单独监管;但第9款又指出,银行子行东道国可以和母国签署双边协议,将子行监管责任委托给其母国。2000年的《信用机构设立及其业务经营指令》及2006年的《信用机构设立及业务经营指令》对母国权力都有所扩大。例如两指令均指出,当多个信用机构处于同一管理层之下,则这些信用机构不论其是子公司还是分公司,都可以实施并表监管。这使母国可以将其并表监管延伸到由其子行或者分行所控股或投资的"旁系公司",而不仅仅局限于"直系公司",大大扩展了母国的权力。

总之,欧盟银行监管权力过于向母行和母国集中,而东道国基本无法监管,这种监管错位导致了欧盟银行监管的重大困境。

5.3.2.2 危机前欧盟金融监管体系

危机爆发前,欧盟金融监管体系的主要依据是2004年起在金融领域全面实施的莱姆法路西框架(Lamfalussy Framework)。莱姆法路西框架承认各国之间的立法原则和技术规则的差异,按照该原则,欧盟金融监管体系可以分为4个层次,再加上欧盟其他相关金融监管机构,就构成了欧盟整个金融监管结构,如图5-4所示。

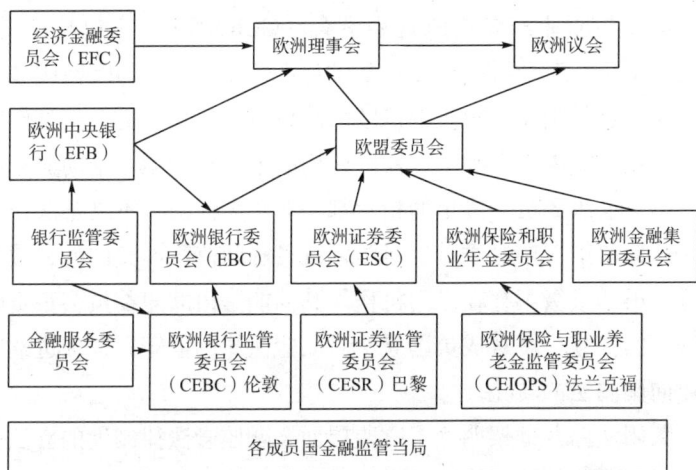

图 5-4　危机前的欧盟金融监管体系——莱姆法路西框架

资料来源：根据李扬、胡滨的《金融危机背景下的全球金融监管改革》整理得到。①

　　莱姆法路西框架包括自上而下 4 个层级的协调机构。第一层级由欧洲议会、欧盟理事会和欧盟委员会组成。这是欧盟的立法层级，负责制定适用于欧盟范围内所有金融机构（包括非欧元区成员国金融机构）的框架性、原则性指令。立法程序为欧盟委员会提出立法建议并向利益相关者广泛征求意见，在此基础上起草立法草案并提交欧洲议会和欧盟理事会审议通过。第二层级由欧洲银行委员会（EBC）、欧盟证券委员会（ESC）、欧盟保险和职业年金委员会（EIOPS）和欧盟金融集团委员会 4 家机构组成。委员会由各成员国财政部的高级代表组成，主要职责是制定第一层级指令的实施细则，解决法律的实施程序问题。第三层级由欧洲银行监管委员会（CEBC）、欧洲证券监管委员会（CESR）、

---

　　① 李扬，胡滨. 金融危机背景下的全球金融监管改革［M］. 北京：社会科学文献出版社，2010.

欧洲保险与职业养老金监管委员会（CEIOPS）3 家机构组成。它们并不负责对金融机构的日常微观审慎监管，因为欧盟成员国普遍认为这是国家监管权限范围内的事情。监管委员会只是作为一个联系欧盟委员会和国家监管机构的平台和桥梁，推动监管趋同。第三层级委员会提出的指示都是非约束性的，不具备法律效力，这使得第三层级委员会对欧盟成员国间监管冲突的处置效率降低。第四层级不存在专门机构，其功能是由欧盟委员会负责欧盟法律的实施，审查成员国立法对欧盟法律的遵守，以促进欧盟法律向国内法的转化。

莱姆法路西框架明确了欧盟层面金融监管法律制度的立法机构和成员国的执法机构，并致力于成员国之间的监管趋同。但该框架的缺陷也较为明显，即欧盟层面缺乏超国家金融监管机构，金融监管权分散在各成员国。实践证明，建立超国家监管机构是必要的。

一方面，欧洲中央银行是欧元区货币政策的制定者和执行者，而货币政策的制定又需要以清晰了解欧元区成员国的经济运行态势、掌握相关金融机构的财务信息为前提。此外，在此次危机中，欧洲中央银行在欧元区内作为最后贷款人向成员国问题银行提供紧急流动性援助，为了保证援助的有效性，欧洲中央银行需要区分"缺乏清偿性"的银行与"缺乏流动性"的银行。为此欧洲中央银行必须及时获取成员国银行的监管信息。但《欧洲联盟条约》并未赋予欧洲中央银行直接监管成员国银行的职能，欧元区也不存在其他超国家金融监管机构。[①] 成员国金融机构监管信息由各成员国监管当局垄断，导致欧洲中央银行无法从超国家层面获取成员国的金融监管信息，只能被动依附于成员国监管当局的配合。这在很大程度上影响了欧洲中央银行信息获取的客观

---

① 王志军. 欧盟银行业机构发展研究 [M]. 北京：中国金融出版社，2007.

性和及时性，以及欧洲中央银行职能的有效性。

另一方面，金融衍生工具的广泛采用使金融风险可以轻易地跨国和跨行业传播。欧盟作为一个经济高度一体化的联合体，金融风险的系统性传播向成员国各自为政的金融监管提出了挑战。为了在欧盟范围内有效化解金融系统性风险，欧盟金融监管必须打破成员国国别限制，站在高度统合的角度，通过成员国监管机构的积极配合，实现系统性风险的早期识别、预警与化解。

5.3.3　危机后欧盟银行业监管改革原因

2007 年美国次贷危机爆发，且以远远超乎人们想象的速度演变成一场给全球金融业造成巨大冲击的灾难。与美国的过度金融创新诱发金融危机不同，欧盟的金融创新要相对谨慎，资产证券化的规模也小于美国。但由于涉及大量美国的次贷产品，欧洲各大跨国银行集团在这次席卷全球的危机浪潮中也蒙受了巨大的经济损失。

但换一个角度看，这既是一场惨痛的教训，也是一次难得的契机，它使得欧盟能够更加清楚地认识到其金融监管中存在的缺陷和安全隐患。此次金融危机充分暴露了欧盟金融监管体系中各成员国各自为政的缺陷，这一监管制度造成各成员国之间在信息交流、协调行动方面存在许多障碍，使得欧盟当局难以准确、及时、全面地对金融体系中的系统性风险做出综合评估和预警，也无法联合各国形成监管合力，从而使得金融风险在各成员国之间迅速蔓延。欧盟对于在欧洲金融市场上不断蔓延的金融风险既缺乏宏观层面的把握，也缺乏微观层面的清晰认识。在危机爆发时，欧盟各成员国缺乏统一的应对措施，解决危机的有效性自然令人担忧。主权债务危机在成员国之间的蔓延，也使各国在债务危机的压力下不得不做出妥协，重新考虑银行监管合作。同时，欧盟银行业监管中还存在金融机构资产证券化风险资本计提不足、交易账户新增风险资本计提不足、金融机构薪酬制度脱离有效风险管理、存款保险计划指令对合格存款人保护不利等问题。

事实表明，构建一个统一的欧盟银行监管体系需要从宏观和微观两个层面着手，才可能充分、有效地实行对欧盟银行市场的无缝监管，从而防范和应对金融危机。因此，打破现有的监管格局，提高整个欧盟层面的银行监管能力就成为金融危机后欧盟银行监管体系改革亟须解决的问题。在这一明确的指导方针下，欧盟采取了一系列实质性的银行业监管改革措施。

5.3.4 危机后欧盟银行业监管改革措施和内容

金融危机爆发后，欧盟高级监管专家组对欧盟金融领域立法进行了全面审查。2009 年 2 月 25 日，专家组主席德拉罗西埃做出审查报告，内容包括金融危机产生的原因、金融政策修正、欧盟监管体系修正和国际合作修正 4 个部分。在该报告的第三部分，德拉罗西埃详细阐述了欧盟现行金融监管体系中存在的缺陷，并提出欧盟金融监管体系改革框架。依据此框架，欧盟委员会于 2009 年 10 月 26 日向欧洲议会和欧洲理事会提交了立法修正草案。2010 年 9 月 22 日，欧洲议会通过修正草案，并于 2010 年 11 月 24 日开始陆续颁布以"2010/78/EU"指令为主导的一系列法案[1]，对欧盟金融监管体系进行全面改革。这是后金融危机时代欧盟金融监管改革的重要里程碑之一，它标志着欧盟各成员国各自监管的格局将发生重大变革，向着建立起世界上首个超

---

[1] 2010 年 11 月 24 日颁布的欧盟金融监管体系改革系列法案包括：①关于赋予欧盟银行管理局、欧盟证券与市场管理局和欧盟保险及职业年金管理局监管权力的指令（2010.78/EU）；②关于欧盟金融体系宏观审慎监管和成立欧洲系统性风险委员会的规章（Regulation EU No 1092/2010）；③关于成立欧盟银行管理局的规章（Regulation EU No 1093/2010）；④关于成立欧盟证券与市场管理局的规章（Regulation EU No 1095/2010）；关于成立欧盟保险及职业年金管理局的规章（Regulation EU No 1094/2010）。

国家性质的金融监管体系迈出了实质性的一步。

5.3.4.1　改革原有的欧盟金融监管框架

欧洲委员会按照微观审慎监管和宏观审慎监管两大支柱构建欧洲金融监管新框架。

（1）加强宏观审慎监管，监控系统性风险

在宏观审慎监管层面，建立欧洲系统性风险委员会（European Systemic Risk Board，ESRB），其职能为宏观监控整个欧盟金融市场可能出现的风险，并在重大风险出现时及时发出预警，在必要的情况下向政策制定者提供包括法律方面的各种建议和措施，执行预警后的相关监控，与 IMF、FSB 以及第三世界国家进行有关合作。

欧洲系统性风险委员会（ESRB）的性质比较特殊，是一个独立的没有法人地位的监管机构，由指导委员会和全体董事会组成。欧洲中央银行在宏观审慎监管中发挥主导作用。因为实施宏观审慎监管必须建立在欧洲中央银行为制定货币政策而进行的经济和金融分析之上，同时，由于欧洲中央银行承担最后贷款人的职能，其将在整个金融监管体系中发挥核心作用。基于以上两个原因，欧盟各成员国中央银行行长、欧洲中央银行（ECB）行长和副行长都是 ESRB 一般董事会的成员。除此之外，一般董事会的成员还包括欧盟各成员国、欧洲委员会（EC）的 1 名委员以及 3 个欧盟金融监管当局①的主席。经济与金融委员会（EFC）主席以及各国监管当局的代表也包括在内，但他们没有投票权。之所以没有赋予各国监管当局的代表投票权，是因为把各国监管当局代表纳入 ESRB 的一般董事会成员是基于审慎监管的需要，但各国监管当局的代表往往着眼于各国的金融市场，也就是负责微观层面上

---

① 3 个欧盟金融监管当局是指欧洲银行监管委员会（CEBS）、欧洲保险和职业养老金监管委员会（CEIOPS）和欧洲证券监管委员会（CESR）。

的监管，而并非将整个欧盟地区金融系统的稳定性视作一个整体。这种身份和视角上的差异导致他们与其他董事会成员投票权的差异。

当 ESRB 进行综合评估并识别出有发生金融风险的可能时，会向风险涉及的某一或某些成员国发出通知，如果被通知者同意 ESRB 的评估，则必须采取相应措施应对该风险。反之，如果被通知者不同意该评估或决定不采取措施，必须提供合理的理由。如果 ESRB 认为该理由不成立，将通知欧盟理事会。

（2）强化欧盟微观金融机构协调机制，建立欧洲金融监管系统

在微观审慎监管方面，建立欧洲金融监管者体系（European System of Finance Supervisors，ESFS）作为欧洲监管操作系统，旨在通过建立更强大、一致性更高的趋同规则来提高各国监管能力，实现对跨国金融机构的有效监管。其主要内容包括 3 个层面：在欧盟层面上，升级原先欧盟层面的银行、证券和保险监管委员会为欧盟监管当局；在各国层面上，对金融机构的日常监管责任则由各国监管当局承担；在相互配合的层面上，为加强欧盟监管机构之间的合作、监管方法的一致性以及对金融混业经营的有效监管，欧盟系统性风险委员会的指导委员会将负责建立与 3 个新的监管当局的信息交流与监管合作机制。

新的欧盟监管当局获得了独立的财政权，其职能较改革以前，除继续承担过去监管委员会作为咨询主体的有关职责以外，其监管范围也有了实质性的变化。新增的职能主要包括：①建立一整套趋同规则和一致性监管操作，旨在确保欧盟同质性的金融监管文化和一致性的金融监管操作；②推动各成员国金融监管当局之间的信息交流和协商，以协助解决成员国之间由于监管分歧而可能出现的问题；③搜集微观审慎监管信息，并考虑建立欧盟中央数据库；④在危机形势下，欧盟金融监管当局应充分发挥协

调作用，核实信息的真实性，促进各成员国金融监管当局做出正确的决策。

当然，在欧洲金融监管体系的安排下，欧盟各成员国金融监管当局仍然保留对本国国内金融市场和金融机构的监管权。整个监管体系发生的最大变化可能在跨国金融机构上，新的欧盟金融监管当局将弥补以往各成员国金融监管机构行使职能时"井水不犯河水"的缺陷，使得欧洲金融监管体系能够把欧盟整体监管与各成员国的专业监管这两方面的优势进行整合，从而真正推动统一监管文化的形成。同时，这一监管改革不仅为欧洲地区建立了全面、现代的监管体系，也是欧盟回应其在 G20 峰会时对于加强全球金融监管的呼吁，其监管原则具有全球参考价值。

另外，建立监管者协会、银行问题专家小组（Group of Experts in Banking Issues，GEBI）等技术性机构，强化欧盟银行委员会、欧洲银行联合会等机构的作用，以协助"三局一会"的监管工作。至今，欧盟新的银行监管体系已初具规模，如表5-2所示。

表5-2　改革后欧盟跨国银行监管新体系

宏观审慎监管	职能机构	主管：欧盟系统风险理事会 辅助：欧洲中央银行、欧洲经济与金融理事会
	咨询机构	欧盟银行委员会、银行问题专家小组
微观审慎监管	职能机构	主管：欧洲银行监管局、各成员国银行监管机构； 辅助：银行监管者协会、欧盟经济与金融理事会
	咨询机构	欧盟银行委员会、欧洲银行联合会、银行问题专家小组、破产法专家小组、欧元区银行协会等，以及临时成立的一些专门机构

5.3.4.2　全面加强银行风险管理

欧盟认为银行体系在此次金融危机中应承担主要责任，认为金融业应当遵守实体经济发展规律，而非脱离实际的自我膨胀。

危机之后，欧盟开始致力于加强金融机构风险管理方面的改革，主要体现在以下几个方面。

（1）提出修改《资本金要求指令》，强化对银行的风险约束

为了配合欧盟理事会关于加强金融监管的规划，加强金融体系风险管理，减少顺周期性的影响，保护存款者利益以及提高对跨国银行的监管水平，欧盟委员会先后在 2008 年 10 月和 2009 年 7 月两次向欧盟理事会和欧洲议会提交了关于修改《资本金要求指令》的提案。

①对《资本金要求指令》的第一次修正。

欧盟对资本金要求指令的第一次修正涉及混合资本工具计入银行自有资本合法化、建立资本缓冲机制、强化东道国信息权等内容。

首先，将混合资本工具计入银行自有资本的合法化。混合资本工具是指同时具有股权和债务特征的有价证券。混合资本工具具有传统的债券偿还性、安全性和收益性特征，但同时又具有某些资本的属性，其偿还期限都是 10 年以上的定期或永久期限，当银行出现资本金不足、经营亏损或未能支付普通股股息的情形下，其可延期支付利息；若发行人在混合资本工具到期日出现资不抵债、经营亏损或无力偿付等情况，发行人可选择延期支付本金和利息而不构成违约。混合资本工具的资本属性使其具有补充性银行资本金和破产救济的功能。随着欧盟银行业混合资本工具的广泛采用和成熟运作以及金融危机下银行补充资本金的迫切需求，2008 年修改《资本金要求指令》的提案允许混合资本工具计入银行自有资本，并规定了合格混合资本工具的审查标准：混合资本工具必须能够在持续经营和破产清算的情况下吸收损失，必要时能够给存款者基金提供支持；需要在经营有压力的情况下运行非累计推迟、取消本息支付；必须可以长期持有，使其能够在经营有压力的状况下支持存款者和其他债权人。

其次，建立资本缓冲机制。金融危机导致很多国家的银行遭

受损失，资产状况恶化、流动性缺乏、资本充足率下降。银行为使其资本充足率恢复到政策允许水平，通常会收缩信贷，减少信用风险，导致主要依靠银行间接融资的中小企业资金链断裂。长期资金短缺会使企业转型或倒闭，对实体经济产生严重影响。为打破由金融危机引发实体经济危机的顺经济周期效应，2008 年修改《资本金要求指令》的提案要求银行建立资本缓冲，抑制经济周期的波动，实现逆经济周期运作。该提案指出资本缓冲是银行的一种额外资金储备，包括建立额外储备、动态损失准备等。资本缓冲要求银行在经济上行时期提高资本缓冲，在经济下行时期降低资本缓冲以确保银行资本充足。但该提案并未详细规定资本缓冲是否还包括其他工具，也未规定银行资本缓冲的最低数额，因此缺乏实际的可操作性。

最后，强化东道国信息权。在对跨国银行分支机构的监管上，母国与东道国的信息往往是不对称的。由于遵循母国控制原则，母国银行监管机构通常能够掌握部分跨国银行分支机构的重要信息，而这些信息是东道国依靠自身力量无法获取的，但又与东道国利益紧密相关。针对这类情况，该提案引入"重要分支机构"的概念，规定东道国有权要求母国提供可能会影响其金融稳定的"重要分支机构"的监管信息。该提案还规定了母国与东道国判断重要分支机构所考虑的因素：分支机构的存款金额达到东道国市场份额的 2%；分支机构暂停营业或关闭对东道国市场流动性、支付和结算系统可能产生的影响；分支机构在东道国银行业或整个金融业中拥有客户的数量。东道国与母国应尽可能对"重要分支机构"的判断达成一致，若 2 个月内无法达成一致，在接下来的 2 个月内东道国在充分考虑母国意见的基础上，有权单方面做出判断并出具书面报告。

②对《资本金要求指令》的第二次修正。

2009 年 7 月 13 日，欧盟委员会提出《资本金要求指令》的第二个修正提案，其主要内容涉及金融机构的薪酬政策、再证券化资本金要求和银行交易账户资本金要求等。

第一，建议将薪酬政策纳入法律范围。依据现行欧盟法和成员国国内法，监管当局无权干涉银行的薪酬政策。在银行自行制定的薪酬政策下，银行高管通常以银行承担巨大风险为代价从事高风险业务以换取短期高额回报。金融风险未来可能给银行造成的损失以及银行长期经营绩效不会对银行高级管理人员的既得薪酬产生影响。这表明委托代理关系中代理人（高级管理人员）与委托人（股东）之间存在利益冲突，即存在"内部人控制"和代理人的道德风险，其主要原因在于银行高级管理人员的薪酬政策脱离了有效的风险管理，薪酬政策未与员工的长期工作绩效挂钩。此次金融危机爆发前银行对次级抵押贷款人的轻率房贷和危机中问题银行高管的巨额奖金就是例证。为避免类似情况再次发生，2009年修改提案建议欧盟及其成员国应介入银行薪酬政策的制定，详细规定薪酬政策的基本原则，构建薪酬政策的评价机制、信息披露和惩戒机制。

修正提案规定，若银行员工的工作内容对银行未来面临的风险有实质性影响，那么该员工的薪酬政策必须有利于风险管理，应与银行的经营战略、目标、价值和银行长远利益保持一致。薪酬政策不能产生刺激管理者高风险经营的负面作用。对薪酬政策执行情况的内部审计应至少每年一次。薪酬政策应致力于员工个人目标和银行目标的结合，建立在员工绩效工资基础上的薪酬制度，要关注员工的长期表现，对员工业绩的评价应采取多年业绩综合评价机制。奖金应分散到一个周期的若干个阶段分期支付而不是现行的先期一次性支付，奖金应当反映员工的真实业绩，不能提前确定奖金金额。若监管机构认为银行薪酬制度存在问题，则有权要求银行立即修改。若不修改，监管机构有权对银行进行包括惩罚在内的经济性和非经济性惩罚，但这些惩罚必须是有效的、适当的和劝诫性的。

第二，对再证券化提出更高的监管要求。再证券化是以普通证券为基础性资产的证券化。再证券化与普通证券化相比环节更为复杂，存在的信用风险也更高。但此前欧盟立法一直没有区分普通证券化和再证券化，对所有证券化赋予统一风险权重。这种做法忽视了再证券化的特殊风险，相当于默认金融机构可以对再证券化高出普通证券化部分的风险不做资本计提。本次提案明确区分了证券化和再证券化，赋予再证券化高于普通证券化约一倍的风险权重。

对于极为复杂的再证券化，提案要求一律赋予 125％的风险权重，这相当于未经过评级的再证券化和普通证券化的风险权重。对从事极为复杂的再证券化业务的银行，监管机构必须密切关注银行的应有注意义务的履行情况。监管机构应建立定期检查机制以确定复杂的再证券化投资者的应有注意义务是否被严格执行。投资者一旦被发现未严格执行应有注意义务，其再证券化的投资将被禁止。

第三，完善计算交易账户市场风险的 VAR 模型。依据巴塞尔新资本协议，欧盟银行交易账户风险资本集体依靠 VAR 模型。VAR 模型可以计算出某一给定投资组合 a 在 1~10 天 99％置信度内的最大损失值 b，即银行持有投资组合 a，在经过 1 天（可在 1~10 天任意选定一天）后，最大损失超过 b 的可能性只有 1％；或银行持有投资组合 a 共 100 天，其中最大损失超过 b 的天数只有 1 天。监管当局根据 VAR 模型计算出来的最大损失值可以直观地判断投资组合未来的市场风险大小，进而确定防范市场风险所需计提的最低资本准备金。但 VAR 模型也存在其固有的缺陷，模型计算出来的结果并非完全可信，因为模型是通过历史数据的计算来预测未来损失的，并且涵盖的风险不全面。为了弥补以上缺陷，提高 VAR 模型的可信度，欧盟此次修改提案参照巴塞尔银行监管委员会指引，对模型进行了改进，包括要求历史数据更具代表性、调整利用 VAR 模型计算投资组合损失的周期以及加强欧盟银行监管者委员会对银行依据 VAR 模型计算预期损失的监管职责等。

（2）关于流动性风险管理的 30 项原则建议

欧盟银行监管委员会（CEBS）向欧盟委员会提出的关于流动性风险管理的 30 项原则性建议，前 18 项是关于欧盟信贷和投资机构在流动性正常和出现流动性紧张的情况下如何确保充分的流动性管理。具体包括：董事会议通过有关流动性的策略政策和实践；金融机构建立充分的内部机制从而形成不同商业活动的风险因素的合理激励；组织机构的设立应当避免出现操作和监控方利益的冲突；金融集团的最高层要充分掌握相关的流动性风险策略和风险管理形势；机构应当具备处理衡量流动性风险的相关 IT 系统和处理程序；建立流动性风险管理的信息披露机制；复杂的金融产品需要运用全面的流动性风险管理体系进行衡量；建立并保证合理的现金和抵押品管理系统；强调按照支付清算责任、管理日常流动性头寸以及在长期流动性风险管理目标下管理短期流动性等。①

后 12 项是关于流动性风险监管的相关建议，要求监管者做到以下方面：具备评价机构流动性风险和风险管理的各种方法，权衡监管重要性时应考虑机构的流动性风险状况以及它们在系统性风险中的表现；重视机构关于识别风险的处理程序以及该机构对大宗资金来源的依赖程度；重视机构流动性风险保险的充足程度；核查对机构相关监管的策略政策的充分性和有效性；核查机构关于应对危机管理的政策和程序；监管者还应当审视监管机构

---

① 李扬，胡滨. 金融危机背景下的全球金融监管改革［M］. 北京：社会科学文献出版社，2010：95—96.

内部管理是否可以补充在本国监管要求中；本国主要监管方法是否成为一般机构的内部风险管理的核心要素等。

5.3.4.3 修改《存款保险计划指令》保护投资者利益

长期以来，欧盟一直采用 1994 年颁布的"94/19/EC"指令。2008 年 10 月 7 日欧盟委员会提出对"94/19/EC"指令的修正草案，2009 年 3 月 11 日该草案获得欧洲议会和欧盟理事会通过，颁布对该指令修正的"2009/14/EC"指令。新指令的内容包括以下几点。

（1）提高存款保险金额上限

鉴于欧盟成员国国民收入的普遍提高和单笔存款金额的增长，新指令将给予保险的存款金额上限从目前的 2 万欧元提高到 5 万欧元，欧盟成员国有权在此基础上进一步提高。到 2010 年 12 月 31 日，存款保险金额上限将从 5 万欧元提高到 10 万欧元。

（2）赔付期限缩短

原指令规定存款保险公司应自有关部门做出赔付决定起 3 个月内进行赔付，特殊情况下甚至可以延长到 9 个月。长时间无法得到的存款赔付是诱发存款挤兑的一个重要原因。为此，新指令规定存款保险公司必须自有关部门做出赔付决定起 20 个工作日内进行赔付，特殊情况经主管部门批准最多可延长 10 个工作日。在指令生效两年后，欧盟委员会应当向欧盟理事会和欧洲议会提交报告，评估将该期限由 20 日进一步减少为 10 日。

（3）存款金额的最高赔付比例统一为 100%

原指令规定成员国银行有权与客户实行合作存款保险，即对存款金额的最高赔付比例在 90%～100% 之间选择，余下比例由存款人自己承担。银行对高利率存款通常采用低赔付比例，原因是高利率的存款伴随着银行经营的高风险，较低的赔付比例是存款人为高利率和高风险付出的代价。但高利率是否一定会增加银行的经营风险不能确定，更重要的是危机中这种不足额的赔付比例将有可能诱发存款人挤兑。因此，修正指令取消合作保险，将赔付比例统一为 100%。

5.3.4.4 加强银行危机管理

欧盟银行危机管理改革是这次改革的一个重点。自金融危机以来，欧盟出台过多个关于金融业危机管理制度框架建设的通讯，包括：2009 年 10 月关于"欧盟跨国银行业危机管理的框架"；2010 年 5 月关于"建立银行处置基金的通讯"；2010 年 10 月关于"欧盟金融业危机管理框架"。这些通讯的内容包括危机早期的介入制度、危机期间的处置制度、危机管理中的协调机制、银行破产制度以及危机状态下的成本分摊制度。这些制度有两个最突出的理念：一是危机提前预防理念，二是危机主动介入理念。

在危机提前预防理念方面，跨国银行的危机早期介入的机构是欧盟审慎监管机构，主要强调加强欧盟宏观审慎监管机构——欧盟系统性风险委员会的职责。要求该委员会在各母国监管机构的配合下，搜集各国及欧盟相关机构的监管信息，对金融形势做定期分析，并根据欧盟的"资本要求法令"对银行进行审慎监管。如果出现违反"资本要求法令"的行为或其他相关风险，审慎监管机构可以要求相关母国监管当局或直接要求银行在一定期限内改正违规做法，或直接采取资产剥离、成立中介银行、短期接管银行业务、撤换银行领导层等方式预防可能存在的风险。

危机主动介入理念更多地体现在处置制度及与此相关的处置基金的建立上。危机处置制度是在银行出现流动性危机或偿付危机但还未破产时主动介入的一种制度。处置是指在危机状态下，对问题资产或负债采取救助、剥离、拍卖等主动介入的措施，从而恢复企业的健康运行，防止危机扩散的危机管理方法。处置制度与过去其他监管制度的一个巨大区别在于它可以在银行出现风险或该机构认为某银行可能存在风险的情况下，主动出击，采取经济、政治等方面的行政性措施解决问题。目前，多数欧盟成员国已建立处置机构和处置基金，开展处置工作。例如：德国已经根据欧盟要求制定了国内的处置制度，并开始向银行机构摊款，计划每年征款 10 亿欧元左右；瑞典建立了一个稳定基金以应对瑞典金融业可能产生的严重风险，主要根据银行的负债情况进行征税，征税额为负债总额的 0.036%，计划 15 年内稳定基金的金额达到瑞典 GDP 的 2.5%。不过，不足的是，由于欧盟各成员国存在众多分歧，欧盟层次的处置机构和处置基金还尚未建立。

5.3.4.5　加强欧盟成员国之间应对危机的金融监管合作

此次危机促使欧盟更加深刻地认识缺乏欧盟国家金融稳定合作机制将严重影响危机救助的效率与效果。在危机发生之后，欧盟理事会于 2007 年 10 月通过了"跨国金融危机管理的九项原则"，随后在 2008 年 6 月，欧盟各国联合签订了《关于危机管理和处置合作备忘录》，其中就强调了成员国之间的金融监管合作，主要包括：第一，关于公共资源的分配原则。在动用财政资金等公共资源的情况下，在平等和平衡的基础上，按照金融危机对各国经济的冲击程度以及母国和东道国的监管权力的分配来决定相应的公共资源的支出和分配。第二，考虑成立跨国稳定小组（Gross-Border Stability Group，CBSG），建立跨国合作机制。跨国稳定小组的主要任务之一就是协调各国金融监管当局的监管合作及对系统性风险的统一认识。这些关于金融监管合作的安排有利于促进欧盟国家关于金融危机的统一理解和行动，提高了成员国共同应对危机的效率和能力。

此外，在《欧盟金融监管体系改革》中提出的微观监管体系（European System of Financial Supervision，ESFS）需要各成员国金融监管当局的合作，与新的欧洲监管机构一起努力保护微观金融层面的基本稳定，保护金融消费者利益。

欧盟金融监管体系突破了欧盟成员国的主权防线，在设计上带有较为明显的超国家范畴。欧盟金融监管体系若能如期运作，这将是世界上首个带有超国家性质的金融监管体系，必将对全球金融监管机制的演变和发展产生重大而深远的影响。这在金融业广泛跨国发展的今天，对于实现金融业跨国监管具有重要的借鉴意义。

5.3.5　危机后欧盟银行监管改革的评价

欧盟作为世界金融市场最重要的主体之一，其金融监管改革的新动向对世界其他范围乃至全球的金融监管改革都具有不可忽视的影响。2008 年金融危机之前，构建统一的金融监管体系是欧盟多年来致力于解决的问题，但由于各成员国的利益诉求差别很大，统一监管改革收效甚微。在金融危机强大破坏力的重压之下，欧盟各成员国都认可在欧盟构建统一的金融监管体系的必要性，这为欧盟金融监管体制改革提供了难得的历史机遇。改革原本分割的监管格局、构建欧盟层面统一金融监管体系成为这次欧盟金融监管体系改革首先要解决的问题。

《欧盟金融监管体系改革》确立了欧盟体系内"一会三局"的统一金融监管格局。在欧盟新的金融监管体系框架下，欧洲系统性风险委员会与欧洲监管系统既有分工也有合作。欧盟金融监管改革还将过去以母国监管为主的欧盟"平行监管模式"逐步转变为强调欧盟层次监管重要性的"垂直监管模式"；加强欧盟层次的监管主体建设，促使欧盟层次的"非实体性监管"逐渐转变为"实体性监管"；鉴于危机前的监管制度缺乏危机管理的环节，这次银行监管改革以危机管理为重点；以金融消费者保护作为工作的核心，加强微观审慎监管，实现监管的全面覆盖，并加强国际监管合作。这些都是欧盟金融监管改革取得的成就。这些金融监管改革措施对于防范系统性风险、维护欧盟金融市场的稳定无疑具有积极的意义。

但由于此次改革需要强化欧盟层次的监管机构及其监管权力，需要成员国让渡比过去更多的金融主权，部分成员国担心新的监管体系很可能会蚕食本国的财政主权，所以欧盟新的金融监管机构最终能在多大程度上保持独立仍存在变数。由于在对 3 个欧盟监管当局与各成员国监管当局的权限划分这一问题上，各成员国之间尚未达成共识，欧盟新监管体系的有效性也存在不确定性。只有欧盟各成员国对改革方案实施细则达成共识才意味着改革方案具有现实可操作性。因此这次改革的难度很大，持续时间也将会很长。

第6章 后金融危机时代我国银行监管所面临的问题及采取措施

6.1 后金融危机时代我国银行监管所面临的问题

经过多年的金融改革深化与实践，具有中国特色的银行监管理论实现了相互协调与促进的良性循环，监管工作正有序稳步地进行，在很多方面都取得了长足的进步，银行业经营持续稳定。据福布斯杂志 2014 年 5 月 8 日公布的全球 2000 强企业最新排名，中国工商银行、中国建设银行、中国农业银行包揽前三名，中国银行排名第 9，交通银行排名第 65，如表 6-1 所示。这从侧面反映了我国银行业的整体发展水平，标志着我国银行业从经营水平、盈利能力、风险可控性以及综合竞争力都有了长足的进步。另外，我国商业银行年度一级资本国际排名也在近些年突飞猛进，其中工商银行、建设银行、中国银行以及农业银行一级资本国际排名分别从 2003 年的 16 名、37 名、15 名和 25 名上升到了 2011 年的 6 名、8 名、9 名及 14 名，如表 6-2 所示。

表 6-1　2014 年福布斯全球企业 2000 强排名前 20 中的银行机构情况[①]

银行名称	国家/地区	销售额 （亿美元）	利润额 （亿美元）	排名
中国工商银行	中国	1478	427	1
中国建设银行	中国	1213	342	2
中国农业银行	中国	1364	270	3
摩根大通	美国	1057	173	4
富国银行	美国	887	219	8
中国银行	中国	1051	255	9
美国银行	美国	1015	114	13
汇丰银行	英国	796	163	14
花旗银行	美国	941	143	16

表 6-2　我国商业银行年度一级资本国际排名变化[②]

银行＼年份	2003	2004	2005	2006	2007	2008	2009	2010	2011
工商银行	16	25	32	16	7	8	8	7	6
建设银行	37	21	25	11	14	13	12	15	8
中国银行	15	29	11	17	9	10	11	14	9
农业银行	25	36	37	60	47	47	24	28	14
交通银行	102	101	105	65	68	54	49	49	35
招商银行	187	214	198	173	101	99	87	81	60
浦发银行	308	261	270	251	191	176	137	108	64
中信银行	291	202	200	188	106	77	67	67	66
民生银行	405	310	287	247	230	131	107	80	73
兴业银行	400	434	325	297	260	147	117	97	83

---

①　选自福布斯中文网。

②　由历年英国《银行家》杂志及各公司年报整合。

与此同时，我国银行业由于发展时间较短，仍然存在诸多问题，特别是在金融混业不断发展的大背景下，我国二元化银行监管体制的天然缺陷愈发凸显，改革呼声日益高涨。同西方发达经济体银行监督体系相比较，我们仍有很多亟待改进的地方。银行监管是银行业健康发展的重要保障，银行又是国民经济的重要组成部分和支撑力量。因此，要结合金融危机之后国内外银行业发展的新形势，不断对监督体系进行改革调整，以适应中国经济不断发展的需要，顺应世界金融发展的趋势。

6.1.1　宏观审慎工具运用需要进一步规范和深化

尽管我国在金融监管实践和对宏观经济进行调控的过程中，在借鉴国际经验的基础上，按照实事求是的原则主动运用一些政策工具，也取得了明显的效果。但在宏观审慎监管工具的运用方面仍然需要进一步规范。一是在监管工具运用方面，相机决策的成分多，基于既定规则的成分少。这一方面是因为我国宏观审慎监管刚刚起步，如何运用逆周期的政策措施，如何实现对系统重要性金融机构的监管等问题需要加以解决，同时我国金融体系发展迅速，处于不断变化的过程中，另一方面也与过去长期以来监管政策过于关注短期实际效果；而对于市场参与者长期稳定预期、自律和主动调整的机制未给予足够重视有关。

从系统的观点和长远角度来看，只有所有市场参与者对金融风险的认识都提高了，对自身承担风险的能力更加清楚了，对金融监管的规则和工具更加了解，资本充足率、资产质量、模本覆盖率、杠杆率等宏观审慎监管的工具和指标才能真正发挥作用。银行业资本充足率、资产质量等指标。但所有以上指标体系只是从各个方面对金融体系的情况进行描述，具体指标多且比较分散，没有明确的直接衡量系统性金融风险程度的指标，更没有从时间和空间维度上对系统性风险积累所处的阶段和特征给予评估。正因为如此，中国人民银行提出进一步加强宏观审慎分析，建立系统稳健性监测指标体系，发布逆周期系数或者景气指数，用以指导实际监管的目标。此外，从政府财政的角度看，对于包括政府债务在内的整个财政稳健性目前也没有定期评估，对系统性金融风险的兜底给财政稳健性带来的影响更是没有涉及。这使得金融稳定评估和安全评估只局限于金融范围内，而没有将这个问题放在更加广泛的角度看待。

另外相关信息的发布和公开也需要进一步加强。我国现行涉及金融体系信息公开的主要有以下几类：人民银行每年定期金融稳定报告和人民银行年报、按季公布的金融统计分析报告、月度货币统计概览、金融机构信贷收支统计、金融市场统计、企业商品价格指数和景气指数调查；银监会每年定期公布年报，按季度公布银行业资本自充足率、不良贷款、拨备和流动性情况，按月公布资产负债情况；外汇局定期公布相关数据，其中 2010 年首次公布跨境资本流动分析报告；统计局按季度发布各种宏观经济相关统计数据等。除以上数据公布的时滞性之外，涉及宏观审慎和系统性风险的信息并没有正常的披露渠道，经常是以通过不定期召开经济金融形势通报会的形式对金融机构进行窗口指导，而且局限在这些金融机构和监管部门的范围之内，企业、个人等市场参与者和金融服务的需求方对系统性风险和金融体系的信息并没有及时了解，这在一定程度不利于对风险的防范和化解。事实上，这也是本次危机暴露出的现代社会金融消费者保护方面的欠缺。

6.1.2　对系统性风险的监测和评估需要进一步加强

根据宏观审慎监管的逻辑，对系统性风险的监测和评估是进行宏观审慎监管政策选择和相应监管工具运用的前提。如前所述，尽管中国金融监管部门不断加强信息公开程度，定期披露相关统计数据，但总体上看仍然需要进一步完善，这体现在 3 个大的方面。

一是目前在金融稳定评估和金融安全预警方面，很多学者提出了相应的指标体系，但这些指标基本上围绕宏观层次指标、微观机构和市场相结合的方法来设计。有的学者按照国际货币基金组织的方法，从宏观审慎指标、微观审慎指标和金融市场 3 个层次提出指标体系，其中主要用国内生产总值（GDP）、物价水平、贷款规模、利率与汇率、外汇储备、外债规模等指标来反映宏观审慎程度，如何建雄（2001）、张元萍和孙刚（2003）、李天德（2007）、应寅锋（2009）、张长全和梁继周（2010）等。有的学者从对银行危机、货币危机、债务危机和股市危机的预警角度提出相应的指标体系，其中货币危机指标主要包括国内生产总值（GDP）、物价水平、M2、贷款规模、利率与汇率、外汇储备、股价、外债规模等，与前面宏观审慎指标比较类似。正是在这个意义上，基于规则的监管工具运用被看作是能够内生为金融机构自身风险管理行为的机制。

二是在如何运用监管和政策工具对问题机构进行救助和处置方面，虽然《中国人民银行法》《银行业监督管理法》《商业银行法》《公司法》《信托法》《金融机构撤销条例》等都进行了原则性的规定，但没有统一明确的标准和实施细则，不利于道德风险的防范。例如，在什么情况下需要运用再贷款，什么情况下用财政性资金进行救助，处置后如何对问题机构进行管理，如何能够最大程度地确保再贷款和财政性资金的安全等等，都没有明确的规定。实际情况是再贷款和财政性资金的支持往往最终演变成弥补损失。这不仅可能造成再贷款损失，更容易产生严重的道德风险。

三是目前运用的工具大多基于现行的金融体制，重在"管制"。但根据"十二五"规划，我国利率市场化、资本项目开放和人民币国际化进程在未来5年都将大大加快，这将使实施宏观审慎监管的难度越来越大。如何创新和丰富监管工具以适应这种发展趋势，也是我们目前应该认真考虑的重大课题。

6.1.3　监管部门协调机制不健全

我国现行的相关法律、法规对于银行监管部门的协调机制做了基本的规范。《人民银行法》第九条规定"国务院建立金融监督管理协调机制，具体办法由国务院规定"；《银行业监督管理法》第六条规定"国务院银行业监督管理机构应当和人民银行、国务院其他金融监督管理机构建立监督管理信息共享机制"；《人民银行法》第三十二条和第三十四条对人民银行实施对银行业金融机构检查监督方面做出了规定。银监会已经认识到监管协调机制的重要性，实行信息共享，建立了监管协调合作机制，但是还存在协调不畅、监管职责划分不清、监管机构协调性差等问题。

首先，协调机制不健全表现为我国主要金融监管机构之间缺乏有效的沟通机制，在行使职能的过程中往往各司其职，缺乏统一的协调性，没有实现信息的有效交流与互通，这种监管机制可能会导致监管空白的存在。我国对银行金融机构实行监督和管理的机构主要是中国人民银行和银监会，其中国人民银行代表政府作为商业银行最后贷款人和最终救助者，当市场出现危机时负责进行及时的市场干预和救助；银监会承担着商业银行监管者的职责，负责对金融机构及其市场行为进行监管，预防和识别金融市场的风险事件。互相独立的商业银行监管和救助机构给有效的银行监管带来了困难。

其次，银行业监管组织与商业银行之间的沟通与协调不到位。银监会的监管职责不仅仅是发现问题，更重要的是纠正和解决问题，纠正商业银行的不合理经营理念，及时发现风险和管理风险。但是，当前我国的状况是监管机构与商业银行沟通不够，商业银行没有向监管机构提供全部的信息，信息披露机制尚未完全建立，银行机构和银行监管机构之间存在信息不对称现象，导致监管有效性下降。

最后，金融监管组织与外部监管机构没有建立有效的沟通机制。在国外，外部监管机构在银行监督过程中发挥着重要的作用，评级机构通过对经营环境、所有制及经营权、管理水平、运营价值、盈利水平、风险管理、经济资本等要素进行全方位分析，得出商业银行的信用等级。这一评级结果会直接影响到商业银行的信誉及市场地位，全球著名的评级机构包括穆迪和标准普尔等，此外会计师事务所、审计署等机构会对商业银行执行会计准则的情况进行监督，也属于商业银行的监管机构。银监会与这些外部监管机构之间沟通较少，没有信息共享的机制。中国人民银行、银监会、审计署都会对商业银行进行现场检查，但三者之间缺乏有效的沟通，导致检查项目和内容存在重复现象，对于检查结果和处理情况也没有及时进行交流，这既造成了资源浪费，也没有发挥各监管机构的监管效力。

综上所述，目前我国缺少一个强有力的监管机构来对各个市场主体的系统性风险监管进行统筹。近几年，中国人民银行不断弱化自己的监管职能，难以有效地建立起宏观审慎体系。根据金融危机之后对世界主要经济体监管体制改革措施的分析，建立宏观审慎监管主体是应对系统性风险的重要制度安排，它不仅能够在危机发生前识别潜在风险，也能在危机发生后及时协调各方做出回应和干预，降低金融危机的破坏性。因此，这一监管主体的缺失使得监管当局难以及时识别、理解和管控系统性风险，降低了我国银行业抵御危机事件的能力。由于银监会和中国人民银行在运行机制上是互相独立的监管主体，监管职能和救助职能的分离导致了监管效率的大幅下降。中国人民银行和银监会各承担了一半的职能，阻碍了危机发生时的快速反应，此时双方的信息沟通就显得尤为重要。在我国的金融监管体制下，虽然银监会和中国人民银行之间建有备忘录，但是独立的运行机制导致信息传播的成本提高、时效性降低，因此效果并不明显。

另外，我国并没有对分类纠正与处置措施规定统一的启动条件，启动条件在《资本充足率管理办法》《银监法》和《外资金融机构管理条例实施细则》中都有规定，但是并没有实现内容的统一。例如根据《资本充足率管理办法》，资本充足的银行可以被限制介入部分高风险业务，但是在《银监法》中只有在银行违反了审慎性经营并且逾期没有改正或者其行为危害严重的情况下，银监会才能停止其部分业务、停止审批新业务。由此我们可以引申出，当"一行三会"在处理一些争议问题时，由于没有一部高出金融部门的法律可以执行，最后这种争议只能提交国务院。这种争议解决机制的缺失或者低效率对于金融监管是没有益处的。"一行三会"在召开联席会议时并不存在隶属关系，大家本着平等自愿的原则进行沟通与协商，这种沟通与联系并没有很强的约束力。当相互之间出现利益冲突时，这种约束力不强的弊端就容易造成大家各自为战，按照本部门的利益进行监管，这样通过联席会议达成的一些科学合理的监管方式就会流产。

6.1.4　监管各方职能存在冲突

我国商业银行监管体制的设计初衷是由中国人民银行负责宏观审慎监管，银监会负责监管措施的微观实施，然而这一理念并没有得到很好的贯彻。由于银监会和中国人民银行在监管、救助上存在职能分离，在运作架构上存在机构分离，因此双方为了弥补监管的低效率和时滞性都开始尝试改变自己的监管维度。于是，中国人民银行开始逐步注意宏观监管的微观化，涉足反洗钱等微观层面的监管；银监会开始设定一些更宏观的监管指标体系，并结合新开发的非现场系统对商业银行进行更宏观的监管，如表 6—

3所示。根据对中国人民银行和银监会功能的划分，发现其中存在诸多监管冲突和监管重复，这必然导致监管效率的下降。

表6-3 当前我国银行业监管分工

监管职责\监管主体	宏观/微观	中国人民银行	银监会
资产监管（信贷资产）	宏观	货币投放；信贷规模控制	不良贷款率；贷款拨备率；拨备覆盖率
	微观	贷款损失准备	贷款分类
负债监管（存款）	宏观	利率	流动性监管
	微观	账户结算；反洗钱	消费者权益
所有者权益监管（资本）	宏观	—	资本充足率；杠杆率
	微观	发债	发债；增资
市场准入监管	宏观	—	—
	微观	支付结算；外汇管理	业务牌照；机构设置；高管任职

同时，在监管地位上，银监会具有法律认可的银行监管职能，但中国人民银行作为宏观调控者也并没有完全放弃这一职能。根据《中国人民银行法》和《银行业监督管理法》的规定，商业银行有义务遵循各监管主体的要求，需分别向中国人民银行和银监会提供各项财务报表和审计报告。这一规定不仅导致了银行报表的重复报送，而且在各监管主体的统计口径、统计科目不尽相同的情况下大幅增加了银行的监管执行成本。监管机构之间的竞争在某种程度上可以提高监管效率，"功能重叠的多个监管机构之间存在监管竞争，既可以防止行政机关人浮于事，又可以与监管俘获斗争。"然而，监管主体在进行政策选择时往往会考虑自身利益，在维护和扩大自身监管范围的同时侵蚀和消减其他机构的监管范围，这就形成了所谓的"地盘之争"。监管机构之

间的权力争夺和权力割据将导致监管效率的下降和监管成本的提高，进而造成社会公共利益的损失。

此外，在金融自由化和混业化不断发展的过程中，专业化的功能型银行监管体制已经暴露出诸多问题。对于混业、跨业经营的监管缺失成为此次金融危机的导火索，各国监管当局纷纷开始关注银行监管的边界问题。我国实行的是二元化的银行监管体制，由中国人民银行和银监会负责监管银行的大部分业务，保监会、证监会等只对涉及跨业经营的部分进行补充监管。但由于"三会"在行政上是平级单位，并且不隶属于央行，因此各方在权责划定上面临诸多困难。虽然"一行三会"之间存在"监管联席会议机制"，但这一机制并没有制度化，也缺少相关法律的约束。同时，我国的监管信息共享机制也没有在法律层面得到确认，因此这些措施并不能从根本上解决沟通障碍和信息交流不畅导致的银行监管效率低下。我国当前的银行监管制度并不允许商业银行进行混业经营，但不排除跨业经营，同时金融机构可以通过金融控股公司的形式实现混业。在这一趋势下，使用分业的监管思路监管混业公司显得力不从心。首先分业的监管构架使得政府对于混业行为和金融交叉业务缺乏监管，这一缺陷在金融市场不断发展、金融产品越来越复杂的背景下显得更加突出。同时金融交叉业务也可能导致多个监管主体之间的重复监管，造成资源浪费和效率下降。在这一监管体制下，不仅监管空白和监管重复时有发生，还可能导致金融控股公司使用各种方式逃避监管或趋向更宽松的监管。

6.1.5 现行法律制度存在的缺陷

（1）效率低下

现行的监管法律、法规中存在着大量的行政规章，法律效率低下。法律、法规针对的对象常常过于局限在银行开展的具体业务上，着眼于对银行具体业务操作上的规范和限制，没有从监管质量出发，监管效率受到影响。

（2）法律体系之间不协调

监管法律体系之间存在着诸多不协调的地方，各监管部门往往站在自身角度制定监管规则并推动执行，并没有考虑国民经济的整体利益。位于法律体系第二层次的行政法规和管理规章并没有有效地起到补充《人民银行法》《商业银行法》等基本法律的作用。

（3）存在法律空白和缺失

我国银行业监管法律制度也存在着诸多的空白和缺失，存款保险制度、外资银行市场退出的管理办法仍需要加以完善，金融机构市场准入制度存在缺陷等。

（4）退出机制存在障碍

市场退出法律制度也存在缺陷。市场退出是商业银行在特殊阶段保护相关利益者的一种途径，但是目前我国除了《商业银行法》和《银行业监督管理法》之外，并没有专门的法律对此加以规定，而且上述两部法律的规定并不具体，只是原则性的阐述，实际操作过程中效果并不好。此外，还有一些缺失的地方，例如对于问题银行的退出方式列明了几种类别，但是对于运行良好银行的主动退出则没有规定，这导致在实践中会出现无法可依的情况。

（5）强调行政职权，忽视行业自律

监管法律过度强调国家银行监管机关职权的行使，而对于银行内部控制的规定和行业自律方面的要求显得不够重视。有效的全方位持续监管是国际金融风险监管的一个核心原则。全方位持续监管强调监管需要从全面的角度去执行，将监管领域扩展到金融业的各个层面，贯穿金融运行的全过程，建立起动态、持续、全方位的风险监管机制。监管应当涉及从金融机构的市场准入到退出的全过程。长期以来，我国银行业监管过分注重市场准入监管，相比较而言风险监管还处在一个很不成熟的阶段，尤其是对金融创新工具的监管。另外还有重视外部监管，对内部控制强调不足，这一点在法律层面上已有所体现。内部控制是商业银行的一种自律行为，2001年巴塞尔委员会出台的新资本协议草案允许符合条件的银行采用内部评级体系对资产风险权重和最低资本充足要求进行确定，倡导银行在风险测量、管理方法上进行投资与研究。虽然我国央行已经颁布了关于加强内控机制的指引，在监管中更加注意对银行管理水平的评估，但由于国有银行产权监护人功能缺失，真正建立起商业银行内部的激励约束机制仍然比较困难，监管当局的风险监管要求未能真正演变成商业银行自身的风险管理需求。

（6）其他法律问题

我国金融领域的监管体制是分业监管，然而随着金融体制改革的不断深入，我国的金融业监管法律体系也暴露出了它的弊端。首先，立法上存在空白。金融创新的不断推进和发展，新金融工具的层出不穷，使得立法规范的速度远远跟不上金融创新的速度。例如我国当前对于电子金融、网上支付及一些网上结算工具没有完善的法律规定；对于一些金融创新产品，比如本次金融危机的导火索——次级抵押债券，以及与之相关的一系列金融创新产品没有明确的法律规定。我国的几大商业银行曾持有美国次级抵押债券，在金融危机中蒙受损失，这就是由于对于新兴金融产品的立法监督的缺失造成的。其次，法律、法规缺乏可操作性。我国的大部分法律条文都是一些概念性的语言，没有把相关规定量化处理，缺乏可操作性。虽然我国已经颁布《商业银行信息披露暂行办法》，但银行信息披露制度仍有待于进一步完善，信息披露的范围较小，银行之间的信息交流很少；银行的信息披露也不到位，还存在较大范围的信息不对称现象；另外我国没有一个较完善的信息共享平台，信息发布的主体模糊，权责不明确，降低了信息披露的透明度与可信度。最后，我国信息披露的立法方面还有待于完善。

6.1.6　监管人才缺乏

我国金融系统每年都会引进大量人才，但是人才流动性也很大，商业银行等金融机构为了增强自身竞争力的需要，开出高额年薪将中国人民银行、银监会等监管机构的人才吸引走。什么样的人才是监管当局需要的？人才的标准一定要做到清晰定位，从基层业务部门人员到中层管理部门人员再到高级管理人员，并且对他们的考核标准要有所区分。同时，现在人才管理的理念需要进行转变，传统意义上人才管理是在管人，包括对一个人进行奖惩、评价等，但从未来银行业发展的趋势看，对人才的管理应从人事管理向战略性管理转变，根据银行业发展的情况以及银行监管的各方面需要综合考虑，进行科学的超前性管理。现在还有一个普遍的问题，即银行业人才在金融监管机构的薪酬比不上在银行等金融机构。华尔街每年都在世界范围内吸引人才，因为其开出的薪水非常高。

6.1.7　监管与当前银行经营国际化趋势不相适应

从监管法律体系中，我们就可以看出我国银行业监管当局并没有做好银行跨国经营的法律监管准备。有些监管法律制度还没有办法做到与国际通用的原则一致，这势必会导致中国银行监管与国际银行监管存在差异。与此同时，我国实行的分业监管也会使本国商业银行在国际竞争中处于不利的地位，国外商业银行大多实行混业经营，这种差异无疑限制了我国商业银行国际竞争力的提高。这种不适应还表现在对进入我国的外资银行的监管上，例如《中华人民共和国外资金融机构管理条例》对外资金融机构的内部控制没有做出明确要求，对于其业务资料的报送、稽核与核查的规范也只是做出了原则性的说明，具体操作还有待进一步改进。同时，我国对外资金融机构一年只进行两次非现场监管，这种监管力度对于当今日益复杂的国际金融环境也是不相适应的。

6.1.8　监管手段缺乏有效性

银行业的监管手段主要分为现场检查和非现场检查，而我国银行业的监管手段主要是现场检查，非现场检查与现场检查相互分离，没有形成统一的整体。首先，非现场检查的真实性和全面性存在不足，数据统计存在多种途径；有些数据的统计需要手工操作，准确性不足；而且非现场检查的数据指标体系不完善，不能全面地反映银行业存在的问题，不能为银行监管提供有效的风险预警，部分指标已经不适用于现阶段银行业的经营状况。其次，现场检查缺乏连续性。我国银行业的现场检查尚未形成良好的规范化程序，缺乏有效的目标性；更侧重于对具体业务操作的纠正，而不是对银行经营中的风险状况进行分析；而且现场检查缺乏连续性，往往检查过后没有对问题机构进行后续跟进，对于问题的解决情况没有良好的反馈系统，同时没有对现场检查的结果进行深入的分析。

6.1.9　监管内容深度不够，监管范围广度不够

我国商业银行监管存在着监管内容深度不够的问题。商业银行的监管要求防范和化解风险。对于风险的防范，我国商业银行的监管关注的对象是数据和指标，而没有对其数字背后的风险进行评估和监控，风险预警系统还没有建立，这是我国银行监管深度不够的表现。首先，从商业银行监管范围来看，我国对于银行业市场准入的监管不够严格，建立了许多存在风险隐患的银行营

业网点。市场准入制度缺乏连续性，并且对于高级管理人员的审核标准过于形式化，不能真正反映其是否具备从事重要管理岗位的能力和道德责任心。其次，商业银行市场退出机制有待完善。《商业银行法》对于银行市场退出机制有所规定，但是对于市场退出的监管规定过于简单，债务的清偿、银行托管等方面都没有规定。我国银行一般采用重组、接管、撤销等方式退出市场，并没有按照市场经济的破产方法来处理银行的市场退出问题，重组、接管等方法加重了政府的财务负担，使产生问题的机构不能利用市场的方式退出市场。虽然这种方式为存款人提供了一种隐性的存款保险制度，但是问题机构所固有的问题并没有得到解决，仍然存在隐患。

6.1.10　监管工具存在不足

银行监管工具可以分为内部控制工具和外部控制工具，而我国的银行业监管缺乏健全的内部控制机制。内部控制制度主要是风险控制，国际金融危机让各国监管当局对风险控制的全面性、有效性越来越重视。我国商业银行普遍存在风险管理制度及风险控制意识和手段不健全的情况。在贷款发放方面，由于技术人员水平有限，贷款风险控制还存在一定漏洞。而且我国商业银行的操作风险也有扩大的趋势，普遍存在对于银行员工的操作监管不严厉的情况。银行监管的外部控制工具主要包括法律法规、信息披露制度和市场监督制度等。我国已经颁布了一些银行业监管的法律法规，这些法规对于银行业监管的完善起到了重要作用。在国际金融危机的背景下，我国银行业出现了许多新情况，金融衍生品的不断发展，金融创新业务的日益繁盛。在这些新形势下，我国金融市场化不断加深，金融业也出现了混业经营的趋势，建立在混业经营基础上的分业监管机制的弊端也已经显现。这种监管机制容易产生监管空白，导致监管失灵的现象。此次国际金融危机爆发的重要原因就是对于资产证券化的金融衍生品监管的疏忽和不当。为了促进金融业的发展，必须鼓励开发金融创新产品，而这些衍生产品的监管部门主要是中国人民银行和银监会，但是因其业务也涉及证券行业，因此这种监管模式会出现监管空白，不利于我国金融创新产品的发展。

6.2　我国银行监管采取的针对性措施

2008 年金融危机爆发的主要原因之一就是金融监管体系严重滞后于金融的发展。鉴于此，世界各主要经济体在积极救助金融市场和问题机构、促进经济复苏的同时，也在探索符合自身金融结构和发展特点的监管改革方案，以最大程度地减小金融发展和金融创新带来的风险，找到金融创新与金融安全的契合点。我国的银行之所以能够在很大程度上避开金融海啸的直接冲击，是由于我国金融国际化程度较低，金融创新能力有限，较少涉及与次贷有关的金融业务。但是，银行业的发展需要与时俱进，需要同经济发展和社会发展的阶段相适应。因此，加强金融创新，进一步推动商业银行发展是未来银行业发展的大势所趋。欧美国家在金融危机中暴露出的问题对我国银行业的发展也有极大的警示作用，作为银行监管部门及国家立法机构应该正视银行业存在的漏洞与不足，汲取受国际金融危机影响较深国家的监管经验与教训，不断完善我国银行业监管制度。

自 2008 年之后，我国银行业监管部门在汲取金融危机教训的同时，结合银行金融业的发展实际，做出了一些重要的政策调整来加强商业银行的管理。

6.2.1　引入和规范外部监督

现阶段我国的银行业外部监管机构暂时还没有能够发挥有效

的市场监督和约束作用，缺少像标准普尔、穆迪等在国际享有很高地位的评级机构。评级机构通过对经营环境、所有制及经营权、管理水平、运营价值、盈利水平、风险管理、经济资本等要素进行全方位分析，评估出商业银行的信用等级，这一评级结果会直接影响到商业银行的信誉及市场地位，对商业银行自身的经营是一种有效的规范和约束。

对此，中国银监会分别于 2011 年 1 月 16 日和 2011 年 8 月 11 日颁发了《中国银监会关于规范商业银行使用外部信用评级的通知》（银监发〔2011〕10 号）和《银行业金融机构外部审计监管指引》（银监发〔2011〕73 号），其根本目的是为了充分发挥外部审计对银行业监管的补充作用，促进银行业金融机构稳健经营，进一步规范商业银行使用外部信用评级机构和使用外部信用评级结果，防范商业银行因外部评级调整产生的系统性风险。

首先，这两部法规对商业银行评级机构的资格进行了方向性的规范。要求评级机构具有法人资格，在形式和实质上均保持独立性，同时具有一定规模的实缴注册资本与净资产；拥有足够数量具有资信评级业务经验的评级从业人员，拥有足够数量的具有银行业金融机构审计经验的注册会计师，具备审计银行业金融机构的专业水平，熟悉金融法规、银行业金融机构业务及流程、内部控制制度以及各种风险管理政策；具有健全的组织机构、内部控制机制和管理制度；具有完善的信用信息数据库系统，以及与其相匹配的营业场所、技术设施；具有健全的业务制度，包括信用等级划分及定义、评级标准、评级程序、评级委员会制度、评级信息披露制度、跟踪评级制度、信息保密制度、评级业务档案管理制度等。

其次，这两部法规还对外部评级机构的操作办法进行了规范。商业银行应当建立外部评级机构的持续评估机制，至少每两年对评级机构的独立性、专业性与内部控制能力进行一次评估。如果重大投资产品没有内部评级，则该投资产品的信用风险评估必须引用至少两家外部评级机构的评级结果进行比较，选择评级较低、违约概率较大的外部评级结果。商业银行的内部评级体系如果在评级确定方面引用或参考外部评级结果，应当至少选择两家外部评级机构的评级结果和违约概率数据进行比较，并选择使用评级较低、违约概率较大的外部评级结果。

此外为了防范外部评级机构对商业银行带来的负面影响，法规还做出了如下规定：商业银行应当建立应对本银行外部评级变化的制度和措施，评估因外部评级机构业务中断或其他问题导致的可能后果，制订替换外部评级机构的应急计划。如果商业银行认为外部评级机构对本银行的评级结果有失公正，则商业银行可向银行业协会申诉，银行业协会应组织对该项评级的流程、方法、依据、结果等进行调查，并公开调查结果。

6.2.2 防范影子银行风险传递

我国影子银行体系包括商业银行表外理财、社会融资中的信托贷款、委托贷款、商业银行承兑汇票、民间借贷、同业代付、网络信贷、私募股权基金、企业年金、住房公积金、小额贷款公司、票据公司、具有储值和预付机制的第三方支付公司、有组织的民间借贷等融资性机构。我国的影子银行体系发展时间较短，它既是我国金融深化的必然产物，也带有浓厚的"中国式特点"。我国影子银行体系的出现是对传统商业银行体系的补充，有利于多元化金融体制的建设，能有效地提高金融运作效率，但是过快的发展也对经济带来了一定的冲击。因此需要客观看待影子银行的利弊，趋利避害，加强监管和约束，革新运行机制，创造良好的金融市场环境，促使影子银行发挥其"正能量"。

我国影子银行和商业银行之间有着千丝万缕的联系，两者相互影响、相互合作、相互渗透，影子银行和商业银行通过4个渠道使得双方深入地联系在一起。第一，直接从商业银行系统衍生影子银行业务。国内的诸多大型、中型银行纷纷建立起金融子公司，从事证券、信托、保险等业务，在这一类型的影子银行背后扮演关键角色的正是商业银行。第二，商业银行向影子银行系统注入资金。商业银行为了获取更多的利润，将自有资金注入小额信贷公司、担保公司、委托贷款等影子银行机构，或业务、资金流向影子银行系统。第三，转移客户。商业银行为了避开存款准备金对信贷规模的限制和监管，在某些时候倾向于将储蓄客户转移成理财客户，通过影子银行来实现资金的使用和盈利，让客户进入影子银行体系。第四，信用介入。通过在商业银行推行表外理财业务，代销信托计划，代销券商理财产品时，客观上搭进了自身的信誉，把自己的品牌和信用带入了影子银行体系。因此，加强对影子银行的管理，防止风险从影子银行体系向商业银行体系传递是金融危机之后商业风险防范与管理的新课题。对此，在金融危机之后的几年时间里，我国先后推出了多部防范影子银行风险的法律、法规以防范风险的传导。这些法律、法规主要包括2011 年 1 月 5 日颁发的《中国银行业监督管理委员会关于修改〈金融机构衍生产品交易业务管理暂行办法〉的决定》、2011 年 1 月 13 日颁发的《进一步规范银信理财合作业务的通知》、2011 年 8 月 28 日颁发的《商业银行理财产品销售管理办法》、2012 年 12 月 7 日颁发的《商业银行资本工具创新的指导意见》。

2012 年第三季度末我国理财产品余额上升至 12 万亿人民币。根据汇丰银行的估计，2012 年我国商业银行理财余额约占银行存款的 9%，但从增量角度衡量，新增理财产品的资金约占新增银行存款的 15%，中小银行对理财产品的依赖程度更大，理财产品的增量约占其新增存款的 27%。

对于理财产品的快速发展，《进一步规范银信理财合作业务的通知》明确规定了控制和规范理财业务发展的相关意见，要求在 2011 年底前将银信理财合作业务表外资产转入表内。各商业银行应当在 2011 年 1 月 31 日前向银监会或其省级派出机构报送资产转表计划，原则上银信合作贷款余额应当按照每季至少25％的比例予以压缩，以控制理财产品的风险规模；对商业银行未转入表内的银信合作信托贷款，各信托公司应当按照 10.5％的比例计提风险资本，以避免出现流动性风险。

《商业银行理财产品销售管理办法》对理财产品的发展原则进行了规范，要求商业银行销售理财产品时应当遵循诚实守信、勤勉尽责、如实告知原则；遵循公平、公开、公正原则，充分揭示风险，保护客户合法权益；进行合规性审查，准确界定销售活动包含的法律关系，防范合规风险；做到成本可算、风险可控、信息充分披露；加强客户风险提示和投资者教育。同时，该法规要求银行对投资者做到充分的合法权益保障，评估客户风险承受能力，同时对理财产品开展风险评级工作，根据风险匹配原则在理财产品风险评级与客户风险承受能力评估之间建立对应关系；应当在理财产品销售文件中明确提示产品适合的客户范围，并在销售系统中设置销售限制措施。此外，该法规还对理财产品销售人员、销售管理、商业银行内部控制等内容做了详细的规定。

《中国银行业监督管理委员会关于修改〈金融机构衍生产品交易业务管理暂行办法〉的决定》则是对过去实行的《金融机构衍生产品交易业务管理暂行办法》的有益补充。明确了本法适用的银行金融机构范畴，包括银行业金融机构是指依法设立的商业银行、城市信用合作社、农村信用合作社等吸收公众存款的金融机构以及政策性银行；还明确了银行业金融机构衍生产品交易业务的分类，包括非套期保值类衍生产品交易和套期保值类衍生产品交易。套期保值类衍生产品交易是指银行业金融机构主动发起，为规避自有资产、负债的信用风险、市场风险或流动性风险而进行的衍生产品交易。此类交易需符合套期会计规定，并划入银行账户管理。非套期保值类衍生产品交易是指除套期保值类以外的衍生产品交易，包括银行业金融机构为满足客户需求提供的代客交易和银行业金融机构为对冲前述交易相关风险而进行的交易；银行业金融机构为承担做市商义务持续提供市场买、卖双边价格，并按其报价与其他市场参与者进行的做市交易；银行业金融机构主动发起，运用自有资金根据对市场走势的判断，以获利为目的进行的自营交易。

银行业金融机构开展衍生产品交易业务应当经中国银监会批准，接受中国银监会的监督与检查。银行业金融机构从事与外汇、商品、能源和股权有关的衍生产品交易以及场内衍生产品交易，应当具有中国银监会批准的衍生产品交易业务资格，并遵守国家外汇管理及其他相关规定。银行业金融机构开展衍生产品交易业务的资格分为基础类资格（即只能从事套期保值类衍生产品交易）和普通类资格（除基础类资格可以从事的衍生产品交易之外，还可以从事非套期保值类衍生产品交易），同时还对从事不同衍生品交易的机构做出了条件限制。除此之外，该法规还新增和修改了关于商业银行开展金融衍生品交易业务所需上交的材料、应遵循的原则，同时要求商业银行建立与所从事衍生产品交易业务性质、规模和复杂程度相适应的、完善的、可靠的市场风险、信用风险、操作风险以及法律合规风险管理体系、内部控制制度和业务处理系统，并配备履行上述风险管理、内部控制和业务处理职责所需要的具备相关业务知识和技能的工作人员。最后，该法规还明确了商业银行应当向投资者履行的相关义务。

此外，为了让我国的商业银行更加适应金融创新的进程，银监会还推出了《中国银监会关于商业银行资本工具创新的指导意见》，推动和规范商业银行开展资本工具创新，拓宽资本补充渠道，增强银行体系稳健性，支持实体经济持续健康发展。要求商业银行在资本工具创新过程中坚持以商业银行为主体的原则，坚持先易后难、稳步推进的原则，坚持先探索、后推广的原则。同时提出了合格资本工具的认定标准，包括包含减记条款的资本工具、包含转股条款的资本工具、减记或转股的触发事件等。该法规还提出了完善商业银行资本工具创新的工作机制，包括认真做好调研工作，审慎制定资本工具发行方案；明确工作流程，不断完善资本工具的发行机制；加强沟通协调，推动资本工具的持续创新。

6.2.3　规范商业银行内部经营

商业银行面临的风险不仅仅来自于外部市场环境的变化，同时也可能来自银行系统内部，如业务操作不合理、业务经营不规范、管理人员失误等。对此，在 2008 年之后，我国颁布了两部主要针对商业银行内部管理的新规范，分别是 2012 年 2 月 9 日颁布的《关于整治银行业金融机构不规范经营的通知》和 2013 年 12 月 18 日开始施行的《银行业金融机构董事（理事）和高级管理人员任职资格管理办法》。

《关于整治银行业金融机构不规范经营的通知》主要是为了纠正部分银行业金融机构发放贷款时附加不合理条件和收费管理不规范等问题而设立的，以减小不合理操作对实体经济的危害，实现商业银行合理有序竞争，形成良好的市场环境，减小商业银行因为恶性竞争所带来的风险。该法规规定，银行业金融机构要认真遵守信贷管理各项规定和业务流程，按照国家利率管理相关规定进行贷款定价，不得以贷转存，不得存贷挂钩，不得以贷收费，不得浮利分费，不得借贷搭售，不得一浮到顶，不得转嫁成本。银行业金融机构要严格遵守国家价格主管部门和监管机构关于金融服务收费的各项政策规定，对现行收费服务价目进行全面梳理和检查，及时自查自纠。银行业监督管理部门要在督促银行业金融机构自查整改的基础上，集中精力、集中时间、集中人员以多种方式进行核查监督。银行业金融机构要组织本系统在每个季度集中开展以"规范贷款行为，科学合理收费"为主题的不规范经营问题专项治理活动。

《银行业金融机构董事（理事）和高级管理人员任职资格管理办法》对任职资格条件、任职资格审查与核准、任职资格终止、金融机构的管理责任、监管机构的持续监管等问题做出了详细规定，有效地完善了银行业金融机构董事（理事）和高级管理人员任职资格管理，促进了银行业合法、稳健运行。

6.2.4 加强流动性管理

流动性风险是指商业银行无法以合理成本及时获得充足资金，用于偿付到期债务、履行其他支付义务和满足正常业务开展的其他资金需求的风险。加强商业银行流动性风险管理是维护银行体系安全稳健运行的重要举措。近几年，我国先后颁布了《商业银行流动性风险管理指引》《商业银行资本充足率信息披露指引》《商业银行资本充足率监督检查指引》《关于修改〈商业银行集团客户授信业务风险管理指引〉》《商业银行贷款损失准备管理办法》《商业银行流动性风险管理办法（试行）》，如表 6-4 所示。

表 6-4　我国银行监管代表性政策文件

引入和规范外部监管	
2011 年 1 月 16 日	《中国银监会关于规范商业银行使用 外部信用评级的通知》
2011 年 8 月 11 日	《银行业金融机构外部审计监管指引》
防范影子银行风险传递	
2011 年 1 月 5 日	《中国银行业监督管理委员会关于修改〈金融机构衍 生产品交易业务管理暂行办法〉的决定》
2011 年 1 月 13 日	《关于进一步规范银信理财合作业务的通知》
2012 年 1 月 1 日	《商业银行理财产品销售管理办法》
2012 年 12 月 7 日	《中国银监会关于商业银行资本工具创新的指导意见》

规范商业银行内部经营	
2012 年 2 月 9 日	《中国银监会关于整治银行业金融机构不规范经营的通知》
2013 年 12 月 18 日	《银行业金融机构董事（理事）和高级管理人员任职资格管理办法》
加强流动性管理	
2009 年 9 月 28 日	《商业银行流动性风险管理指引》
2009 年 11 月 7 日	《商业银行资本充足率信息披露指引》
2009 年 12 月 4 日	《商业银行资本充足率监督检查指引》
2010 年 6 月 4 日	《关于修改〈商业银行集团客户授信业务风险管理指引〉》
2012 年 1 月 1 日	《商业银行贷款损失准备管理办法》
2014 年 3 月 1 日	《商业银行流动性风险管理办法（试行）》

《商业银行流动性风险管理办法（试行）》是对《商业银行流动性风险管理指引》的一次更新和发展，规定了流动性风险管理体系应当包括的基本要素，即：有效的流动性风险管理治理结构；完善的流动性风险管理策略、政策和程序；有效的流动性风险识别、计量、监测和控制；完备的管理信息系统。要求商业银行董事会承担流动性风险管理的最终责任，履行相关职责。商业银行应当根据其经营战略、业务特点、财务实力、融资能力、总体风险偏好及市场影响力等因素确定流动性风险偏好；明确其在正常和压力情景下愿意并能够承受的流动性风险水平；制定书面的流动性风险管理策略、政策和程序。流动性风险管理策略、政策和程序应当涵盖表内外各项业务以及境内外所有可能对其流动性风险产生重大影响的业务部门、分支机构和附属机构，并包括正常和压力情景下的流动性风险管理。该办法还规定了商业银行流动性风险识别、计量、监测和控制的办法，要求商业银行建立

完备的信息管理系统，准确、及时地监测和报告流动性风险状况。建立流动性风险监管指标，对流动性风险实施监测，监管部门通过非现场监管、现场检查以及与商业银行的董事、高级管理人员进行监督管理谈话等方式，运用流动性风险监管指标和监测工具，并审核与流动性风险有关的财务会计统计报表和其他报告。

对《商业银行集团客户授信业务风险管理指引》做出了一定的修改，规定了对于集团客户的授信是指商业银行向客户直接提供资金支持，或者对客户在有关经济活动中可能产生的赔偿、支付责任做出保证，包括但不限于贷款、贸易融资、票据承兑和贴现、透支、保付代理、担保、贷款承诺、开立信用证等表内外业务。商业银行制定的集团客户授信业务风险管理制度应当报银行业监督管理机构备案。法规规定一家商业银行对单个集团客户授信余额（包括第四条第二款所列各类信用风险暴露）不得超过该商业银行资本净额的 15%，否则将视为超过其风险承受能力。此外，当一个集团客户授信需求超过一家银行风险的承受能力时，商业银行应当采取组织银团贷款、联合贷款和贷款转让等措施以分散风险。同时，计算授信余额时，可扣除客户提供的保证金存款及质押的银行存单和国债金额。根据审慎监管的要求，银行业监管机构可以调低单个商业银行对单个集团客户授信余额与资本净额的比例。

《商业银行贷款损失准备管理办法》的颁布则是为了加强审慎监管，提升商业银行贷款损失准备的动态性和前瞻性，增强商业银行的风险防范能力，促进商业银行稳健运行。法规规定贷款拨备率基本标准为 2.5%，拨备覆盖率基本标准为 150%。该两项标准中的较高者为商业银行贷款损失准备的监管标准；要求商业银行董事会对管理层制定的贷款损失准备管理制度及其重大变更进行审批，并对贷款损失准备管理负最终责任。商业银行管理层负责建立完备的识别、计量、监测和报告贷款风险的管理制度，审慎评估贷款风险，确保贷款损失准备能够充分覆盖贷款风险。银行业监管机构定期评估商业银行贷款损失准备制度与相关管理系统的科学性、完备性、有效性和可操作性，并将评估情况反馈给董事会和管理层。此外，该办法还要求银行业监管机构按月对商业银行贷款拨备率和拨备覆盖率进行监测和分析，对贷款损失准备异常变化进行调查或现场检查。

为规范商业银行资本充足率信息披露，促进商业银行审慎经营，加强商业银行资本充足率监管，增强商业银行应对风险的能力，我国颁布了《商业银行资本充足率信息披露指引》和《商业银行资本充足率监督检查指引》两部政策法规。《商业银行资本充足率信息披露指引》规定商业银行遵照中国银行业监督管理委员会（以下简称银监会）新资本协议的各项指引，将银行的资本计量、风险管理等相关信息通过公开载体向投资者和社会公众披露，并对披露的内容范围做了严格控制，包括应至少披露信用风险、市场风险、操作风险及其他重要风险的管理目标、政策、策略和程序，组织架构和管理职能，风险缓释政策和工具，风险报告或计量系统的范围和性质，风险暴露和评估等定性信息。《商业银行资本充足率监督检查指引》要求建立商业银行内部资本充足评估程序，确立了商业银行风险评估标准，包括全面风险管理框架的评估以及估值和薪酬、信用风险、市场风险和操作风险的评估，最后还确立了银监会根据该指引对商业银行实施资本充足率监督检查的机制。

第7章 后金融危机时代我国商业银行风险预警分析

7.1 建立我国商业银行风险预警指标体系

7.1.1 选取风险预警指标遵循原则

（1）全面性原则

商业银行风险预警指标体系的设计在选取预警指标时，既要包括定量指标，也要考虑定性指标；既要注重风险防范的安全性指标和流动性指标，又要注重关乎银行效益和发展的赢利性指标与发展性指标；既要充分考虑到目前我国商业银行经营管理特点和现行操作方法，又要与国际商业银行风险预警的通行做法相接轨。

（2）概括性原则

商业银行风险预警指标体系不可能包含银行面临的所有风险预警指标，但应保证所选取指标反映的信息量与银行整体风险状况基本相当，即预警体系的效果不受指标数量的影响。采用较少的预警指标来得到等价的整体预警效果，一方面可以减少预警指标收集、整理、分析与加工的工作量；另一方面也可以排除指标数量过多而产生相互影响的现象，保证预警结果的准确性。例如安全性综合指标资本充足率和核心资本充足率既可以反映银行的财务基础以及资本水平，又可以反映其资产的风险状况。另外资本利润率作为综合性非常强的指标之一，既可以反映银行整体资本的盈利能力，又可以反映银行从盈利中扩充资本水平的潜力。概括性是指通过选取这些指标可以降低风险预警指标体系中指标的个数，同时又可以反映银行整体风险状况，能够达到简化数据的目的。

（3）可操作性原则

预警指标体系进行风险分析所依靠的数据必须是能够从商业银行的财务报表或其他公开途径中获得的，并且还必须保证数据的及时性、真实性、准确性以及完整性，其中特别要强调数据的及时性，因为只有保证数据的及时性才能保证风险预警的及时性。本文选取的风险预警指标都能通过商业银行公开的财务报表以及其他公开途径得到，且所选指标经济含义明确，计算方法简单，便于实际运用到银行风险预警领域。

7.1.2　商业银行风险监管核心指标

为加强对商业银行风险的识别、评价和预警，有效防范金融风险，银监会于 2005 年底制定了《商业银行风险监管核心指标（试行）》，并规定自 2006 年 1 月 1 日起试行，旨在对商业银行的各项风险监管核心指标进行水平分析、同组比较分析及检查监督，并根据具体情况有选择地采取监管措施。商业银行风险监管核心指标是对商业银行实施风险监管的基准，是评价、监测和预警商业银行风险的参照体系。

商业银行风险监管核心指标分为 3 个层次，即风险水平、风险迁徙和风险抵补。风险水平类指标包括流动性风险指标、信用风险指标、市场风险指标和操作风险指标，以时点数据为基础，属于静态指标。风险迁徙类指标用来衡量商业银行风险变化的程度，表示为资产质量从前期到本期变化的比率，属于动态指标。风险迁徙类指标包括正常贷款迁徙率和不良贷款迁徙率。风险抵补类指标用来衡量商业银行抵补风险损失的能力，包括盈利能力、准备金充足程度和资本充足程度 3 个方面。

对于风险水平类指标，流动性风险指标是用来衡量商业银行流动性状况及其波动性的，包括流动性比例、核心负债比例和流动性缺口率，按照本币和外币分别计算。流动性比例为流动性资产余额与流动性负债余额之比，用来衡量商业银行流动性的总体水平，数值不应低于 25%；核心负债比例为核心负债与负债总额之比，数值不应低于 60%；流动性缺口率为 90 天内表内外流动性缺口与 90 天内到期表内外流动性资产之比，其数值不应低于−10%。信用风险指标包括不良资产率、单一集团客户授信集中度、全部关联度 3 类指标。不良资产率为不良资产与资产总额之比，其数值不应高于 4%，该项指标为一级指标，包括二级指标不良贷款率，不良贷款率为不良贷款与贷款总额之比，其数值不应高于 5%；单一集团客户授信集中度为最大一家集团客户授信总额与资本净额之比，其数值不应高于 15%，该项指标为一级指标，包括二级指标单一客户贷款集中度，单一客户贷款集中度为最大一家客户贷款总额与资本净额之比，其数值不应高于 10%；全部关联度为全部关联授信与资本净额之比，其数值不应高于 50%。市场风险指标衡量商业银行因汇率和利率变化而面临的风险，包括累计外汇敞口头寸比例和利率风险敏感度。累计外汇敞口头寸比例为累计外汇敞口头寸与资本净额之比，其数值不应高于 20%，具备条件的商业银行可同时采用其他方法（比如风险价值法和基本点现值法）计量外汇风险；利率风险敏感度为利率上升 200 个基点对银行净值的影响与资本净额之比，指标值将在相关政策出台后根据风险监管实际需要另行制定。

对于风险迁徙类指标，正常贷款迁徙率为正常贷款中变为不良贷款的金额与正常贷款之比，正常贷款包括正常类和关注类贷款，该项指标为一级指标，包括正常类贷款迁徙率和关注类贷款迁徙率两个二级指标。正常类贷款迁徙率为正常类贷款中变为后四类贷款的金额与正常类贷款金额之比，关注类贷款迁徙率为关注类贷款中变为不良贷款的金额与关注类贷款金额之比。不良贷款迁徙率包括次级类贷款迁徙率和可疑类贷款迁徙率。次级类贷款迁徙率为次级类贷款中变为可疑类贷款和损失类贷款的金额与次级类贷款之比，可疑类贷款迁徙率为可疑类贷款中变为损失类贷款的金额与可疑类贷款金额之比。

对于风险抵补类指标，盈利能力指标包括成本收入比、资产利润率和资本利润率。成本收入比为营业费用加折旧与营业收入之比，其数值不应高于 45%；资产利润率为税后净利润与平均资产总额之比，其数值不应低于 0.6%；资本利润率为税后净利润与平均净资产之比，其数值不应低于 11%。准备金充足程度指标包括资产损失准备充足率和贷款损失准备充足率。资产损失准备充足率为一级指标，为信用风险资产实际计提准备与应提准备之比，其数值不应低于 100%；贷款损失准备充足率为贷款实际计提准备与应提准备之比，其数值不应低于 100%，属二级指标。资本充足程度指标包括核心资本充足率和资本充足率，核心资本充足率为核心资本与风险加权资产之比，其数值不应低于 4%；资本充足率为核心资本加附属资本与风险加权资产之比，其数值不应低于 8%。

7.1.3　构建风险预警指标体系

本书在全面考虑选取风险预警指标遵循原则的基础上，结合银监会颁布的《商业银行风险监管核心指标》，参考中国版巴塞尔协议Ⅲ制定的四大监管工具，并且充分考虑所选取的预警指标的可获得性，最终从官方文件制定的风险水平、风险迁徙与风险抵补 3 个层次中选取了 16 个具有代表性的风险预警指标，构建了我国商业银行的风险预警指标体系，该体系涵盖风险全面，具有极强的可操作性，如表 7-1 所示。

表 7—1 我国商业银行风险预警指标体系

一级指标	二级指标	三级指标	指标计算公式（均计百分数）
我国商业银行风险预警指标体系	风险水平	流动性比率 X_1	流动性资产/流动性负债
		存贷比 X_2	贷款总额/存款总额
		不良贷款率 X_3	次级类、可疑类、损失类贷款之和/各项贷款
		单一最大客户贷款比率 X_4	单一最大客户贷款总额/贷款总额
		净利差 X_5	净利息收入/银行总资产或计息类资产
	风险迁徙	正常类贷款迁徙率 X_6	期初正常类贷款向下迁徙金额/（期初正常类贷款余额－期初正常类贷款期间减少金额）
		关注类贷款迁徙率 X_7	期初关注类贷款向下迁徙金额/（期初关注类贷款余额－期初关注类贷款期间减少金额）
		次级贷款迁徙率 X_8	期初次级类贷款向下迁徙金额/（期初次级类贷款余额－期初次级类贷款期间减少金额）
		可疑贷款迁徙率 X_9	期初可疑类贷款向下迁徙金额/（期初可疑类贷款余额－期初可疑类贷款期间减少金额）

续表 7-1

一级指标	二级指标	三级指标	指标计算公式（均计百分数）
我国商业银行风险预警指标体系	盈利能力	成本收入比 X_{10}	营业费用/营业收入
		资产收益率 X_{11}	净利润/平均资产总额
	准备金充足程度	净资产收益率 X_{12}	净利润/平均净资产
		拨款拨备率 X_{13}	贷款损失准备金余额/各项贷款余额
	风险抵补	拨备覆盖率 X_{14}	（一般准备＋专项准备＋特种准备）/（次级类贷款＋可疑类贷款＋损失类贷款）
	资本充足程度	资本充足率 X_{15}	（总资本－对应资本扣减项）/风险加权资产
		核心资本充足率 X_{16}	（核心一级资本－对应资本扣减项）/风险加权资产

资料来源：根据银监会《商业银行风险监管核心指标》整理得到。[①]

[①] 中国银行业监督管理委员会.《商业银行风险监管核心指标》[R]. 2005.

7.2 运用 BP 神经网络研究商业银行风险预警的可行性分析

人工神经网络（Artificial Neural Network，ANN）是由大量简单的处理单元（神经元）互相连接而形成的复杂网络系统，它反映了人脑功能的许多基本特征，是一个高度复杂的非线性动力学系统。神经网络具有大规模并行，分布式存储和处理，自组织、自适应和自学习能力等特点，特别适合处理需要同时考虑许多因素和不精确与模糊的信息处理问题。人工神经网络是一种重要的数学模型，该种模型类似于大脑神经突触连接的结构，可以进行信息处理。人工神经网络与传统人工智能不同，它特有的非线性适应性信息处理能力可以克服传统人工智能在模式识别、语音识别、非结构化信息处理等方面的缺陷，使得其在神经专家系统、模式识别、经济预测、智能控制、组合优化、风险预警等领域得到广泛应用。

将 BP 神经网络模型运用到我国商业银行风险预警领域具有以下几方面的优点。

第一，神经网络根据导入时的指标数据，通过多次重复、修正的训练过程（权值调整），找出输入和输出之间存在的隐含关联，并能够据此解决一些复杂且内部关系不确定的实际问题。和常用的数理统计分析方法相比，这种过程不单是根据导入的数据来求取关系，而是以原始数据为基础，通过不断训练来逼近期望结果，从而模拟出数学关系，有效地提高了导入数据的使用效率。它也不是完全依据对问题的经验知识和规则，因而具有自适应功能。

第二，商业银行体系风险预警和评价是较为复杂的系统性问题，各指标之间本身存在自相关等隐蔽的内部联系，呈现出复杂的非线性关系，而神经网络方法恰恰在处理非线性相关问题上具有独特的优势，其不仅能模拟出非线性的隐蔽联系，同时在学习过程中，网络本身处于反复的动态调整，从而对于指标之间的固有联系亦充分加以考虑。

第三，BP 神经网络是典型的误差前向传播网络，由于商业银行在我国出现的时间并不长，对于研究商业银行体系的金融风险而言，数据的获得显得尤为困难，如何在样本纵向序列并不十分充足的情况下展开建模分析是至关重要的。由于 BP 神经网络具有自动调整权值等科学功能，从而使得最终训练得到的神经网络数据可信度增强。

第四，神经网络对异常数据及不完全指标数据等具有极强的处理能力（即容错能力），而这一点通常在其他统计分析模型中难以规避，比如线性模型在面对异常指标数据波动时，通常会出现"伪回归"。尤其对于我国经济体制的特殊性，指标数据的质量往往较为低下，部分数据所反映的信息失真，由于 BP 神经网络模型建立了网络层级结构，将指标数据整体纳入考虑，并将误差反复修正，原始数据的误差也在训练中被神经网络不断缩小，最终足以被忽略。另外 BP 神经网络模型能够有效处理有噪声或者不完全的数据，这是其他数理统计模型所不能比拟的。由于历史的原因，我国商业银行的数据质量不是很高，数据中包含有许多噪声，并且很多信息都是不完整的。在这种情况下，BP 神经网络模型将会表现出很高的优越性。

BP 神经网络模型在经济预测领域内已有较为广泛的研究，例如股价预测、汇率波动估计、企业财务危机预警等，并且从模型试验输出看，均取得了较为理想的结果。从输入层—隐含层—输出层三者之间的节点映射关系来看，经济预警实质上是一个非线性函数逼近的过程；但从误差权值逐渐调整来看，经济预警实际上又是一个不断寻求最优的过程。函数逼近、最优化求解正是

BP 神经网络方法的核心运用所在。因此综合考虑 BP 神经网络所具有的众多优点以及对风险预警过程的分析来看，基于 BP 神经网络建立我国商业银行风险预警指标体系是十分可行的。

7.3 建立我国商业银行风险预警体系的实证研究

7.3.1 实证数据来源以及预处理

7.3.1.1 实证数据的来源

银监会颁布的《商业银行风险监管核心指标》定于 2006 年 1 月 1 日开始实施，其中规定的众多监管指标的信息披露也于 2006 年开始。因此考虑到数据的可获取性，本实证研究共选取了 14 家上市商业银行 2006—2013 年共计 8 年的数据，包括前面构建的商业银行风险预警体系的 16 个风险预警指标。这 14 家上市商业银行分别是民生银行、浦发银行、招商银行、兴业银行、中信银行、交通银行、北京银行、平安银行、工商银行、建设银行、中国银行、华夏银行、宁波银行、南京银行（农业银行和光大银行也是上市商业银行，不过由于它们上市时间较晚，在其官方公布的年报中一些年份数据缺失，因此未将它们列入研究范围）。研究数据均来源于各家上市商业银行官方网站公布的历年银行年报。

7.3.1.2 实证数据的预处理

（1）数据的标准化处理

数据的标准化处理是实证分析之前所必须进行的一项基础工作。不同的评价指标具有不同的量纲及量纲单位，会对数据分析的结果产生不利影响，而数据的标准化处理就是为了消除指标的量纲影响。为了满足 BP 神经网络的输入要求，要对所选取的训练样本进行标准化处理，通过指标的标准化处理，可以使属性数据转化为无量纲数据。最常用的标准化处理方法是最大最小值法，其具体处理方法如下。

①定性指标的处理。

定性指标是指无法直接通过数据计算分析评价内容，需对评价对象进行客观描述和分析来反映评价结果的指标。这些指标的确定可根据银行的实际情况由内部专家打分，将取值定在 $[0，1]$ 区间上。

②正向定量指标的处理。

正向定量指标是指其值越大代表银行的安全性越高、风险越小的值，无量纲化处理公式如下：

$$x_1' = \frac{x - \min(x)}{\max(x) - \min(x)}$$

③逆向定量指标的处理。

逆向定量指标是指其值越小代表银行的安全性越高、风险越小的值，无量纲化处理公式如下：

$$x_2' = \frac{\max(x) - x}{\max(x) - \min(x)}$$

④优化指标的处理。

优化指标是指指标具有一个最优的范围，太大或太小都不好，无量纲化处理公式如下：

$$x_3' = 1 - \frac{|x - x^*|}{\max(x) - \min(x)}$$

本实证研究所选取的风险预警指标除指标拨备覆盖率 X_{14} 之外，均满足标准化要求，此处只需要将 X_{14} 进行标准化处理，使得处理后的数据均在 $[0，1]$ 区间上，有利于后续分析。

（2）数据的同向化处理

风险预警指标体系的预警指标中包括正向指标和逆向指标两种不同方向的指标，为了保证主成分分析的客观性和科学性，需要对各指标进行同向化处理。一般地，指标的同向化处理都是进行正向化处理，因此本实证研究也按照惯例对指标进行正向化处理，其方法如下。

①正向指标保持不变。

正向指标是指标值越大对商业银行安全性越有利，代表商业银行风险越小的指标，在进行分析时对正向指标不需要进行处理。在进行后续的主成分分析中采用的正向指标包括流动性比率、净利差、资产收益率、净资产收益率、贷款拨备率、拨备覆盖率、资本充足率、核心资本充足率。

②逆向指标的同向化。

逆向指标是指标值越小对商业银行安全性越有利，代表商业银行风险越小的指标，在进行分析时采用公式 $x' = 1 - x$ 对其进行正向化处理。本实证研究中选取的风险预警指标中属于逆向指标的有：存贷比、不良贷款率、单一最大客户贷款比率、正常类贷款迁徙率、关注类贷款迁徙率、次级贷款迁徙率、可疑贷款迁徙率和成本收入比。根据《商业银行风险监管核心指标》的规定及自行计算平均值方法确定了 16 个风险预警指标的风险阈值，通过同向化处理得到调整后的指标风险阈值，如表 7-2 所示。

表 7-2 我国商业银行风险预警体系指标阈值

一级指标	二级指标	三级指标	阈值	调整方式	调整后阈值
银行风险	风险水平	流动性风险	流动性比率 X_1	≥25%	—	≥25%
			存贷比 X_2	≤75%	1-存贷比	≥25%
		信用风险	不良贷款率 X_3	≤5%	1-不良贷款率	≥95%
			单一最大客户贷款比率 X_4	≤10%	1-单一最大客户贷款比率	≥90%
		市场风险	净利差 X_5	≥2.5%	—	≥2.5%
	风险迁徙	正常贷款迁徙率	正常类贷款迁徙率 X_6	≤2.25%	1-正常类贷款迁徙率	≥97.75%
			关注类贷款迁徙率 X_7	≤15%	1-关注类贷款迁徙率	≥85%
		不良贷款迁徙率	次级贷款迁徙率 X_8	≤40%	1-次级贷款迁徙率	≥60%
			可疑贷款迁徙率 X_9	≤19%	1-可疑贷款迁徙率	≥81%
	风险抵补	盈利能力	成本收入比 X_{10}	≤45%	1-成本收入比	≥55%
			资产收益率 X_{11}	≥0.6%	—	≥0.6%
			净资产收益率 X_{12}	≥11%	—	≥11%
		准备金充足程度	贷款拨备率 X_{13}	≥2.5%	—	≥2.5%
			拨备覆盖率 X_{14}	≥22.5%	—	≥22.5%
		资本充足程度	资本充足率 X_{15}	≥8%	—	≥8%
			核心资本充足率 X_{16}	≥5%	—	≥5%

7.3.2 样本银行风险状况分析

7.3.2.1 主成分分析法的基本思想

为了更为准确地反映事物的特征，人们经常会在模型中加入较多相关解释变量，这不仅使得问题分析变得复杂，而且变量之间可能存在多重共线性，使得数据提供的信息发生重叠，甚至会抹杀事物的真正特征。为了解决这些问题，需要采用降维的思想，将所有指标的信息通过少数几个指标来反映，在低维空间将信息分解为互不相关的部分以获得更有意义的解释。主成分分析便是解决这类问题的有效方法。主成分分析（Principal Components Analysis，PCA）是由霍特林于 1933 年首先提出的，它通过投影的方法来实现数据的降维，在损失较少数据信息的基础上把多个指标转化为几个有代表意义的综合指标。

7.3.2.2　主成分分析法的基本原理

假如对某一问题的研究涉及 p 个指标，记为 X_1，X_2，$\cdots$，X_p，由这 p 个随机变量构成的随机向量为 $\boldsymbol{X} = (X_1, X_2, \cdots, X_p)^{\mathrm{T}}$，设 $\boldsymbol{X}$ 的均值向量为 $\boldsymbol{\mu}$，协方差矩阵为 $\sum$。设 $\boldsymbol{Y} = (Y_1, Y_2, \cdots, Y_p)^{\mathrm{T}}$ 为对 $\boldsymbol{X}$ 进行线性变换得到的合成随机变量，即

$$\begin{pmatrix} Y_1 \\ Y_2 \\ \vdots \\ Y_p \end{pmatrix} = \begin{pmatrix} a_{11} & a_{12} & \cdots & a_{1p} \\ a_{21} & a_{22} & \cdots & a_{2p} \\ \vdots & \vdots & & \vdots \\ a_{p1} & a_{p2} & \cdots & a_{pp} \end{pmatrix} \begin{pmatrix} X_1 \\ X_2 \\ \vdots \\ X_p \end{pmatrix}$$

设 $\boldsymbol{a}_i = (a_{i_1}, a_{i_2}, \cdots, a_{i_p})^{\mathrm{T}}$，$\boldsymbol{A} = (a_1, a_2, \cdots, a_p)^{\mathrm{T}}$，则有：

$$\boldsymbol{Y} = \boldsymbol{AX}, \quad i = 1, 2, \cdots, p$$

$$\mathrm{var}(Y_i) = ai' \sum ai, \quad i = 1, 2, \cdots, p$$

$$\mathrm{cov}(Y_i, Y_j) = ai' \sum aj, i, j = 1, 2, \cdots, p$$

由上式可以看出，可以对原始变量进行任意的线性变换，不同线性变换得到的合成变量 $\boldsymbol{Y}$ 的统计特征显然是不一样的。每个 Y_i 应尽可能地反映 p 个原始变量的信息，通常用方差来度量信息，Y_i 的方差越大表示它所包含的信息越多。同样可以看出，将系数向量 ai 扩大任意倍数会使 Y_i 的方差无限增大，为了消除这种不确定性，增加约束条件 $ai'ai = 1$。同时为了有效地反映原

始变量的信息，Y 的不同分量包含的信息不应该重叠。综上所述，所进行的线性变换需要满足下面的约束。

① $a_i^T a_i = 1$，$i = 1, 2, \cdots, p$。

② Y_1 在满足上面约束的情况下，方差最大；Y_2 是在满足上面约束，且与 Y_1 不相关的条件下，其方差达到最大……Y_p 是在满足上面约束，且与 Y_1，Y_2，…，Y_{p-1} 不相关的条件下，在各种线性组合中方差达到最大者。

满足上述约束得到的合成变量 Y_1，Y_2，…，Y_p 分别称为原始变量的第一主成分，第二主成分，…，第 p 主成分，而且各成分方差在总方差中所占的比重依次递减。在实际研究工作中，仅挑选前几个方差较大的主成分，以达到简化系统结构的目的。

7.3.2.3　运用主成分分析法度量样本风险状况的可行性分析

评价商业银行风险的传统方法是设置反映银行风险状况的若干指标，对这些指标分别进行评分，然后对每一个指标赋予一定的权重，计算出各项指标的加权平均得分。这个加权平均分数就是银行风险的量化指标。这种评价方法存在两个比较明显的缺陷。首先，反映银行风险的指标很多，每个指标都在不同程度上反映银行风险的某些信息，指标之间彼此又有一定的相关性，其反映的信息在一定程度上有重叠，因此对于选择哪几个指标来衡量银行风险没有确定的标准。选用的指标过少可能会遗漏重要信息，不能全面准确地反映风险；选用的指标过多不仅大大增加计算量，而且会因为指标之间信息的大量重叠增大分析的难度。其次，各个指标的评分和权重的确定取决于制定指标体系人员的经验和主观判断，随意性很强。

因此，本实证研究不采用传统评价方法，而是首先采集较多的原始指标数据，以便尽可能完整地搜集信息，避免遗漏重要信息，然后运用主成分分析法找出影响银行风险状况的几个综合指标，使综合指标为原来指标的线性组合，按累计贡献率的大小计算出前面几个主成分即可。然后将某个主成分的方差贡献率占所有综合指标的累积贡献率的比重作为权重，再将综合指标相加。这样既避免了指标的信息重叠问题，又避免了指标的分值和权重确定的主观随意性。虽然使用主成分分析提取综合指标，有关原始指标的某些信息会有所损失，但可以简化数据结构，抓住主要矛盾。从商业银行的自身属性和本实证研究的实际出发，选择主成分分析方法进行银行风险的综合评价是比较合适的。

7.3.2.4 运用主成分分析法度量样本风险状况

(1) 效度检验

主成分分析有一个默认的前提条件就是各变量间必须有相关性，否则各变量间没有共享信息，就不应当有主成分提取，自然也谈不上该方法。这是主成分分析最为严格的前提条件。具体在该条件的判断上，除了根据专业知识的估计外，还可以使用 KMO 统计量和 Bartlett's 球形检验加以判定。一般认为 KMO 值低于 0.5 时不适合做主成分分析，KMO 值在 0.7 以上效果不错，越接近 1 效果越好。根据 SPSS 中的分析结果可以看到，KMO 统计量为 $0.785 > 0.7$，Bartlett's 球形检验统计值通过显著性检（$p < 0.001$），各变量之间具有相关性，说明数据适合进行主成分分析，如表 7−3 所示。

表 7−3　KMO 统计量与 Barlett's 球形检验

Kaiser-Meyer-Olkin Measure of Sampling Adequacy		0.785
Bartlett's Test of Sphericity	Approx. Chi-Square	875.548
	df	120
	Sig	0.000

（2）确定提取的主成分个数

主成分分析的目的之一是减少变量的个数，但是对于应保留多少个主成分没有确切的标准。通常需要综合考虑样本总方差的量、主成分的累积贡献率、特征值的相对大小以及各成分对现实的阐述。一般主成分个数的确定方法有 3 种，如图 7-1 所示。第一种方法是取主成分的个数要确保使得累积贡献率达到 80% 以上较好。第二个比较常用的方法是碎石图，首先将特征值 λ_i 按照从大到小的顺序进行排列，碎石图是特征值与相应序号 i 的图形，其中横轴表示序号，纵轴表示特征值 λ_i。为了确定主成分的合适个数，选择碎石图斜率变化较大的拐弯点，通常在此序号之后的特征值取值比较小，则此序 (i, λ_i) 作为主成分的个数。第三个经验的判断方法是只保留那些方差大于 1 的主成分。

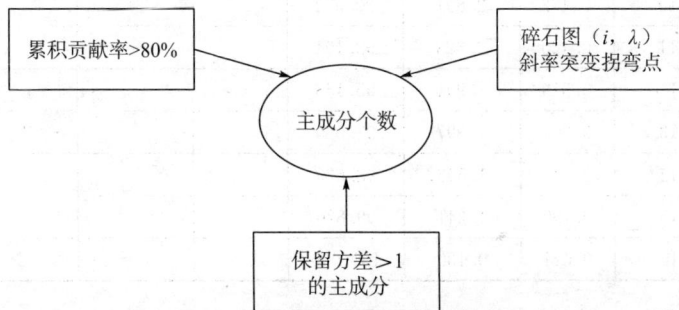

图 7-1　主成分个数的确定方法

表 7-4 列出了本实证研究主成分方差解释。

表 7-4　主成分总方差解释

Component（因子）	Initial Eigenvalues			Extraction Sums of Squared Loadings		
	Total（总成分）	% of Variance（方差）	Cumulative %（累积贡献率）	Total（总成分）	% of Variance（方差）	Cumulative %（累积贡献率）
1	3.648	22.802	22.802	3.648	22.802	22.802

Component (因子)	Initial Eigenvalues			Extraction Sums of Squared Loadings		
	Total（总成分）	% of Variance（方差）	Cumulative %（累积贡献率）	Total（总成分）	% of Variance（方差）	Cumulative %（累积贡献率）
2	2.652	16.574	39.375	2.652	16.574	39.375
3	1.716	10.723	50.098	1.716	10.723	50.098
4	1.488	9.301	59.399	1.488	9.301	59.399
5	1.304	8.152	67.552	1.304	8.152	67.552
6	1.044	6.523	74.074	1.044	6.523	74.074
7	0.843	5.266	79.340	0.843	5.266	79.340
8	0.769	4.806	84.146	0.769	4.806	84.146
9	0.566	3.535	87.681			
10	0.462	2.891	90.572			
11	0.420	2.623	93.194			
12	0.319	1.994	95.188			
13	0.304	1.897	97.085			
14	0.247	1.543	98.629			
15	0.199	1.241	99.870			
16	0.021	0.130	100.000			

Extraction Method：Principal Component Analysis。

本实证研究即采用第一种方法来确定主成分的提取个数，即提取的主成分个数要确保累积贡献率达到80％以上，根据表7—4中的主成分总方差解释可以看到前8个主成分的累积贡献率达到了84.146％，即达到了要求，因此确定提取的主成分个数为8个。

（3）主成分综合得分表达式的确定

将数据输入统计软件SPSS中进行主成分分析得到原始因子载荷矩阵，如表7—5所示。

表7-5　原始因子载荷矩阵*

	Component（因子）							
	1	2	3	4	5	6	7	8
X_1	0.088	−0.420	−0.518	−0.037	0.294	0.388	0.191	0.005
X_2	0.520	−0.609	−0.142	0.213	−0.060	−0.178	−0.118	0.063
X_3	0.261	0.747	−0.343	−0.167	−0.169	0.076	0.064	0.184
X_4	0.204	0.401	0.287	−0.475	0.126	−0.321	−0.110	0.438
X_5	−0.017	−0.008	0.204	−0.304	0.728	−0.265	0.387	−0.129
X_6	−0.003	0.590	0.427	0.033	−0.142	0.017	0.006	−0.480
X_7	0.579	−0.037	0.006	0.069	−0.226	0.074	0.707	0.067
X_8	0.096	−0.135	0.511	−0.097	0.162	0.662	−0.101	0.359
X_9	0.364	−0.020	0.753	0.278	−0.012	0.130	0.069	−0.053
X_{10}	0.767	0.129	0.025	0.369	−0.043	0.111	−0.065	−0.070
X_{11}	0.734	0.363	−0.042	0.090	0.388	−0.011	−0.075	−0.013
X_{12}	−0.114	0.302	−0.176	0.585	0.614	0.029	−0.168	−0.004
X_{13}	0.365	−0.432	0.199	0.411	−0.056	−0.456	0.016	0.241
X_{14}	0.313	0.732	−0.287	0.272	−0.102	0.001	0.067	0.159
X_{15}	0.839	−0.157	−0.115	−0.378	0.020	0.015	−0.168	−0.149
X_{16}	0.841	−0.178	−0.077	−0.362	0.010	0.029	−0.200	−0.212

*　8 components extracted。

但是由于 SPSS 统计软件是将因子分析和主成分分析集成在一起的，而没有专门的主成分分析功能。所以通过 SPSS 分析得到的表7-5 中的数据还不能作为各主成分表达式的系数，还必须通过对上表中的每一列数据分别除以各主成分特征根的平方根，即可得到各主成分表达式的系数，也就是调整后的新的因子载荷矩阵，如表7-6 所示。

表 7-6　调整后的因子载荷矩阵[*]

| | Component（因子） | | | | | | | |
	1	2	3	4	5	6	7	8
X_1	0.046	-0.258	-0.396	-0.030	0.257	0.379	0.208	0.005
X_2	0.272	-0.374	-0.108	0.174	-0.053	-0.174	-0.129	0.072
X_3	0.137	0.459	-0.262	-0.137	-0.148	0.074	0.070	0.209
X_4	0.107	0.247	0.219	-0.389	0.110	-0.314	-0.119	0.500
X_5	-0.009	-0.005	0.156	-0.249	0.637	-0.259	0.422	-0.147
X_6	-0.002	0.362	0.326	0.027	-0.125	0.017	0.006	-0.547
X_7	0.303	-0.023	0.005	0.056	-0.198	0.073	0.770	0.076
X_8	0.050	-0.083	0.390	-0.079	0.142	0.648	-0.110	0.410
X_9	0.190	-0.012	0.575	0.228	-0.010	0.128	0.075	-0.060
X_{10}	0.402	0.079	0.019	0.302	-0.037	0.109	-0.071	-0.080
X_{11}	0.384	0.223	-0.032	0.074	0.339	-0.010	-0.082	-0.014
X_{12}	-0.060	0.186	-0.134	0.479	0.537	0.028	-0.183	-0.005
X_{13}	0.191	-0.265	0.152	0.337	-0.049	-0.446	0.017	0.275
X_{14}	0.164	0.449	-0.219	0.223	-0.089	0.001	0.073	0.182
X_{15}	0.439	-0.097	-0.088	-0.310	0.018	0.015	-0.182	-0.170
X_{16}	0.440	-0.110	-0.059	-0.297	0.009	0.028	-0.218	-0.242

[*]　8 components extracted。

根据调整后的因子载荷矩阵，可以分别按照以上每个主成分对应的数据写出 8 个主成分的表达式，以贡献率为权重对 8 个主成分进行加权综合，最后得到总的主成分得分表达式，即商业银行风险综合值计算式：

$$F = 0.0244X_1 - 0.0168X_2 + 0.0868X_3 + 0.0698X_4 +$$
$$0.0484X_5 + 0.0737X_6 + 0.1236X_7 + 0.1187X_8 +$$
$$0.1578X_9 + 0.15641X_{10} + 0.1783X_{11} + 0.0987X_{12} +$$
$$0.0336X_{13} + 0.1360X_{14} + 0.0362X_{15} + 0.0330X_{16}$$

（4）样本银行风险状况分类

上面得到了商业银行风险综合值计算式，接下来就要根据此计算式来计算样本银行的风险综合值的大小。将 14 家上市银行 2006—2013 年共计 8 年的风险预警数据代入上式，即得到 112 个样本银行的风险综合值。必须注意的是此处代入的数据应该是在主成分分析中进行标准化后的数据。针对所得到的 112 个样本银行的风险综合值，本实证研究采用 Matlab 软件中的 prctile 函数来计算样本银行风险综合值的四分位数，得到的结果如下：

$$\text{prctile}(F, 25\%) = -0.3804$$
$$\text{prctile}(F, 50\%) = 0.1271$$
$$\text{prctile}(F, 75\%) = 0.5143$$

考虑到分位数的整数性以及样本银行的实际风险状况，可以将样本银行的风险值分为如表 7-7 所示的 4 种情况，最后统计出 112 家样本银行中共有 30 个安全样本、33 个基本安全样本、36 个轻微风险样本以及 13 个严重风险样本。

表 7-7　样本银行风险分类

F 值所属区间	风险状况	Matlab 输出结果
$(0.5, \infty)$	安全	$(1, 0, 0, 0)$
$(0, 0.5]$	基本安全	$(0, 1, 0, 0)$
$(-1, 0]$	轻微风险	$(0, 0, 1, 0)$
$(-\infty, -1]$	严重风险	$(0, 0, 0, 1)$

7.3.3　BP 神经网络的训练与检验

7.3.3.1　BP 神经网络结构设计

（1）网络节点数

①输入层节点数。

输入层节点的多少与商业银行风险预警体系的预警指标个数相对应，根据表 7－1 建立的商业银行风险预警指标体系可知，输入层节点数为 $n=16$。

②隐含层节点数。

隐含层节点的作用是从样本中提取并存储其内在规律，每个隐含层节点有若干个权值，而每个权值都是增强网络映射能力的一个参数。隐含层节点数量太少，网络从样本中获取信息的能力就差，不足以概况和体现训练集中的样本规律；隐含层节点过多，又可能把样本中非规律性的内容（如噪声等）学会并且记牢，从而出现所谓"过度吻合"问题，反而降低了泛化能力。此外，隐含层节点设定过多还会增加网络的训练时间。

设置多少个隐含层节点取决于训练样本数的多少、样本噪声的大小以及样本中蕴含规律的复杂程度。一般来说，波动次数多、幅度变化大的复杂非线性函数要求网络具有较多的隐含层节点来增强其映射能力。确定最佳隐含层节点数的一个常用方法为试凑法，可先设置较少的隐含层节点训练网络，然后逐渐增加隐含层节点数，用同一样本集进行训练，从中确定网络误差最小时对应的隐含层节点数。在运用试凑法时，可以运用一些确定隐含层节点的经验公式：

$$v < n - 1$$
$$v = \sqrt{(m + n)} + a$$
$$v = \log_2 n$$
$$v = \sqrt{mn}$$

其中：v 为隐含层节点数；n 为输入层节点数；m 为输出层节点数；a 为 0～10 之间的整数。[①]

本实证研究采用公式 $v = \sqrt{(m+n)} + a$，利用试凑法来确定隐含层节点数的个数，将输入层节点数与输出层节点数代入公式，综合考虑输出网络误差的大小及训练步数等，最终确定隐含层节点数为 $v=9$。

③输出层节点数。

根据主成分分析法的综合评分得到的 4 种预警结果，我们将定义预警信号为安全（1，0，0，0）、基本安全（0，1，0，0）、轻微风险（0，0，1，0）与严重风险（0，0，0，1），分别对应于主成分得分表中的 4 种不同的风险状态：$F \in (0.5, +\infty)$，安全；$F \in (0, 0.5]$，基本安全；$F \in (-1, 0]$，轻微风险；$F \in (-\infty, -1]$，严重风险。

因此输出节点数确定为 $m=4$。

（2）网络函数

①创建函数。

在 Matlab 神经网络工具箱中提供了 newcf 以及 newff 函数，用于创建 BP 神经网络。

A. newcf 函数。

该函数用于创建级联前向 BP 神经网络函数，其调用格式为：

$$net = newcf$$

$$net = newcf(PR, [S_1, S_2, \cdots, S_N], \{TF_1, TF_2, \cdots, TF_{N1}\}, BTF, BLF, PF)$$

net＝newcf 用于在对话框中创建一个 BP 网络。其中：

PR——由每组输入（共有 R 组输入）元素的最大值和最小

---

① 韩力群. 人工神经网络理论、设计及应用 [M]. 北京：化学工业出版社，2011.

值组成的 $R \times 2$ 维的矩阵；

S_i——第 i 层的长度，共计 N 层；

TF_i——第 i 层的传递函数，默认为 tansig；

BTF——BP 网络的训练函数，默认为 trainlm；

BLF——权值和阈值的 BP 学习算法，默认为 learngdm；

PF——网络的性能函数，默认为 mse。

B. newff 函数。

该函数用于创建一个前向神经网络，其调用格式为：

net = newff(P,T,S,TF,BTF,BLF,PF,IPF,OPF,DDF)

其中：P——输入数据矩阵；

T——目标数据矩阵；

S——隐含层节点数；

TF——节点传递函数，包括线性传递函数 purelin、正切 S 型传递函数 tansig 和对数 S 型传递函数 logsig；

BTF——训练函数；

BLF——网络学习函数；

PF——性能分析函数；

IPF——输入数据处理；

OPF——输出处理函数；

DDF——验证数据划分函数。

本实证研究即采用 newff 函数来完成前向神经网络的构建。

②传递函数。

A. logsig 函数。

该传递函数为 S 型的对数函数，其调用格式为：

$$A = logsig(N,FP)$$

式中，N 为 $S \times Q$ 维的网络输入（列）向量矩阵，FP 为性能参数（可忽略），返回网络输入向量 N 的输出矩阵 A。

dA _ dN= logsig ('dn', N, A, FP)：返回 A 关于 N 的导

数 dA_dN，如果 A 或 FP 没有给出或为空矩阵，则 FP 返回默认参数。

B. tansig 函数。

该传递函数为双曲正切的函数。它把神经元的输入范围 $(-\infty, +\infty)$ 映射到 $(-1, +1)$，并且它是可导函数，适用于 BP 训练的神经元，其调用格式为：

$$A = tansig(N, FP)$$

式中，N 为 S×Q 维的网络输入（列）向量矩阵，FP 为性能参数（可忽略），返回网络输入向量 N 的输出矩阵 A。

dA_dN=tansig（'dn'，N，A，FP）：返回 A 关于 N 的导数 dA_dN，如果 A 或 FP 没有给出或为空矩阵，则 FP 返回默认参数。

本实证研究选取隐含层传递函数为双曲正切的函数 tansig，选取输出层传递函数为 S 型的对数函数 logsig。

③训练函数。

在 Matlab 神经网络工具箱中提供了若干函数用于进行 BP 神经网络的训练。本实证研究采用 trainlm 函数，此函数采用 LM（levenberg-marquardt）网络学习算法。LM 算法是为了训练中等规模的前馈神经网络（多达数百个连接权）而提出的最快速算法，如果要求的精度比较高，则该算法的优点尤其突出。在许多情况下，采用 LM 算法的训练函数 trainlm 能够获得比其他任何一种算法更小的均方误差。

（3）训练参数

①学习速率。

一般地，较大的学习速率会使网络不稳定，达不到误差范围即开始发散，而学习速率设定过小会导致训练时间长、收敛慢，达不到所要求的误差。一般学习速率的取值在 (0.01, 0.8) 之间，实践中取该范围中较小值以保持系统稳定。通过观察误差下降曲线来判断，如果误差下降较快说明学习速率比较合适，若有较大振荡则说明学习速率偏大。本实证研究通过多次仿真实验，经过反复地实验对比，选取学习速率的值为 lr=0.3。

②训练次数。

网络的训练次数依赖于实际情况，只有在其他参数选择适当时，较大的训练次数才能得到更精确的结果，否则循环次数增大时会使网络产生振荡或发散。训练次数较少则不能达到误差目标，训练次数较多则容易发生过度训练从而影响网络的准确性。在实践中，循环次数由小到大逐次调试，本实证研究最终确定训练次数为 epochs=1000。

③目标误差。

训练目标误差设置值的大小能够影响到 BP 神经网络模型训练及检验的准确性，一般说来目标误差设定值越小，训练的准确性就越高。经过综合考虑，本实证研究设定目标误差值为 goal=0.0001。

至此，BP 神经网络结构设计完成，如表 7-8 所示。接下来将进入网络训练与检验阶段。

表 7-8　BP 神经网络结构设计

BP神经网络结构	网络节点数	输入层节点数	16	
		隐含层节点数	9	采用试凑法得到
		输出层节点数	4	
	网络函数	创建函数	newff	
		隐含层传递函数	tansig	S型正切函数，映射区间（-1，+1）
		输出层传递函数	logsig	双曲正切函数 tansig，映射区间（0，1）
		训练函数	trainlm	中等规模的前馈神经网络最快速算法
	训练参数	学习速率	0.3	
		训练次数	1000	
		目标误差	0.0001	

7.3.3.2　BP 神经网络的训练

根据前面对商业银行风险状况的度量可知，在 112 个样本银行中共有 30 个安全样本、33 个基本安全样本、36 个轻微风险样本以及 13 个严重风险样本。采用随机抽样的方法分别在 14 家上市银行 8 年的数据中抽取一年的数据作为检验样本，共计 14 个检验样本，剩余的样本全部作为训练样本，总计 14 家上市银行 7 年数据即 98 个训练样本。

在 Matlab 软件中建立 BP 神经网络模型，按照表 7-8 完成 BP 神经网络的结构设计来构建网络，建立的 newff 函数如下：
net = newff(minmax(X),[9,4],{ 'tansig','logsig'},'trainlm')

newff 函数能够自动初始化权值与阈值，在创建好神经网络后，便进入网络训练过程。网络的学习训练过程就是各层权值与阈值不断调整的过程，只有当输出层的误差达到要求后这一过程才停止。训练函数设定如表 7-8 所示。最后训练结果显示当网络训练达到 31 步时，输出层误差达到目标误差，训练结束，其结果如图 7-2 所示。

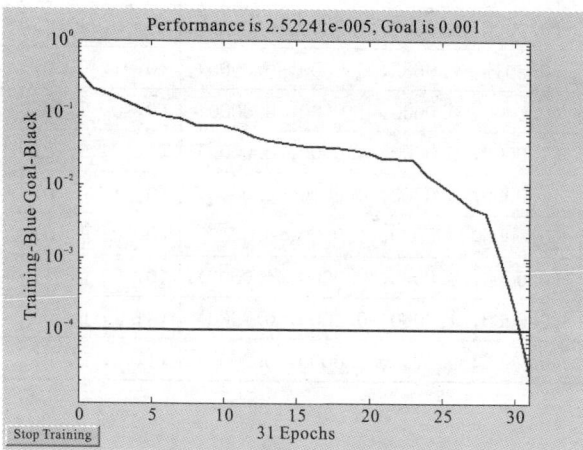

图 7-2　神经网络训练误差曲线

7.3.3.3 BP 神经网络的检验

首先将前面采用随机抽样得到的检验样本数据和与它对应的风险状况结果作为模型检测的输入和期望输出，然后将期望输出值与实际输出值进行对比，结果如表 7-9 所示。根据检测结果可以看到，用于检验的 14 个银行样本数据，比较其实际输出值与期望输出值发现只有一个样本银行出现了不一致，网络检验的准确率高达 92.86%，这表明将神经网络模型应用到商业银行风险预警体系的构建中是可行的，具有很高的预测精度，对建立我国商业银行风险预警体系有相当重要的指导意义。

表 7-9　网络的检验结果

检验样本序号	实际输出结果	期望输出结果	实际与期望输出结果
1	(0.0000, 0.0000, 0.9780, 0.0239)	(0, 0, 1, 0)	一致
2	(0.0000, 0.0000, 0.0000, 1.0000)	(0, 0, 0, 1)	一致
3	(0.0000, 1.0000, 0.0000, 0.0000)	(0, 1, 0, 0)	一致
4	(1.0000, 0.0000, 0.0000, 0.0000)	(1, 0, 0, 0)	一致
5	(1.0000, 0.0000, 0.0000, 0.0000)	(1, 0, 0, 0)	一致
6	(0.0000, 0.0000, 1.0000, 0.0000)	(0, 0, 1, 0)	一致
7	(0.3019, 0.9685, 0.0000, 0.0000)	(0, 1, 0, 0)	不一致
8	(0.0000, 0.0000, 1.0000, 0.0000)	(0, 0, 1, 0)	一致
9	(1.0000, 0.0000, 0.0000, 0.0000)	(1, 0, 0, 0)	一致
10	(0.0000, 1.0000, 0.0000, 0.0000)	(0, 1, 0, 0)	一致
11	(0.0000, 0.0000, 1.0000, 0.0000)	(0, 0, 1, 0)	一致
12	(0.0000, 0.0000, 0.0000, 1.0000)	(0, 0, 0, 1)	一致
13	(0.0000, 1.0000, 0.0000, 0.0000)	(0, 1, 0, 0)	一致
14	(0.9602, 0.0235, 0.0000, 0.0000)	(1, 0, 0, 0)	一致

第8章 未来我国银行监管的政策调整方向

8.1 设立短期以及中长期监管改革目标

从银行监管体制本身来说，中国人民银行的一元化监管可以降低监管协调成本，提高监管效率，同时提高抵御系统性风险的能力。但是一元化的监管体制对监管主体的独立性和监管能力有较高要求，相关制度和法律框架也需要足够完备以应对可能产生的监管腐败和监管寻租。因此就我国目前的银行业监管形势来看，一步到位地变革为中国人民银行主导的一元化监管体制显得不太实际。同时，监管体制的整体重构需要投入大量成本，因此根据改革的深入程度制定阶段性改革目标显得更为可行。考虑到目前的监管体制和我国银行业发展状况基本契合，因此短期内对二元化的监管体制不做大幅调整。针对目前监管体制中存在的诸多问题，可在原有的体制框架下进行制度调整和权责的重新明确，同时建立更加有效的沟通、协调机制。但从长远来看，多元化监管主体之间的分工协调带来了高额的监管成本，因此可以在监管体制的转变过程中不断强化中国人民银行的权限，在相关法律法规和内控机制基本完善的基础上，将各金融机构和金融服务的监管权限逐渐移交给中国人民银行下属相关部门，最终建立一体化的强大监管主体。

8.1.1 设立短期监管改革目标

8.1.1.1 完善二元化监管体系

由于银行业监管机构在行政上是统一的，一元化监管体制往往具有较高的监管水平和监管效率，同时也有利于减少额外开支，降低监管成本。但是这种模式更适用于银行业发展成熟并且央行独立性较强的市场，这也是英国、日本一直推行一元化监管体制的主要原因。我国商业银行的发展水平并不高，中国人民银行的监管能力也有待考验，在此情形下一步到位地向一元化监管体制转变显得不太合适。同时，考虑到我国目前高额的监管成本，在短期内进行大规模的体制变动也不太现实。"一行三会"的金融监管体制和二元化的银行监管体制在某种程度上是适合我国现阶段金融形势的，分业监管也将在较长时期内继续适用。因此短期的改革建议是在现有的银行监管体制上进行完善，明确各方分工并就相关监管缺陷做出应对。

首先在具体监管职能的设置上，原有的银行监管职能被明确划分为中国人民银行的宏观审慎监管和银监会的微观审慎监管；其次，中国人民银行被赋予系统重要性银行的监管职能，从宏观层面把控银行业的整体风险；最后，三方联席会议升级成中国人民银行牵头的制度性会面，保证监管各方及时有效的沟通，如图8-1所示。

中国人民银行对系统重要性银行的直接监管，以及对所有银行的宏观审慎监管均表现为目标型监管；银监会负责所有银行的微观审慎监管，证监会和保监会继续负责银行业的跨业监管，"三会"的监管性质依然保持为功能型监管，如表8-1所示。这样的监管职责设置在现有的分业监管体制下突出了系统性风险的重要意义，同时通过明确中国人民银行和银监会的职能划分提高了监管效率，降低了监管成本。

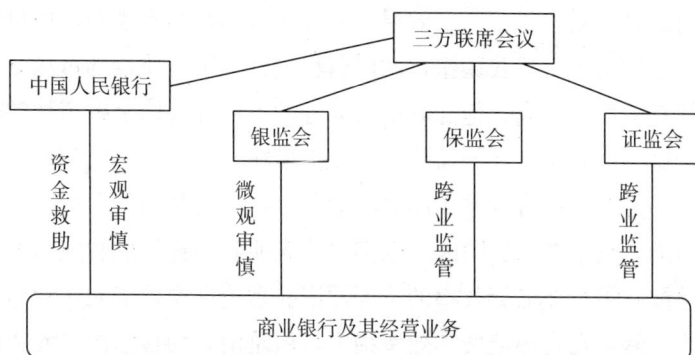

图 8-1　总监管体系

表 8-1　银行监管分工

监管主体	监管对象	监管性质	监管目标
中国人民银行	系统重要性银行	目标型监管	控制大型银行系统性风险,维护银行体系稳定性
	所有银行	目标型监管	实施宏观审慎监管,对银行风险进行指标性管理,维护系统稳定性
银监会	所有银行	功能型监管	实施微观审慎监管,对银行业务及其他银行进行管理
证监会	部分银行	功能型监管	对开展证券业务的银行实施跨业监管
保监会	部分银行	功能型监管	对开展保险业务的银行实施跨业监管

因此我国的银行监管虽然存在诸多问题,却也一直没有发生大的系统性风险事件。在今后的银行监管体制改革中还需要继续贯彻这一思想,增加体制研究的频率和监管体制的灵活性,保持监管体制的持续动态调整。

8.1.1.2　综合考虑监管成本和监管收益

监管效率是监管体制构建的首要考虑因素,监管效率又包括监管收益和监管成本两个维度,在设定监管体制改革目标时需要综合考虑这两个因素。在我国的商业银行体制演变过程中,银监

213

会的成立显然取得了一定效果，从第 4 章的目标实现分析中可以发现银监会成立后我国银行的经营稳健性、资产质量和市场竞争力都有了大幅提高。但随着银行业务的发展和我国金融市场的放开，这一体制中存在的监管主体职能模糊、宏观审慎监管主体缺失、各方沟通配合困难等问题渐渐凸显，这对我国的银行监管体制提出了改革要求。同时，众多研究表明我国银行监管成本偏高也是抑制银行业监管效率的重要原因。理论上说，多元化的监管主体必然存在资源浪费和效率损失，但是由我国目前的二元化监管体制转型为一元化监管体制涉及大量机构、人员配置上的调整，以及法律、法规体系的重构，这又引发了许多额外成本。这一问题也需要在设定监管体制改革目标的过程中予以考虑。

8.1.1.3　完善监管主体的分工协调和信息沟通

我国银监会和中国人民银行在银行监管职能的划分上并没有实现二元化监管体制的设立构想，而是形成了宏观、微观监管交错的混乱局面。这一现象造成了银行业监管疏漏、监管重复的存在，并且无端增加了大量监管成本。笔者认为，解决职能混乱的主要措施是完善相关法律体系，对于重复监管的条款予以撤销，对于金融创新等疏漏部分予以添加。在监管理念上，明确"中国人民银行管宏观，银监会管微观"这一基本思路，并在此基础上建立明晰的监管职能划分。同时，笔者认为监管职能划分的实现要基于高效的沟通合作机制及信息共享机制。因此在短期改革中应集中精力攻克这一难点，从法律上确立中国人民银行与功能型监管机构之间的信息共享机制，以及推进"一行三会"监管联席会议的制度化。

8.1.1.4　完善我国银行监管协调机制

此次金融危机爆发伊始，各国都没有重视其中系统性风险的表现，这是危机爆发并蔓延的原因之一。而危机后，各国普遍意识到宏观审慎监管的重要性，纷纷设立或完善牵头机构来负责银行监管体系的运作，加强宏观审慎监管。我国银行监管体系也存在监管部门之间不协调的问题，这对于执行宏观监管是极其不利的。针对此种情况，我们应该指定中国人民银行或者银监会作为银行监管体系的牵头者，总体实施审慎监管，加强与其他监管机构的协调合作，克服多头监管带来的意见冲突以及由此导致的监管效率低下等问题。

无论是银行监管机构之间、商业银行与监管机构之间，还是银行监管机构与外部监管机构之间都应当确立良好的协调机制，建立信息共享制度。建立共同的信息分享平台，使银行业监管的中介机构对银行经营情况的分析能够通过这个平台与银行监管机构进行有效沟通，形成监管合力。

8.1.1.5 进一步完善信息披露制度

这次金融危机一个很重要的诱因就是信息披露不透明。我国银行监管在这方面的问题也是明显存在的。银监会要从以下几个方面完善信息披露制度。第一，明确指定各单位的信息提供主体，确定披露主体对信息披露负主要责任，从而约束其行为使其更加谨慎，增加信息的可靠性；第二，要采用科学的信息处理技术，加强通信手段建设，并使信息传递制度化、规范化，保证信息的及时性和有效性；第三，规范信息披露的内容。针对不同金融机构，对其需要披露的主要业务、经营管理、经营业绩、风险管理以及会计政策等方面的内容进行规范，以增加信息内容的国际可比性。在此次次贷危机中，商业银行、投行以及信用评级机构对于资产证券化产品的信息披露不到位，信息透明度不高，公众和一些金融机构无法及时获知有效的信息，这是危机爆发的一个重要原因。

有效的信息披露制度是市场约束的重要组成部分，在新巴塞尔协议中，巴塞尔委员会特别强调了信息披露的重要性，我国必须加强信息披露制度的建设。首先，应当尽快建立银行业的透明化信息网络平台，确保银行信息的公开化、透明化；其次，加强监管部门的主导作用，以强制性披露逐渐带动自愿性披露，由于我国商业银行披露信息的积极性不高，因此监管部门应发挥主导作用，明确信息披露不当的惩罚措施，对商业银行的信息披露情况及时进行监督和跟踪；最后，应借鉴新巴塞尔协议对于信息披露内容、形式、原则等的规定，结合我国商业银行信息披露的现状，完善我国商业银行的信息披露制度。

8.1.1.6　规范银行市场准入和退出的规则

市场准入监管是商业银行监管的第一道关，建立良好的市场准入规则对于银行业的稳健运行和市场竞争环境起着至关重要的作用。对于设立商业银行我国已有配套的一系列规定，但市场准入规则缺乏连续性，可能存在达标后抽离资金的隐患。因此应当把好入口关，防止不合格的银行以及银行从业人员进入银行系统。银行市场准入规则不只包括批准设立银行机构的规定还有银行业务领域的准入。随着我国金融业的迅速发展，我国监管机构对银行业的经营领域也逐渐放宽，但是对银行在一些非传统业务领域的发展仍然限制较多甚至禁止，这不仅限制了银行业在业务上的创新能力，也限制了银行业的发展效率。我们可以逐步放开银行业的经营领域，并且跟进相应的监管措施。

对于市场退出机制，首先应当遵循市场化原则，避免政府一包到底的现象。对于问题银行的顺利退出应运用市场手段和行政手段相结合的方式，不能单一依赖政府兜底。为了避免银行退出给金融业带来的不稳定因素和对公众信心造成打击，应当根据形势的变化合理运用市场手段和行政手段。在经济形势良好，只有个别银行经营出现危机的情况下，应当尽快采取市场化方式如破产、关闭等方法，以防止对公众信心的打击；而在经济形势衰退，银行大面积出现危机的情况下，则不应当仅仅采取破产和关闭的手段，此时政府为了保持金融的稳定性应当对银行业进行救助。其次，完善银行业市场退出的法律机制。健全的市场退出法律机制应当对退出方式、退出程序、退出规则等方面提供依据，应建立一部专门针对银行业市场退出机制的法律，提高市场退出机制的可操作性。另外，对于《银行破产法》的有关细则也应当进一步完善，应当建立银行退出后配套的问责制度，对银行的亏损原因进行认定并严厉追究相关责任人的责任，提高相关法律的法律效力。

8.1.2 设立中长期目标

8.1.2.1 构建一体化监管体制

由于一元化监管有利于实现规模经济，因此这种监管体制具有节约成本的先天优势。由于各监管部门在行政上都属于一家政府机构，监管行为的协调性和一致性会大大提高，同时一元化监管的安全性和稳定性相对较高，能够更全面地监管金融控股公司。因此从理论上来说，一元化监管具有高效率、低成本的优势，并且较少出现监管重复和监管疏漏。对于监管主体来说，一元化监管提高了监管效率和系统稳定性；而对于监管客体来说，一元化监管也能够降低监管的执行成本，减少监管的重复和冲突，有利于金融体系的稳健发展。随着我国银行业的不断发展和相关法律法规的不断完善，中国人民银行的监管能力将愈发完善，一元化监管也终将是大势所趋，以中国人民银行为主的金融稳定委员会监管架构将是未来的新选择。

实现这一目标需要建立在高效的监管主体和完备的市场机制上，同时还要有完善的制度体系来作后盾，防止因权力过于集中而导致的效率损失，同时防止监管寻租、监管腐败等现象的发生。因此将这一目标列为我国银行业监管体制改革的中长期目标，由于实现时间较为久远，因此在此只作为初步设想。图8-2

为一体化监管体制架构。在这一监管框架下，中国人民银行除了承担中央银行职能和统筹金融监管模式之外，还在协调各下属部门的监管行为中发挥着重要作用。当各监管机构之间的监管目标发生冲突时，金融稳定委员会将遵循监管效用最大化的原则来解决此类问题，并为各监管机构的监管行为确定明确的思路和方式。但需要注意的是，笔者设计的目标型一元化监管体制在某种程度上基于较为成熟的监管主体和高度混业的金融机构发展水平。如果急于在分业主导的金融市场中推行目标型的一元化监管体制，不仅可能丧失分业监管的专业性优势，还可能造成监管成本的浪费和监管效率的降低。在我国银行业监管的实践中，可能很难建立一个高度集中同时高度有序的监管主体，也很难实现金融业在安全稳定发展条件下的完全混业经营。因此，大部分的尝试方向是功能型监管和目标型监管的结合，以及对一个相对强势的监管机构不断进行优化。

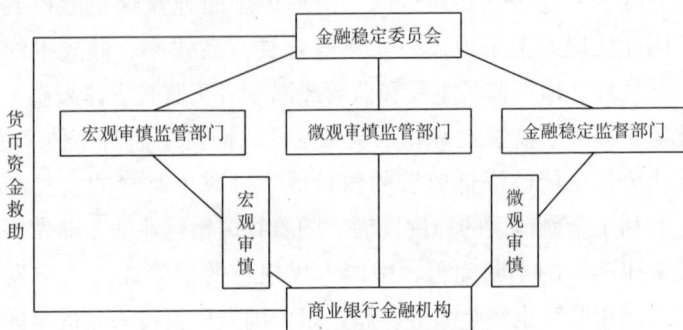

图 8-2　一体化监管体制架构

8.1.2.2　科学培养监管人才

与世界发达国家相比，我国在监管人员的培养和储备上还存在很大的不足。美国金融部门招纳了大量的金融市场人才用来保证美国金融监管部门能够跟得上金融市场迅速发展的创新工具和业务活动，推出适应新市场环境的风险监管技术和标准。即便如此，面对这场危机，这些监管者也没有做到完全了解所有的金融产品。虽然我国的金融市场还没有这样发达，但这次危机同样也警示我国监管当局必须提高对监管人才重要性的认识，努力建立一支高素质的监管人员队伍。要改革现有的用人制度、薪酬制度和福利制度，按照市场规则建立一套吸引人才、留住人才的机制，进行面向市场化、国际化的改革；加强监管人员的持续教育工作，完善吸引激励、学习培训、挂职锻炼、监督约束、监管人员资格考试和评级等一系列机制，提高监管人员依法监管的素质；让监管人员都建立起科学的监管理念，提高监管人员的风险预警能力，切实提高监管的有效性。

8.1.2.3　建立国际银行业监管机制

随着全球金融一体化的快速发展，各国间的贸易和资本往来更加密切，金融危机的传染性也大为加强，这次金融危机就是一个活生生的案例。金融危机在全球迅速蔓延所造成的国际经济和国际金融市场动荡已经超出了一国金融监管部门的控制范围，没有一个国家的监管部门能够单独对付这种系统性风险，所以国际监管合作的重要性日益突出。银监会要积极加强与国际金融监管主体的交流与合作，如与其他国家监管当局进行双边或多边合作、参加国际金融监管组织的活动等。银行的监管要积极与母国监管当局交流联系，促进双方更好地实施并表监管。建立广泛的金融网络，加强国家之间的金融信息交流，进一步提高我国对外资银行的监管能力。在交流的过程中，要积极主动学习国外先进的监管理念和监管思想，提高我国银行业监管能力及防范和化解金融风险的能力。我国作为经济大国要组织召开必要的联席会议，对重大问题进行交流，共商对策，从而减少国际金融监管成本。

8.1.2.4 更新监管理念

此次危机中我们看到事后监管往往会让监管部门处在一种不利的地位，任何应变错误都会带来无法补救的损失。危机后世界各国也都强调银行业监管要防患于未然。我国银行业监管长期以来也存在监管即事后补救的错误观念，这是要不得的。必须改变以往被动的、事后补救式的监管，在不放松市场准入条件的前提下，重视持续性监管。

8.1.2.5 完善监管法律体系

监管法律是依法监管的准绳，在银行业监管中起着至关重要的作用。次级贷款的监管法律缺失致使美国成为此次金融危机的发源地，对其自身以及全球经济都产生了严重的不良影响。而通过前面的分析，我们不难发现，我国目前银行业监管现状也存在金融市场的发展与金融监管法律体系不相对应的问题。立法机关应当树立制定规范性文件的效益概念，避免行政法律规章的相互重叠。制定规范性文件的目的在于对法律进行有效的补充和解释，而不是一味地对法律条文进行重复论述。同时还要树立制定规范性文件的系统化理念，把握全局，科学规划，对于已有的文件规章，要充分重视其修订和废止工作。制定监管规章要从有助于提高监管效率和监管质量的角度出发，避免监管只局限于具体业务上。完善监管法律体系，加强有关法律和规章之间的相互协调，对不同法规存在的矛盾和模糊的规定要及时予以澄清和修正，以免在实际操作中带来不必要的损失。对于我国银行业监管法律中存在的诸多空白和缺失，要及时加以填补和修正，比如市场退出制度和存款保险制度等。

在国际监管合作方面，我国应当积极与其他国家开展监管合作，尤其是法律体系层面。一方面完善我国自身的监管法律制度，使其尽快并且合理地与国际市场规则对接；另一方面也要积极采取走出去的战略，与重要的经济伙伴以较为稳定的法律形式实现制度化、常规化的监管合作，适应新的金融发展形势。同时，还应当注重对境外相关金融机构的监管，做到境内外监管平衡有效，避免法律盲区的存在。在银行内部控制和行业自律的要求方面，要强调内部控制和行业自律在监管体系中的重要性，以法律的形式确立两者在监管体系中的地位，涉及自我监管部分的法律条文要意思明晰，具体实用，既要突出监管原则，又要兼顾在监管实践中的可操作性。

8.1.2.6　加快银行业转型步伐

大力发展零售银行、中间业务等不动用银行自身资本的业务，紧密结合当前形势和市场需求的变化情况，推动中间业务的发展，进一步提高手续费、佣金和非信贷资产收益比例，提高银行定价能力，提高非利息收入的比重，逐渐建立起多元化的盈利模式。尽管这一过程中银行仍然会面临诸多风险，但从这次危机的教训中我们应该意识到银行多元经营仍是一个正确的方向，需要加强商业银行内控制度的监督与建设。

（1）完善风险管理机制

由美国次贷危机引发的全球性金融危机警示我们应当监督和完善银行的内控机制，健全风险管理制度。银行业监管部门应尽快推行新巴塞尔协议，并借鉴国外有效的信用风险监督模式，与我国的实际情况相结合，构建内部信用风险模型。银行各部门之间应当建立全面和协调的风险管理理念。监管当局还应保持制度的稳定性，完善内控制度，以防止风险扩散。

（2）监督和约束重要岗位人员的行为，防范操作风险

对人员的有效控制是防范和化解风险的有效方法。大部分操作风险的产生与内控机制不健全有关，健全的内控组织系统需要建立对重要岗位人员的有效激励约束机制，尤其要加强对重要岗位人员的风险监督，从源头上防范操作风险的发生，并且提高监

管制度的执行力度，严格执行责任追究制。

8.1.2.7 加强社会监督力量

一是提升社会中介机构的监督权威性，比如会计师事务所、审计事务所、资产评估机构等，要保持这些机构的公正性，以便使监管机构更好地了解银行的经营情况，并且还应当加强中介机构与银行监管机构的协调性，形成监管合力；二是加强新闻媒体的监督力度，通过新闻媒体让公众了解银行的经营情况，利用媒体的力量曝光银行的违法、违规行为，让更多公众发挥舆论的力量对银行业进行监督；三是市场参与者的监督，这些人最了解银行具体业务的经营状况，对于新兴的金融衍生品，更应该充分发挥投资者、债权人等市场参与者的监督力量，使公众的监督能够真正得到落实。

8.2 未来我国银行监管政策建议

8.2.1 完善宏观审慎监管体系，增强抵御系统性风险的能力

在国际金融监管体系新一轮大变革的背景下，我国需要从国际金融监管改革中吸取先进的经验，结合自身经济发展情况，开展适合我国现阶段国情的宏观审慎监管。美国金融改革法案赋予了美联储维护金融稳定、对大型金融控股公司进行监控，以及对金融业高管薪酬进行监督的使命。泛欧金融监管法案也规定欧洲系统性风险委员会由欧洲各国央行行长组成，主席由现任欧洲央行行长担任。从美国和欧盟的金融改革法案实践来看，其共同特点是中央银行在金融监管体系中承担主要的系统性风险监控职能。中央银行之所以被认为是系统性风险的理想监管者，在于其

可以通过支付清算体系了解金融交易信息，能够全面掌握系统重要性金融机构的各类信息，并参与向金融体系提供流动性支持，并利用其最后贷款人的角色进行危机处置。

与世界其他主要经济体一样，中国的银行业同样面临系统性风险。近年来，尽管中国金融监管体系改革与完善取得了很大进展，但可能导致系统性风险的问题仍然不可忽视。持续的金融创新使得金融系统性风险的来源更为广泛，金融业务、金融工具的创新日渐模糊了不同类型金融机构之间的传统界限，一些大型传统金融机构大规模拓展非传统金融产品和业务，其横跨几个金融市场的经营行为有可能产生新的系统性风险。因此，如何加强金融宏观审慎监管将是未来几年中国银行业监管改革的核心问题，其重点在于防范金融跨市场、跨领域发展可能潜藏的系统性风险。

具体而言，一是可以借鉴欧美金融监管的改革思路，立足于现行分业监管体制基础，明确中国人民银行在宏观审慎监管和防范系统性金融风险方面的职能。二是借鉴欧盟的做法，在现有监管机构之外构建相对独立的系统性风险管理委员会，在金融监管机构层面专门负责金融系统性风险识别和监控。一方面，系统性风险管理委员会制定宏观审慎监管制度，开发宏观审慎监管工具；另一方面，授权系统性风险管理委员会组织开展银行评估、监管压力测试等活动，识别具有系统重要性影响的问题金融机构，并有权向"一行三会"提出监管建议。如果各监管机构同意此建议，就必须及时与系统性风险管理委员会沟通，处理潜在威胁。三是针对银行业在金融体系中占据主要地位的情况，我国应全面借鉴巴塞尔协议Ⅲ的规定，强化资本流动性、风险集中度等审慎监管的核心标准，充分反映单个银行的个体风险和系统性风险，促进银行体系的稳健性。四是协调好中国人民银行多重目标之间的关系。央行执行货币政策，其传导机制的关键环节就是商业银行，所以金融稳定也关系到中国人民银行货币政策的执行效果。为此，需要建立其他相应的制度安排，如存款保险制度等来阻止金融危机的蔓延，保证银行系统的稳定。五是着力构建完善的金融机构风险处置制度框架，改进事前预防性监管措施，防范系统性金融危机的发生。六是应逐步完善银行公司管理结构，进一步明确国有出资人代表的委托代理关系，不断完善银行内部监事会、纪检、审计等内部监督体系，强化金融机构内部的风险识别、监测、计量、缓释风险的内生机制，完善信息披露机制，充分利用市场力量和内部约束对银行的经营进行有效监管，从制度安排上降低金融机构道德风险所引发的危机。

8.2.2　坚持全面覆盖的监管理念，加强并完善监管体系建设

全球金融危机暴露出银行业监管中的监管空白和监管不力问题，例如缺乏对系统重要性银行机构体系的监管。从国际金融监管改革来看，消除银行业监管盲区和真空地带、实现全面覆盖的监管理念是金融监管发展的潮流。美国金融监管改革方案的主要目标之一就是要坚持全面覆盖的监管理念，泛欧监管法案中新设的 3 个超级监管机构也有扩大监管覆盖面、保障监管效果之意。目前，我国的金融监管体制一直秉承全面覆盖的理念，并在维护金融市场稳定方面取得了较好的成绩。我国覆盖面广泛的监管使我国金融体系在亚洲金融危机和全球金融危机中都经受住了考验。根据国际金融监管改革的经验，我国不仅要继续坚持全面覆盖的监管理念，而且更应该保证这一理念的贯彻与落实。当然，全面覆盖的监管理念并不意味着用单一标准去对待所有的监管对象。金融监管体系的建设也需要强调监管的层次性，应根据金融发展的需要和金融市场、机构和产品的风险水平，采取不同强度的监管措施，构建多层次、多机制及综合性的监管体系。

在金融市场全球化和金融创新日益活跃的今天，传统金融子市场之间的界限已经逐渐淡化，跨市场的金融产品不断出现，经过多重虚拟的金融衍生产品也越来越普遍，这使得强化跨部门的监管协调和合作、扩大金融监管的覆盖面变得更加重要。我国实行金融业的分业监管，目前实行的"一行三会"的监管联席会议制度未能有效发挥作用，各监管部门之间的协调机制缺乏正式的制度保障，仅处于原则性框架层面。根据我国金融业的监管实际，需要建立实体化和法治化的金融监管协调机构，强化对于交叉监管事项的协调，提高金融监管的覆盖面和监管效率。从操作层面上来看，建议在现有的分业监管体制下，一是将协调机制法治化、实体化，时机成熟时组建有明确法律权限、有实体组织的金融监管协调机构；二是完善我国银行机构的内部控制机制建设，建立、健全金融机构内部审计稽核评价体系；三是建立银行同业自律机制，在职能上赋予银行业同业公会行业保护、协调、监管、合作与交流等职能；四是完善我国相关法律、法规体系，我国目前还未出台金融控股公司的法律文件。我国应尽快制定《金融控股公司法》，明确监管主体，为我国金融机构的发展奠定法律基础；五是加强我国监管机构与国际监管机构的交流与合作，促进双方的信息共享和政策统一，积极参与国际金融监管改革的多边会谈、协商和规则制定，为我国金融业的发展创造一个良好的内外部监管环境。

8.2.3　加强银行自我约束与外部监管的有机结合

本次金融危机充分显示了商业银行公司治理的失败和自我约束机制失效所带来的巨大社会成本。单纯的外部监管能够在一定程度上校正市场失灵，但是如果监管不触及银行风险治理的根本性缺陷，就很难真正消除诱发危机的根源。随着现代银行业务范围的扩张和经营模式的转变，对银行风险治理提出了更高的要求，并且为银行监管套利提供了更大的空间。银行业监管必须从结果向过程延伸、由被动反映风险向主动预警风险转变，推动银行改善公司治理，强化自我约束。① 为此，西方发达国家的金融改革着重从公司治理、薪酬机制两方面来完善其监管标准，提升银行风险管控能力。

（1）提高商业银行公司治理标准

2009 年 7 月沃克工作组发表的《英国银行及其他金融机构公司治理报告》认为金融机构所有者结构存在缺陷，所有者对银行行为的管控弱化导致风险失控的局面；应完善董事会的功能，强化非执行董事的职责是改进银行公司治理的重要方面。从我国的情况来看，商业银行公司化改革时间不长，公司治理还不完善，既有西方银行普遍存在的缺陷，也有国内银行业的特殊性，尚未形成能确保银行业长期稳健发展的有效制衡机制。

近年来，我国银行业监管当局先后发布了一系列加强银行业公司治理的文件，推动商业银行逐步健全公司治理的组织架构和运作机制，强调董事会、首席风险官、内审部门和监事会在风险管理中的作用。开始逐步建立起对董事会、监事会和高级管理层履职情况进行监管评估的程序。银监会将结合国际公司治理改革的最新进展，并考虑国内银行特殊的产权结构，完善银行业公司治理监管指引，持续加强银行业公司治理有效性评估，发挥银行业公司治理在银行发展战略和风险管控中的核心功能。

（2）建立薪酬机制的监管机制

危机表明，商业银行薪酬激励机制严重扭曲，主要体现在 3 个方面。一是薪酬治理存在利益冲突，薪酬政策很大程度上体现了高管层的意图；二是薪酬水平取决于当期业务收入和利润，未

---

① 王兆星. 国际银行监管改革对我国银行业的影响 [J]. 国际金融研究，2010 (3).

反映银行实际承担的风险；三是薪酬发放的时间跨度与风险存续期严重不一致，形成事实上的单向激励。扭曲的薪酬机制严重违背了银行经营风险的本质特征，诱发了银行家的贪婪动机，导致其过度追求自身利益，最终形成银行家拿钱、政府和纳税人承担风险的局面。2009 年 4 月和 9 月金融稳定理事会先后发布了《薪酬制度的稳健原则》和《执行〈薪酬制度的稳健原则〉的标准》，确立了薪酬与风险直接匹配的基本原则，并提出了薪酬结构、发放时间和发放方式的量化标准。英国政府提出对年收入超过 25000 英镑的金融业从业人员的雇主征收奖金税；美国政府也明确要求大型金融机构削减奖金规模。

虽然与欧美国家相比，国内银行从业人员薪酬的绝对水平并不高，但是明显高于国内其他行业平均工资水平，银行内部也存在级差过大的现象。尤其是近两年随着国内银行效益的改善，部分银行成功上市，董事和高管层的薪酬大幅度提升，甚至出现了亿万富翁，容易诱发道德风险和短期行为。为此，银监会即将发布《商业银行薪酬机制监管指引》，引导商业银行建立薪酬激励与风险约束的平衡机制，真正树立长期可持续的薪酬理念。

8.2.4　全面推动中国版巴塞尔协议Ⅲ的实施

作为全球银行业监管标杆的巴塞尔协议Ⅲ制定了国际金融监管的最新准则。自从巴塞尔协议Ⅲ诞生以来，我国银行业监管当局组织了相关部门多次会谈以学习和借鉴新协议的内容与指导思想，最终建立了中国版的巴塞尔协议Ⅲ，提出了四大监管工具。在未来的一段时间内，我国银行业应将中国版巴塞尔协议Ⅲ作为监管准则，积极推动中国版巴塞尔协议Ⅲ的全面实施。比较巴塞尔协议Ⅲ与中国版巴塞尔协议Ⅲ，中国版巴塞尔协议Ⅲ的单方面的指标监管标准更高，如核心一级资本充足率高 0.5%，杠杆率高 1.5%，且协议的实施时间相对缩短，大部分指标于 2013—

2016 年期间开始全面实行，而原版协议中的大部分指标则规定在 2019 年达到要求。可以说，中国版巴塞尔协议的要求更高，监管工具标准更为严格。

目前来看国内主要银行都已达到监管标准，资本缺口较小，不需要大规模补充资本。但从长期来看，我国的经济增长很大程度上依赖于银行信贷供给，所以为了保持一定的经济增速，银行必须保持一定的信贷增速，为持续满足新监管标准要求，就不得不补充资本。四大监管工具的核心仍然是资本监管，银行业监管部门希望通过更为严格的资本要求有效地预防银行系统性风险。资本补充压力的增大促使我国商业银行急需拓宽资本补充渠道，除开传统的股权融资、发行次级债等渠道，还应探索建立以自身留存收益构成的内源融资渠道，对于中小银行或应采取引进战略投资者来补充资本。各商业银行应该参照杠杆率的监管标准，控制银行表内外业务风险，而贷款损失准备的高要求则促使银行更加关注贷款风险性，增强贷前审查与贷中观测，减少次级和损失类贷款。在流动性监管方面已经存在一些监管指标，如流动性比率、存贷比等；而对于巴塞尔协议Ⅲ中新引入的两大流动性监管指标，各大商业银行应该抓紧进行内部研究，早日开始实施上述两个指标的监管，增加优质流动性资产储备水平。中国版巴塞尔协议Ⅲ及四大监管工具的全面实施，降低了国内银行业的风险水平，促使国内银行业走上一条内涵式盈利增长的道路。

8.2.5　建立存款保险制度

美国实行的是双线多重的银行监管方式，即银行除了受到美国财政部下设的货币监管总署和州政府的监管，还受到美联储和联邦存款保险公司等监管机构的监管。存款保险公司的监管极大地保护了存款人的合法利益，使得监管力度变强，效果更好。因此，笔者通过借鉴美国和欧盟的存款保险制度，再结合我国实际，提出了一些关于建立我国存款保险制度的设想。

首先，明确存款保险监管机构的性质。目前实行存款保险制度的国家其存款保险大多由政府出资设立。但鉴于我国的实际情况，可以实行由财政部和中国人民银行共同出资设立存款保险机构。因为存款保险属于政策性保险，一方面银行成为直接受益者，另一方面有助于整个国家的金融稳定和经济发展，由二者共同出资较为合理。但必须对出资的比例、各方享受的权利和应尽的义务做出科学合理的安排，以避免造成监管盲区。我国存款保险机构目前可设在中国人民银行，业务上由其领导和控制，但应避免二者在职能和业务上的重复。待到条件成熟时，存款保险机构可从中独立出来，直属国务院领导。

其次，关于设定保险对象及范围和保险方式。参照国际通用做法，我国存款保险对象应包括我国境内所有吸收存款的金融机构。至于在国外设立的分支机构，一般都参加了当地保险，则不在本国投保范围内。我国存款保险范围应首先以居民的储蓄存款为主，因为这部分存款占银行全部存款的 3/4 左右，其次才是企业存款。当这两部分存款有了保障，银行的压力也就自然减轻。此项制度在经历一段时间的运行后，可以考虑扩大保险范围。

投保的方式应以强制性为主，因为我国居民的风险意识不强，银行在政府这一强大后台的支撑下不会倒闭的思想也在居民脑海中根深蒂固，因而参加存款保险与否对银行吸收存款的影响不大。同时，一些国有银行可能凭借其强大的国家信用而不愿投保，不能很好地接受监管。除此之外，一些经营状况良好的银行可能会选择退出存款保险体系，导致其他银行的保费上升用以抵消问题银行的处置成本，从而又引发另外一些经营状况好的银行退出存款保险体系，最后只剩下问题银行留在体系内，使得整个体系变得十分脆弱。因此，为避免这种情况的发生，我国可以实行分类强制性存款保险制度，即规定某一大类的银行必须参保。

再次，保险比率和赔偿额度的确定既要公平又要体现差别。要根据不同的银行风险等级和资本充足率分别设定保费比率。同时，对同一类银行不同风险的存款设定不同的保费比率。保险等级、资本充足率越低的银行应缴纳越高的保费。确定赔偿额度的原则应该既要使存款人的大部分存款得到保障，又要使那些选择存款银行不慎的存款者自己承担一定的损失。赔偿数额可采用赔偿比率递减的方式，并设定一个最高限额。赔偿比率和具体数额可以通过对储户存款数额分布情况进行调查统计后确定。

最后，健全存款保险机构对问题银行的处理机制。对于问题银行，存款保险机构应考虑通过帮助其调整资产负债结构，向其提供资金助其渡过难关。而那些实在无法调整、濒临破产边缘的银行则应并入经营稳健的银行，即由资本实力雄厚、经营稳健的银行对其进行接管。对于那些确实无可救药的银行则通过法律程序宣告破产，并由存款保险机构按照标准对存款人进行赔偿。

在建立存款保险制度的同时，要处理好存款保险制度带来的消极影响。道德风险被视为存款保险制度最大的负面影响。因为在存款保险制度的保护下，参保银行为寻求高额利润势必选择风险更高、利润更丰厚的资产组合。这使得那些资金实力弱、风险程度高的银行获利，而实力雄厚、经营稳健的银行则在竞争中受损。为避免这种消极影响，可从两方面入手，一是严格执行《破产法》，二是加强存款保险机构的监督职能。

8.2.6 注重金融消费者权益的保护

在此次危机中，美国对金融消费者的保护不力致使其金融秩序遭到破坏，消费者的合法权益受到严重侵害，整个金融体系遭遇信任危机进一步加剧了危机的严重性。所以在此次美国和英国的金融监管改革方案都通过设立独立的金融消费者权益保护机构，加强对金融消费者和投资者的保护。我国也应该把保护金融消费者的利益纳入金融监管的主要目标中，这既是法律构建公平正义金融秩序的需要，也是保障我国金融业长期稳定发展的需要。因此，构建一个有效的金融消费者保护制度刻不容缓。

（1）完善金融消费者保护立法

美国金融改革法案赋予了金融消费者保护局制定、检查和执行金融机构的消费者保护条例的权利。该机构将原本分散于众多监管机构的消费者保护职能集中在一起，便于统一执行各项消费者保护条例，使得金融消费者权利保护有了统一的法律依据和标准。我国可以借鉴美国的消费者保护立法，为消费者权益保障提供法律依据。

目前，中国还没有专门针对银行业消费者的保护法案，消费者在向银行购买金融产品时还处在明显的弱势地位。如《商业银行法》只规定了对存款人的保护。并且，法律整体上是对金融机构进行处罚与检查，这导致金融消费者保护法律依据不够明确，缺乏实际操作性。另外，银行业监管部门对消费者权益保护方面承担的职责不够明晰，银行业协会等自律机构在消费者保护问题上发挥的作用也很有限。因此，我国应当建立和完善保护银行业消费者权益的法律，确立监管机构在消费者保护方面的法律地位和职责，加大对金融消费者的保护力度。

（2）建立统一的金融消费者保护机构

我国金融监管体系更多是在宏观层面对银行等金融机构进行规制，却没有一个独立的机构专门负责保护消费者权益的相关事宜，也缺乏处理消费者投诉和解决争议的机制。对此，我国可以借鉴美国、欧盟的经验并结合我国的国情，循序渐进地推进改革。先由中国人民银行牵头，设立一个临时的金融消费者保护机构，从"一行三会"中选派人员担任职务，做好金融消费者保护工作，并对银行实施监管。待到条件成熟时，设立一个独立的金融消费者保护局，并赋予其包括制定、执行金融消费者保护条例在内的权力，从而维持金融消费者对金融市场的信心，为金融业的发展赢得公众基础与社会支持。

（3）加快银行改革步伐，进一步强化信息披露机制

目前我国银行还未完全实现市场化运作，金融产品的广泛运用使得银行财务报告中反映的数据、信息等不能完全反映出银行的真实情况。单靠强调公开某种金融产品交易风险头寸的信息披露机制并不能实现对整个金融市场系统性风险的整体评估。金融消费者很难获得有效的信息来识别金融产品的风险性和流动性。因此，建立金融消费者保护体系的基本要求就是加快金融改革步伐，规范和完善金融机构的会计制度，构建信息披露的约束机制和提高信息技术水平，以此引导银行在向消费者出售金融产品时做到信息披露的全面、准确、充分、及时，保障消费者的金融信息知情权，使消费者在购买前充分了解金融产品的风险和收益，以便做出合理的选择。

8.2.7 加强银行监管的国际合作

这次危机的一大突出特点就是全球蔓延性，危机从一个区域蔓延到全球整个金融行业甚至是实体经济领域。金融全球化是其中的一大推动力。我们应当鼓励金融全球化，这是与当今世界经济发展相适应的一种趋势。但金融全球化在提升一国金融竞争力的同时，也加大了金融风险传导的可能性。银行业是金融的核心，跨国银行的发展在给世界经济带来积极影响的同时，也给传统的金融监管带来挑战。一家银行的危机或破产有可能引起一个国家乃至整个世界金融体系的动摇。金融危机的教训告诉我们：在金融全球化和经济全球化的背景下，任何一个国家都不能独善其身，因此加强金融监管的国际合作、增强银行监管当局行为的一致性与协调性变得日益重要和迫切。

我国的金融法律、法规已采用了巴塞尔协议的大多数建议，

银行监管机构也积极参与国际合作，我国已加入国际货币基金组织、世界银行和金融稳定委员会等国际金融组织，而且与世界多个国家的金融监管部门签署了金融监管合作备忘录。这些都为我国加强银行监管国际合作构建了良好的平台。但总体来讲，我国的银行监管体系在国际化的道路上还刚刚起步，任重而道远。

首先，我们应该建立、健全国内银行监管的法律、法规，为银行业监管的国际合作提供法律基础。可以考虑将监管工作中一些成熟且行之有效的做法和经验法律化、制度化，这样既可以提高国内银行业监管的效果，又可以增强国际金融机构及监管当局对我国银行业和银行监管的信心，促进我国金融监管的国际合作。其次，我们应该借鉴和运用国际监管惯例和经验，制定适合我国实际需要的风险分析系统和监管指标体系，加强对整个银行业的风险监测和分析，为银行业风险预警提供必要的数据支持。同时，我们应按照国际惯例，建立银行信用评级制度。银行监管部门应对银行在资本充足程度、资产质量、资产流动性、经营管理能力、盈利水平等方面进行严格考查，强化商业银行对自身经营和风险程度的识别和管理，增强自我约束能力。

参考文献

[1] 哈威尔·E. 杰克逊，小爱德华·L. 西蒙斯. 金融监管 [M]. 吴志攀等，译. 北京：中国政法大学出版社，2003.

[2] 许成钢，皮斯托. 不完备法律（上）比较 [M]. 北京：中信出版社，2002.

[3] 贺强. 中国金融改革中的货币政策与金融监管 [M]. 北京：中国金融出版社，2008.

[4] 苗永旺，王亮亮. 金融系统性风险与宏观审慎研究 [J]. 国际金融研究，2010（8）：59－68.

[5] 巴曙松，王璟怡，杜婧. 从微观审慎到宏观审慎：危机下的银行监管启示 [J]. 国际金融研究. 2010（5）：83－89.

[6] 何德旭、吴伯磊、谢晨. 系统性风险与宏观审慎监管：理论框架及相关建议 [J]. 中国社会科学院研究生院学报，2010（6）：5－14.

[7] 李文泓. 关于宏观审慎监管框架下逆周期政策的探讨 [J]. 金融研究，2009（7）：7－24.

[8] 王兆星，韩明智，王胜邦. 商业银行资本监管制度改革（三）：建立杠杆率监管标准，弥补资本充足率的不足 [J]. 中国金融，2010（3）：68－70.

[9] 中国银行业监督管理委员会. 中国银监会关于中国银行业实施新监管标准的指导意见 [R]. 2011.

[10] 中国银行业监督管理委员会. 商业银行杠杆率管理办法

234

［R］. 2011.

［11］中国银行业监督管理委员会. 商业银行贷款损失准备管理办法［R］. 2011.

［12］中国银行业监督管理委员会. 商业银行资本管理办法（试行）［R］. 2012.

［13］中国银行业监督管理委员会. 商业银行流动性风险管理办法（试行）［R］. 2014.

［14］中国银行业监督管理委员会. 中国银监会关于实施《商业银行资本管理办法（试行）》过渡期安排相关事项的通知［R］. 2012.

［15］陈元. 美国银行监管［M］. 北京：中国金融出版社，1998.

［17］万红. 美国金融管理制度与银行法［M］. 北京：中国金融出版社，1987.

［18］谢平，蔡浩仪. 金融经营模式及监管体制研究［M］. 北京：中国金融出版社，2003.

［19］张海营. 欧盟金融监管框架浅析［J］. 河南大学学报（社会科学版），2005，45（5）：86－88.

［20］李扬，胡滨. 金融危机背景下的全球金融监管改革［M］. 北京：社会科学文献出版社，2010.

［21］王志军. 欧盟银行业机构发展研究［M］. 北京：中国金融出版社，2007.

［22］廖凡，张怡. 英国金融监管体制改革的最新发展及其启示［J］. 金融监管研究，2012（2）：88－102.

［23］王正茂. 金融监管的国际比较［M］. 北京：国家行政学院出版社，2013.

［24］巴曙松，吴博. 美国金融监管改革法案内容评析［J］. 金融管理与研究，2010（9）：54－56.

[25] 巴曙松. 次贷危机中的中国宏观金融政策选择 [J]. 武汉金融, 2009 (1)：7—14.

[26] 次贷风波研究课题组. 次贷风波启示录 [M]. 北京：中国金融出版社, 2008.

[27] 胡怀邦. 银行监管国际经验与中国实践 [M]. 北京：中国金融出版社, 2008.

[28] 中国银行业监督管理委员会. 商业银行风险监管核心指标 [R]. 2005.

[29] 周品. Matlab 神经网络设计与应用 [M]. 北京：清华大学出版社, 2013.

[30] 韩力群. 人工神经网络理论、设计及应用 [M]. 北京：化学工业出版社, 2011.

[31] 高铁梅. 计量经济分析方法与建模 [M]. 北京：清华大学出版社, 2009.

[32] 王兆星. 国际银行监管改革对我国银行业的影响 [J]. 国际金融研究, 2010 (3)：4—10.

[33] 斯蒂格利茨（美）. 政府为什么干预经济 [M]. 北京：中国物资出版社, 1998.

[34] 顾晓敏, 朱军勇. 我国金融集团的发展现状和监管对策 [J]. 上海金融, 2005 (3)：33—34.

[35] 卡尔·科德文纳. 跨境监管的历史、现状和未来 [J]. 宗良, 译. 国际金融研究, 2005 (5)：74—77.

[36] 余海丰, 曲迎波. 我国金融控股集团的风险监管研究 [J]. 金融理论与实践, 2006 (8)：17—20.

[37] 王胜邦. 实施 IAS39 对银行监管的影响——国际会计准则与银行监管专题研讨会综述 [J]. 金融会计, 2006 (3)：62—64.

[38] 叶欣, 冯宗宪. 外资银行进入对本国银行体系稳定性的影

响 [J]. 世界经济，2004 (1)：29−36.

[39] 邢本秀，龚明华. 美国次贷危机的监管反思和启示 [J].
银行业监管研究，2009 (5).

[40] 陈颖，王胜邦，张守川. 次贷危机对新资本协议实施的影
响 [J]. 国际金融研究，2008 (10)：51−60.

[41] 克劳茨纳. 次级抵押房贷借款人面临的挑战 [J]. 当代金
融家，2007 (12).

[42] 刘明康. 从美国次级房贷的教训看我国金融创新和开放
[J]. 国际金融，2008 (1)：4−9.

[43] 沈联涛. 有效金融监管的理论与实践 [J]. 银行业监管研
究，2008 (2).

[44] 阎庆民. 当代西方银行业监管理论透视 [J]. 银行业监管
研究，2007 (1).

[45] 卫功琦. SBU 理念在银行业监管部门的运用 [J]. 银行
家，2008 (1)：128−130.

[46] 刘春航. 关于系统性金融风险的一些思考 [J]. 银行业监
管研究，2011 (1)：5−19.

[47] 陈文君. 逆向倾斜下的金融监管研究 [J]. 上海金融，
2008 (12)：47−51.

[48] 周仲飞. 资本充足率：一个被神化了的银行法制度 [J].
法商研究，2009 (3)：101−111.

[49] 滑静，肖庆宪. 我国商业银行亲周期性的实证研究 [J].
上海理工大学学报，2007，29 (6)：609−617.

[50] 刘斌. 资本充足率对我国贷款和经济影响的实证研究 [J].
金融研究，2005 (11)：18−30.

[51] 孙连友. 商业银行亲周期性与信用风险计量 [J]. 上海金
融，2005 (3)：28−30.

[52] 陈雨露，汪昌云. 金融学文献通论（宏观金融卷）[M].

北京：中国人民大学出版社，2006.

[53] 大卫·科茨. 目前金融和经济危机：新自由主义的资本主义的体制危机 [J]. 河北经贸大学学报，2010 (1)：9－17.

[54] [美] 米尔顿·弗里德曼，[美] 安娜·J·施瓦茨. 美国货币史 (1867—1960) [M]. 巴曙松，王劲松等，译. 北京：北京大学出版社，2009.

[55] 刘春航. 金融体系脆弱性评估 BLISHER 框架的构建与应用 [J]. 比较，2011 (2).

[56] 刘春航，苗雨峰，朱元倩. 银行业同质性的度量及其对金融稳定的影响 [J]. 金融监管研究，2012.

[57] 吴敬琏. 危机时期的政策反思 [J]. 比较，2009 (6).

[58] 司振强. 后金融危机时代银行监管与会计准则协调研究 [J]. 会计研究，2010 (6)：6－11.

[59] 杨宝华，欧洋，廖海东. 新巴塞尔协议下预期损失与会计准则下合格贷款准备金的比较分析 [J]. 金融会计，2011 (7)：23－33.

[60] 易宪容，王国刚. 美国次贷危机的流动性传导机制的金融分析 [J]. 金融研究，2010 (5)：41－57.

[61] 万志宏，曾刚. 后金融危机时代美国银行体系的流动性囤积与货币政策传导 [J]. 国际金融研究，2012 (10)：21－28.

[62] 巴曙松. 从金融结构演进评价当前的"影子银行"[J]. 经济，2013 (2)：13.

[63] 陈建华. 金融监管有效性研究 [M]. 北京：中国金融出版社，2002.

[64] 白钦先，郭翠容. 各国金融监管体制比较 [M]. 北京：中国金融出版社，2001.

［65］ 陈建华. 金融监管有效性研究［M］. 北京：中国金融出版社，2001.

［66］ 繁人都重（日本）. 制度经济学回顾反思［M］. 成都：西南财经大学出版社，2004.

［67］ 周子衡. 金融管制的确立及其变革［M］. 上海：上海人民出版社，2005.

［68］ 郑良芳. 美国次贷危机的影响、成因剖析和十点警示［J］. 经济研究参考，2007（66）：4—7.

［69］ 杜厚文，初春莉. 美国次级贷款危机：根源、走势、影响［J］. 中国人民大学学报，2008（1）：49—57.

［70］ 约瑟夫·J·诺顿. 全球金融改革视角下的单一监管者模式：对英国 FSA 经验的评判性重估［J］. 廖凡，译. 北大法律评论，2006（1）：540—586.

［71］ 范小云，王道平. 巴塞尔Ⅲ在监管理论与框架上的改进：微观与宏观审慎有机结合［J］. 国际金融研究，2012（1）：63—71.

［72］ 贺建清. 中国版巴塞尔协议Ⅲ对银行业的影响分析［J］. 金融论坛，2011（8）：25—32.

［73］ 贾明琪，李成青. 新银行监管模式下的商业银行经营转型思考［J］. 西南金融，2011（12）：60—63.

［74］ 李志辉，王伟，谢盈莹. 中国资本监管新标准的实施对商业银行盈利能力的影响——基于对 RORWA 和 ROA 影响因素的分析［J］. 金融监管研究，2012（2）：72—87.

［75］ 陆静. 巴塞尔协议Ⅲ及其对国际银行业的影响［J］. 国际金融研究，2011（3）.

［76］ 陆静. 巴塞尔协议Ⅲ及其对中国银行业的影响［J］. 财经理论与实践，2011（3）.

［77］ 宋琴，郑振龙. 巴塞尔协议Ⅲ、风险厌恶与银行绩效——

基于中国商业银行 2004—2008 年面板数据的实证分析 [J]. 国际金融研究，2011 (7)：67—73.

[78] 王婧，王光明. 从巴塞尔协议Ⅲ看中国银行业的监管新规 [J]. 新金融，2011 (4).

[79] 魏国雄. 中国实施巴塞尔协议Ⅲ应注意的问题 [J]. 中国金融，2011 (1).

[80] 钟伟，谢婷. 巴塞尔协议Ⅲ的新进展及其影响初探 [J]. 国际金融研究，2011 (3)：46—55.

[81] 施其武. 新监管标准实施对商业银行转型影响的实证研究——基于贷款行为和稳定性的视角 [J]. 金融监管研究，2012 (6)：34—46.

[82] 刘春航. 金融机构、金融脆弱性和金融监管 [J]. 金融监管研究，2012 (8).

[83] NOYER C. Basel Ⅱ—new challenge [EB/OL]. BIS Review，2008-11 [2017-1-5]. http：//www. bis. org/review/r080129a. pdf.

[84] ROLDAN J M. Global implementation of Basel Ⅱ and the recent market turmoil. Presentation to the CBRC [EB/OL]. London. UK. April 30，2008.

[85] Senior Supervisors Group. Observations on risk management practices during the recent market turbulence [EB/OL]. 2008-3-6 [2017-1-13]. https：//www. sec. gov/news/press/2008/report030608. pdf.

[86] U. S. Department of the Treasury. The department of the treasury blueprint for a modernized financial regulatory structure [R]. Washington：U. S. Department of the Treasury，2008.

[87] U. S. Department of the Treasury. Treasury Releases

Blueprint for a Stronger Regulatory Structure [EB/OL]. 2008-3-31 [2017-1-23]. https://www. treasury. gov/press-center/press-releases/Pages/hp896. aspx.

[88] NOURIEL R. Ten fundamental issues in reforming financial Rregulation and supervision in a world of financial innovation and globalization [EB/OL]. 2008-3-31 [2017-1-27]. http://web-docs. stern. nyu. edu/salomon/docs/crisis/Nouriel-RegulationSupervisionMarch08. pdf.

[89] LEHRER E, BERLAU J. A flawed blueprint: a free market analysis of the treasury department's financial regulation proposal [R]. Washington: Competitive Enterprise Institute, 2008.

[90] Basel Committee on Banking Supervision. Internationalconvergence of capital measurement and capital standards: a revised framework [M]. Basel: Bank for International Settlements, 2004.

[91] Basel Committee on Banking Supervision. Basel II: international convergence of capital measurement and capital standards: a revised framework - comprehensive version [M]. Basel: Bank for International Settlements, 2004.

[92] Basel Committee on Banking Supervision. Fair value measurement and modeling: an assessment of challenges and lessons Learned from the market stress [M]. Basel: Bank for International Settlements, 2008.

[93] Basel Committee on Banking Supervision. Supervisory guidance for assessing banks' financial instrument fair value practices [M]. Basel: Bank for International Settlements, 2009.

[94] HERZ R H, MacDonald L A. Some facts about fair value

[R]. Norwalk: Financial Accounting Standards Board, 2008.

[95] FASB. Reducing complexity in reporting financial instruments (Including IASB Discussion Paper, Reducing Complexity in Reporting Financial Instruments) [M]. Norwalk: Financial Accounting Standards Board, 2008.

[96] IASB. IASB announces next steps in response to credit crisis [R]. 2008 - 10 - 3 [2017 - 1 - 16]. http: //www. ifrs. org/News/Press - Releases/Pages/IASB - announces - next - steps-in-response-to-credit-crisis. aspx.

[97] ZALM G. The letter to George Bush on G20 meetings in Washington [R]. www. iasb. org. November, 2008

[98] ADAMS W, EINAV L, LEVIN J. Liquidity constraints and imperfect information in subprime lending [J]. American Economic Review, 2009, 99 (1): 49-84.

[99] Bank of England. Financial stability report [J/OL]. Financial Stability Report, 2008, 24: 1-61. [2017-1-7]. http: // www. bankofengland. co. uk/publications/Documents/fsr/ 2008/fsrfull0810. pdf.

[100] IMF. Global Financial Stability Report - Containing Systemic Risk and Restoring Financial Soundness [M]. Washington: International Monetary Fund, 2008.

[101] KIFF J, MILLS P. Lessons from Subprime Turbulence [EB/ OL]. 2007 - 8 - 23 [2017 - 2 - 12]. https: //www. imf. org/external/pubs/ft/survey/so/2007/RES0823A. htm.

[102] WOLF M. Lessons from the global financial crisis [EB/OL]. 2008-7-2 [2017-2-27]. http: //www. ft. com/cms/ s/0/40695bbc-47d1-11dd-93ca-000077b07658. html? ft _ site=falcon&desktop=true#axzz4etEzP3Ok.

［103］ ANGELINI P, CLERC L, Cúrdia V, et al. Basel III: long-term impact on economic performance and fluctuations [J]. BIS Working Papers, 2011, No. 338.

［104］ Council on Foreign Relations. Basel committee on banking supervision (BCBS) Charter [EB/OL]. 2013-1-6 [2017-1-30]. http://www. cfr. org/international-finance/basel-committee-banking-supervision-bcbs-charter-january-2013/p29782.

［105］ Basel Committee on Banking Supervision. Organization Chart [R]. Bank for International Settlements. 1. July, 2013.

［106］ Basel Committee on Banking Supervision. Basel II: international convergence of capital measurement and capital standards: a revised framework [M]. Basel: Bank for International Settlements, 2004.

［107］ Basel Committee on Banking Supervision. Basel III: a global regulatory framework for more resilient banks and banking systems [M]. Basel: Bank for International Settlements, 2010.

［108］ Basel Committee on Banking Supervision. Basel II: international convergence of capital measurement and capital standards: a revised framework - comprehensive version [M]. Basel: Bank for International Settlements, 2006.

［109］ Basel Committee on Banking Supervision. Proposed revisions to the Basel II market risk framework (consultative document) [M]. Basel: Bank for International Settlements, 2008.

［110］ Basel Committee on Banking Supervision. Guidelines for computing capital for incremental risk in the trading book (consultative document) [M]. Basel: Bank for International Settlements, 2008.

[111] BERNANKE B S. Risk management in financial institutions [J/OL]. BIS Review, 2008, 60: 1 − 6. http: //www. bis. org/review/r080516a. pdf.

[112] DUGAN J C. Observations regarding the recent market turmoil [J]. FSI World, 2008, 24.

[113] Financial Stability Forum. Report of the financial stability forum on enhancing market and institutional resilience [EB/OL]. 2008 − 4 − 7 [2017 − 1 − 6]. http: //www. fsb. org/wp−content/uploads/r _ 0804. pdf? page _ moved=1.

[114] LEE J Y. Experiences learnt from the subprime crisis [C]. //Proceedings of the 3rd Japan/Korea/China Trilateral Financial Supervisory Cooperation Seminar, March 26−28, 2008, Chengdu, China.

[115] MISHKIN F S. Leveraged losses lessons from the mortgage meltdown [J/OL]. BIS Review, 2008, 25: 1−6. http: //www. bis. org/review/r080306g. pdf.

[116] Basel Committee on Banking Supervision. Basel III: monitoring report [M]. Basel: Bank for International Settlements, 2013.

[117] CECCHETTI S G, KOHLER M. When capital adequacy and interest rate policy are substitutes (and then they are not) [J]. BIS Working Papers, 2012, No. 379.

[118] CIHAK M. Systemic loss: a measure of financial stability [J]. Czech Journal of Economics and Finance, 2007, 57 (1−2): 5−26.